歐陽脩

欧阳修十讲

符海朝 著

河南文艺出版社
·郑州·

图书在版编目(CIP)数据

欧阳修十讲 / 符海朝著. --郑州:河南文艺出版社,
2024.6
ISBN 978-7-5559-1657-4

Ⅰ.①欧… Ⅱ.①符… Ⅲ.①欧阳修(1007-1072)-
人物研究②欧阳修(1007-1072)-文学研究 Ⅳ.①K825.6
②I206.441

中国国家版本馆 CIP 数据核字(2024)第 099222 号

选题策划	王淑贵
责任编辑	王淑贵
责任校对	赵红宙
书籍设计	吴　月

出版发行	河南文艺出版社	印　张	19.25
社　　址	郑州市郑东新区祥盛街 27 号 C 座 5 楼	字　数	291 000
承印单位	河南瑞之光印刷股份有限公司	版　次	2024 年 6 月第 1 版
经销单位	新华书店	印　次	2024 年 6 月第 1 次印刷
开　　本	735 毫米 × 1040 毫米　1/16	定　价	48.00 元

印厂地址　河南省武陟县产业集聚区东区(詹店镇)泰安路
邮政编码　454950　　电话　0371-63956290

目　录

引　言

后周显德七年(960)年正月,后周大将赵匡胤在开封东北的陈桥驿(今河南省封丘县境内),发动兵变,建立宋朝,定都东京(今河南省开封市),史称北宋。

北宋立朝前,在现今我国东北地区,已经有契丹族建立的辽国(又称契丹国)。辽国国力高峰期时,其疆域西到阿尔泰山,东控朝鲜半岛,南到今河北省保定市附近的白沟。

此外,在今云南、西藏和新疆一带,有唐代就已经存在的南诏、吐蕃和回鹘等地方性政权。北宋建国后,在今宁夏一带地区,又有党项族建立的夏,史称西夏。

北宋立朝后,鉴于唐末、五代武人专横导致的安史之乱和藩镇割据的局面,从太祖赵匡胤开始,就确立了"仰文抑武"①的治国方针,时刻防范武将势力的膨胀。在政治、军事、经济、文化、教育、思想、宗教等领域,也逐步实行了一系列的改革。北宋由此成为我国历史上政治基本稳定、经济较为繁荣、文化较为发达的朝代。但是,叠床架屋的机构设置加上其他因素,使北宋从太宗朝后期开始,即出现了"冗官""冗兵""冗费"并存的局面。

---

① 尹洙曾经说过一句最有代表性的话:"状元登第,虽将兵数十万,恢复幽蓟,凯歌而还,献捷太庙,其荣亦不能及矣。"(宋)田况《儒林公议》,中华书局,2017 年版。

从真宗朝开始,北宋在政治上、军事上的弊端逐渐显露,且日益严重。真宗景德元年(辽圣宗统和二十二年,1004),辽国发动对北宋的战争,大军直抵澶州(今河南省濮阳市)城下,威胁东京,朝野震动,有的大臣主张南逃或西逃,在大臣寇准等的坚持下,真宗御驾亲征,大大鼓舞了士气,战局得以扭转。当年年底,双方签订和约,历史上称为"澶渊之盟"。澶渊之盟本质上是宋辽两国军事实力对等的反映,不存在北宋屈辱与否的问题。

澶渊之盟后,真宗为了粉饰太平,东封西祀,到处装神弄鬼,导致国库严重空虚。真宗去世后,年幼的仁宗继位,刘太后垂帘听政,社会矛盾非但没有缓和,反而继续加深。

西北地区,党项族建立的西夏,在仁宗统治的前期,发动战争,一度给北宋带来很大的麻烦。在范仲淹和韩琦的主导下,北宋才得以扭转战局,双方也签订了和约。

仁宗亲政后,地主阶级在其上层建筑许可的范围内,最大限度地给予士大夫以较为宽容的活动空间,所以其统治的四十二年,尽管内忧外患不断,却也成为中国古代史上少见的思想活跃、文化发展、科技创新成果颇多的时代,更是人才井喷式涌现的时代。

仁宗去世之后,是短暂的英宗在位时期。英宗去世后,神宗继位。神宗在位时期,最重要的历史事件是王安石变法。变法虽然取得了较大的成就,但是由于保守派的反对以及改革派所犯的错误,变法最终失败。

欧阳修生活的时代,主要就在仁宗、英宗和神宗在位的前期。

欧阳修一生最重要、最有影响力的身份首先是文学家,他在散文、诗词方面都取得了很大的成就。其次是史学家,他主持编纂了《新唐书》,又独自编纂了《新五代史》。再次是政治家,在仁宗在位的中后期及短暂的英宗时期,他对当时的朝政发挥了重要的建设作用。还是金石学家,他是中国古代金石学最重要的开创人物。也是族谱学家,他开创的"小宗谱"的家谱体例,一直延续到民国结束。亦是经学家,他对《周易》和《诗经》等儒家经典的研究,也颇有成就。

总之,欧阳修是中国古代少有的兴趣广泛、在多个领域都取得很大成就的人。

第一讲

以荻画地的贤母

—— 欧阳修家世

欧阳修幼年丧父后，母亲郑氏带着他前去投奔在随州做官的叔父欧阳观，郑氏为中国古代"四大贤母"之一。在欧阳修青少年时期的成长岁月中，叔父欧阳观也扮演了很重要的角色。

欧阳修先后有过三次婚姻，青年时期两次丧偶，对他打击很大。第三任妻子薛氏和欧阳修生育了四个儿子，但四个儿子的功业与父亲欧阳修的成就比较起来，儿子们的成就几乎是全方位的、塌方式的下落。

第一节 籍贯

　　世人皆知欧阳修是吉州庐陵(今江西省吉安市永丰县)人,其实,欧阳修生于四川省绵阳市,成长于湖北省随州市,致仕之后安居于安徽省阜阳市,去世后安葬于河南省新郑市。欧阳修为何视庐陵为祖籍?说来话长。

　　在欧阳修需要标明祖籍的文章后边,大多署名"庐陵欧阳修",极少数文章后边自称"渤海欧阳修"。之所以这样写,是因为欧阳氏家族,在汉代出了一位太守,随后子孙繁衍,一支生活在冀州渤海(今山东省利津县附近),欧阳修的祖上属于此支,后人就以渤海作为郡望①,另一支生活于青州千乘(今山东省广饶县)。

　　渤海支欧阳氏家族,世代为冀州一带的名门望族,在西晋出了一位欧阳建。据《晋书》记载:欧阳建,字坚石,善于思考深刻的社会问题,文章写得华丽,在河北一带州郡名气很大,时人用"渤海赫赫,欧阳坚石"②八个字来赞美他。欧阳建三十余岁时卷入一场豪门之间的恶斗,受人诬陷后被处死,家族被抄家。危急关头,欧阳建的兄长欧阳质带领家族剩余人马仓皇南逃,一直逃到今长沙市一带,因为害怕被

　　① "郡望"一词,是"郡"与"望"的合称,"郡"是行政区划,"望"是名门望族,"郡望"连用,表示某一地域或范围内的名门大族。

　　② (唐)房玄龄等撰:《晋书》卷三十三,中华书局,1974年版。

仇家继续追杀，所以默默地在当地生活。到陈①、隋交替之时，家道才稍微振作一些，欧阳颁为陈朝的大司空，其子欧阳纥为广州刺史，但欧阳纥以谋反罪被诛。欧阳纥之子欧阳询，当时年纪还小，按照法律，本来应该被连坐②，但与欧阳纥感情很深的陈朝尚书令江总，想方设法收养了他，并让他读书识字。

史载欧阳询聪明绝顶，读书一目数行，博览经史，尤其精通《史记》《汉书》《后汉书》，在隋为太常博士。唐高祖李渊年轻时，欧阳询做他的门客，二人关系不同寻常。李渊即位之后，欧阳询官至给事中。

欧阳询是唐代著名的书法家。他最初学的是王羲之的行书，后在王羲之行书的基础上，创立了独具特色的楷书，被称为唐代楷书第一家，俗称"欧体"，与虞世南、褚遂良、薛稷三位书法家，并称"初唐书法四大家"。因其子欧阳通也善于书法，父子俩被合称为"大小欧"。

欧阳询书法的特点是笔力险劲，为一时之绝，当时谁能够得到其尺牍文字，必视为难得之宝。他的声名甚至远播到了高丽等国。高丽王公贵族非常看重欧阳询的书法作品。有一次高丽国王派遣使节到长安，通过唐高祖李渊，请求赐予一幅。李渊知道后，感叹道："没想到欧阳询书法的美名，远播夷狄。他们看到欧阳询的书法作品后，一定以为他是个相貌魁梧的伟丈夫！"③为什么会这样说呢？原来欧阳询相貌又丑又怪。唐太宗文德皇后驾崩时，百官穿着丧服参加葬礼，看到欧阳询后，有些官员禁不住指指点点。中书舍人许敬宗更是憋不住大笑起来。大丧场合的此种行为，理所当然要被御史弹劾，许敬宗也因此而被贬官。

欧阳询对书法非常痴迷，一次于路旁见到有书法家索靖书写的碑，仔细看了几遍后才离开，走了几步后又返回来看，累了就脱下外衣坐在旁边，继续揣摩，晚上干脆睡在附近，三天后才离开。

---

① 南朝包括宋、齐、梁、陈四个朝代，其中陈朝存在的时间是557年到589年，隋朝灭掉陈后，统一了全国。

② 中国古代与犯罪者有一定关系的人连带受刑的制度。

③ （宋）欧阳修、宋祁：《新唐书》卷一九八《儒学上》，中华书局，1975年点校本。

父亲欧阳询去世时,欧阳通年纪尚小。母亲教他学习其父亲的书法。练习书法需要持之以恒的毅力,也是一个非常枯燥的过程,母亲担心他坚持不下来,半途而废,于是隔一段时间就给他点钱,让他到处去寻找其父亲欧阳询留下的墨迹。买回来之后,欧阳通自然非常仔细地欣赏、揣摩、临摹。母亲看到后,也非常高兴。慢慢地,欧阳通的书法越来越酷似其父亲的书法,虽然还有细微的差别。如果他署上其父亲的姓名,不懂行的书法家和鉴赏家,根本看不出来。

欧阳通的孙子欧阳琮后为吉州刺史,子孙于是定居吉州(治庐陵,今江西省吉安市)。此即欧阳修视庐陵为祖籍的由来。

第二节 父母、叔父、妻子和子女

欧阳氏定居吉州,大约是在中唐时期。五代动荡时期,北方和四川一带任职的许多底层士大夫,大都选择今日的江西地区作为新的生活地。当时江西虽然整体较为落后,但是,随着移民带来的先进文化的影响,逐渐走向繁荣。北宋时期,宰执王钦若、晏殊、欧阳修、王安石均来自江西,江西人在当时的影响越来越大。

一、父母

欧阳修的父亲欧阳观,字仲宾,是家中的长子。生于南唐①元宗(又称中主)李璟保大十年(952),去世于北宋真宗大中祥符三年(1010),享年五十八岁。

欧阳观于真宗咸平三年(1000)进士及第,时年四十九岁,开始踏入仕途,委实太晚。他先后任道州(今湖南省道县)判官,泗州(今江苏省盱眙县境内)、绵州(今四川省绵阳市)推官,去世于泰州(今江苏省泰州市)军事推官任上。

---

① 建国于后晋天福二年(937),灭亡于北宋太祖开宝八年(975),国运三十九年。

　　推官是掌管案件勘验的官员。饱经儒家文化浸染的欧阳观,在审理案件的过程中,尤其在审理死刑案件的过程中,能够做到慎之又慎,绝不草菅人命。青年时期,母亲郑氏就经常给他讲父亲欧阳观做官的理念。"汝父为吏,常常深夜还在烛下看刑事案牍,屡屡发出痛苦的哀叹声。我问他何以如此,他回答道:'死刑呀! 我想给他找一个免死的理由,却怎么也找不到。'我问道:'生可求乎?'他回答说:'求其生而不得,则死者与我皆无恨。现在的问题是官吏大多在千方百计找让犯人死的理由。'"①母亲的这番教诲,欧阳修终身铭记。所以,欧阳修虽然幼年丧父,但是父亲欧阳观的为官理念,对他的影响却很深。

　　欧阳观曾经有过两次婚姻,第一次婚变的原因已经无法探讨,前妻连儿子欧阳昞也带走了。多年之后,欧阳昞长大成人,前来投奔父亲,欧阳观勉强相认之后,却对儿子没有感情,当时颇受亲朋好友和邻里们的非议。

　　欧阳观和欧阳修生母郑氏年龄相差三十岁。郑氏祖上虽然也是名门望族,但到她出生时,家道早已经衰落,只有诗书传家的家风还在。欧阳修的文集中不见任何关于母亲郑氏娘家历史及人员交往的记载。

　　欧阳观和郑氏生育了欧阳修和一个女儿。据说母亲郑氏对欧阳修督教甚严,家里贫穷,买不起纸和笔,就用芦苇秆在沙地上教他写字,开始了他的启蒙教育生涯,郑氏也因此成为中国古代"四大贤母"之一。②

　　这个传说估计有点夸张。郑氏和欧阳修在欧阳观去世后,一直在欧阳修的叔父欧阳晔家生活,欧阳晔的薪俸还比较高,且对欧阳修母子俩关爱有加,谅不至于让欧阳修连起码的学习用具都买不起。

　　欧阳观留给欧阳修的唯一纪念物是六幅绢画《七贤图》。这六幅画是欧阳观离开绵州时,在购买的一匹绢上所画,七贤也是他最喜欢的人物。欧阳修于皇祐五年(1053)八月将母亲郑氏、妻子胥氏和杨氏安葬于江西老家祖坟,冬天回到颍州后写

---

① (元)脱脱等:《宋史》卷三一九《欧阳修传》,中华书局,1977年点校本。
② 其他三人是孟轲的母亲、陶渊明的母亲、岳飞的母亲。

了《七贤画序》①一文,讲了这六幅画的过去、现在和将来,但是欧阳修没有言明七贤是哪七个人,说明是众所周知的人物,估计是竹林七贤②。再加上欧阳观酷爱喝酒且常在家以酒待客,从绵州移官泰州时,全家值得带的物品也只有这六幅画。

欧阳修十多岁时,年末家中祭祀,一定把这六幅画挂在墙上。母亲郑氏总是指着画说道:"这是我家祖传的唯一的东西。"传了三十多年后,随着岁月的更迭,画面的颜色逐渐暗淡,欧阳修愈加珍惜此物,请技艺高超的装裱匠将这六幅画又仔细地装裱了一下,认为再传一百年应该没有问题。

欧阳观去世后,葬于今江西省永丰县沙溪镇泷冈村。皇祐四年(1052)三月,郑氏去世,享年七十二岁。次年深秋,欧阳修将母亲郑氏连同胥氏、杨氏两位夫人的灵柩一块儿安葬于泷冈村的祖坟。欧阳修请石匠刻了自己为父亲写的墓表③,埋在了墓道内。又在母亲的石椁上刻下了自己亲笔写的一行字:"有宋欧阳修母郑夫人椁,既密既坚,唯亿万年,其固其安。"④

熙宁三年(1070)四月,是父亲欧阳观去世六十周年,时年六十四岁的欧阳修,感到来日无多,又将《先君墓表》做了较大的修改,改名为《泷冈阡表》⑤,立于父母墓前。该墓表高一丈有余,墨绿色,油光可鉴。⑥

皇祐四年(1052),母亲郑氏去世时,欧阳修知应天府。此后,欧阳修官运一路飙升,先是升为翰林学士,后又为枢密副使、枢密使、参知政事,跨入了宰执的行列。

功成名就之际,深谙族谱及祭祀礼仪的欧阳修愈加意识到祖先阴德保佑的重要。希望在祖先阴德的保佑之下,欧阳修家族能够进一步兴旺,这应该是欧阳修写《泷冈阡表》的心理因素。

欧阳修在父母墓前立的墓表,正面是自己写的《泷冈阡表》,背面是欧阳修家族

---

①　(宋)欧阳修著,李逸安点校:《欧阳修全集》卷六十五,中华书局,2001年版。

②　竹林七贤指曹魏末年到西晋初期的七位名士:阮籍、嵇康、山涛、刘伶、阮咸、向秀、王戎。

③　(宋)欧阳修著,洪本健校笺:《欧阳修诗文集校笺》(下),外集卷十二《先君墓表》。

④　(宋)欧阳修著,洪本健校笺:《欧阳修诗文集校笺》(下),外集卷十二。

⑤　(宋)欧阳修著,洪本健校笺:《欧阳修诗文集校笺》(中),居士集卷二十五。

⑥　(宋)欧阳修著,洪本健校笺:《欧阳修诗文集校笺》(中),居士集卷二十五后注。

的世谱,让子子孙孙永远缅怀、永远牢记,也让乡人知道欧阳家族的荣耀。

欧阳修生前多次请求回老家做官,都未被朝廷批准。他多次表示,去世后要女葬于祖坟,陪伴父母及列祖列宗。但是,欧阳修去世后,却安葬在距离东京不远的郑州(治今河南省郑州市)所辖的新郑县,这种安排不知是欧阳修生前的嘱咐还是儿子们的考虑。欧阳修的儿子们当时分别定居于许州和颍州两个地方。对后代而言,此地方便一年多次的祭祀活动,也方便欧阳修的朋友、弟子们前来祭拜。

二、叔父

欧阳观兄弟四人皆做官。欧阳观去世后,年幼的欧阳修和母亲郑氏长期跟随叔父欧阳晔一起生活。因此,欧阳晔的性格、官风等对欧阳修影响很大。郑氏曾经对年幼的欧阳修说道:“你想知道你父亲的样子吗? 看你叔父就知道了,他的相貌、举止、言行几乎和你父亲一模一样。”①

欧阳晔,字日华,宋真宗咸平三年(1000),与其兄欧阳观、堂弟欧阳颖一同中进士,创下“一门三进士”的科第奇迹。欧阳晔官至尚书省都官员外郎。

欧阳晔为人严明方直,从布衣时期就养成了廉洁自持的品格,不义之财,坚决不拿。年少时期结识的亲朋好友中,有人富贵之后,他也从不去拜访。做官时长于决断复杂的案件,做随州推官时期,一度破解了三十六件疑难案件,其中一件是解决境内大洪山奇峰寺僧人的巨额财产来源不明问题。该寺有僧人数百人。转运使获悉该寺囤积了六七万石粮食的消息后,认为他们肯定是通过不当手段得到,于是派欧阳晔前去调查。欧阳晔到后,该寺的住持马上拿出白银一千两,私下送给欧阳晔。欧阳晔见后大笑,说道:“我怎么能拿此赃钱! 你们能听一下我的建议吗? 今

---

① (宋)欧阳修著,李逸安点校:《欧阳修全集》卷二十七《尚书都官员外郎欧阳公墓志铭》。

年大灾,你们却囤积了六七万石粮食,又不能说明合法来历。如果能把这些粮食送给官府,用于赈济嗷嗷待哺的灾民,岂不是一桩大善事? 更何况佛家以慈悲为怀,以普度众生为天职,那样的话,官府也不会追究你们的罪责了。"住持听后,斟酌了一会儿,觉得言之有理,同意了欧阳晔的建议。随州一带的灾民得以度过了艰难的时光。

欧阳晔后又做南雄军推官,属下的桂阳监(治今广东省连州市)发生了一桩凶杀案,一群百姓因为抢着上船发生斗殴事件,导致一人死亡,官府为此逮了十几个嫌疑人,但是谁也不承认自己是凶手,案子久拖不决。欧阳晔受命处理这桩棘手的案件,他先仔细看了几遍有关该案的文档,又详细询问了审理过此案的官员,命令把所有的嫌疑犯带到监狱的大院里,然后让狱卒打开刑具让他们吃饭。吃完饭后,只留下了一名嫌疑犯,其他的又回到监牢,该嫌疑犯马上惶恐不安。欧阳晔平静地对他说道:"你就是凶手。"嫌犯听后还想狡辩,欧阳晔说道:"刚才我观察了一下,吃饭的时候,其他人都是右手拿着餐具,只有你用左手。死者的致命伤口在右肋,显见持刀人应该左手拿着凶器。"①嫌犯听后,只得承认了自己的犯罪行为。在场的人无不佩服欧阳晔的智慧和明断。

宋仁宗景祐四年(1037),欧阳晔去世,享年七十九岁。庆历四年(1044)三月十日,欧阳晔的灵柩安葬,欧阳修由于公务缠身,未能亲自前去参加安葬仪式,但于安葬之前写了《尚书都官员外郎欧阳公墓志铭》,回顾了叔父光辉的一生,最后的结语部分给予叔父高度评价:"公之明足以决于事,爱足以思于人,仁足以施其族,清足以洁其身。"②

---

① (宋)欧阳修著,李逸安点校:《欧阳修全集》卷二十七《尚书都官员外郎欧阳公墓志铭》。

② (宋)欧阳修著,李逸安点校:《欧阳修全集》卷二十七《尚书都官员外郎欧阳公墓志铭》。

三、妻子

（一）第一位妻子胥氏

欧阳修的第一个妻子胥氏，成婚时年方十四岁。十四岁的胥氏，无论生理上还是心理上，都还是个孩子。尤其是她生于官宦之家，不管是操持家务的能力，还是和丈夫欧阳修沟通的能力，都还远远不够。

但是，胥氏嫁给欧阳修后，比较快地完成了角色转换，悉心伺候婆婆的生活起居，管理家务，都显得井井有条。而欧阳修婚前已经在胥家生活了几年，二人早已经没有陌生感，她又很佩服丈夫的才华和人品。新婚宴尔，更是恩爱有加。欧阳修有一首《南歌子》词①，反映了二人当时真挚的感情。

> 凤髻金泥带，龙纹玉掌梳。走来窗下笑相扶。爱道画眉深浅入时无？
> 弄笔偎人久，描花试手初。等闲妨了绣功夫。笑问鸳鸯两字怎生书？

一年后，胥氏怀上了孩子，婆婆郑氏比欧阳修还要高兴，再也不让胥氏做家务。欧阳修也非常高兴，他早早就开始考虑给孩子起什么名字，想了好多个，还没有想出最合适的名字。

明道二年（1033）正月，元宵节刚刚过完，欧阳修到东京出差，想到好多年没有回随州看望叔父欧阳晔了，且叔父那年已经七十五岁，他的生日就在二月，正好可以给叔父办寿宴。所以欧阳修离开洛阳之前，就给留守钱惟演请假，钱惟演爽快地答应了他的请求。此时的胥氏，小腹隆起得已经很明显，但距离分娩还有差不多三

---

① 唐圭璋编纂，王仲闻参订，孔凡礼补辑：《全宋词》，中华书局，1999 年版。

个月。欧阳修虽然有点担心,但是想到有母亲照顾她,应该没有什么问题。

二月,欧阳修在随州待了十几天,先是给叔父欧阳晔做寿,中间又抽时间和少年时期的伙伴李公佐一起去昔日常玩儿的地方走了走,回顾过去的美好时光。但是,考虑到胥氏的特殊情况后,欧阳修赶紧返程。

离家已经两个多月,欧阳修早已归心似箭,思念、担忧母亲和快要分娩的妻子,但也只能默默地祈求上苍保佑。途中经过花山,恰遇寒食节,欧阳修再也按捺不住思念之情,在驿馆里写下了一首小诗①:

> 客路逢寒食,花山不见花。
>
> 归心随北雁,先向洛阳家。

不知为何,欧阳修总有一种不安的感觉,默默地、一遍又一遍地重复着"平安"二字。在下一个驿馆,他突然接到了母亲快递来的家书,慌忙打开一看,得知妻子胥氏已经分娩,生下一个男婴,却患上了产后疮②,一直未能痊愈,生命垂危。欧阳修心急如焚,日夜兼程往回赶,回到家时,妻子已经奄奄一息。二人相见,彼此的眼睛都一下子充满了泪水。欧阳修含泪安慰妻子,不停地说"会好的,会好的",可没有几天,妻子还是痛苦地告别了人世,时年十七岁,留下了尚未满月的孩子。五年之后,孩子也夭折了。

看着嗷嗷待哺的婴儿,听着老母亲的悲泣声,欧阳修悲痛难忍。岳父胥偃及家人早在妻子临产前就赶到了洛阳,此时他们忍着悲痛和欧阳修一起商议后事的处理。梅圣俞等朋友则一天到晚待在欧阳修租住的小院,忙前忙后。可欧阳修的泪水还是止不住地流。

---

① (宋)欧阳修著,洪本健校笺:《欧阳修诗文集校笺》(下),外集卷六《花山寒食》,上海古籍出版社,2009 年版。

② 古代的疮范围很广,清代乾隆年间编撰的医书《医宗金鉴》记载有产后痈疽一病,在古时是很凶险的疾病。

按照当时的习俗,暂时把胥氏的灵柩安厝在洛阳北边的邙山,等待将来再迁葬到欧阳修家的祖坟。

转眼间到了四月,欧阳修写了一首长诗悼念亡妻,一边写,一边流泪。诗很长,以下为摘录的一部分:

> 忆予驱马别家去,去时柳陌东风高。
>
> 楚乡留滞一千里,归来落尽李与桃。
>
> 残花不共一日看,东风送哭声嗷嗷。
>
> 洛池不见青春色,白杨但有风萧萧。
>
> 姚黄魏紫开次第,不觉成恨俱零凋。
>
> 榴花最晚今又拆,红绿点缀如裙腰。

南宋钱世昭在《钱氏私志》一书中记载,欧阳修任河南府推官时,曾亲近一艺妓。时钱惟演为西京留守,梅尧臣、尹洙、欧阳修同为其幕僚。梅尧臣等见欧阳修有才无行,屡屡劝其改正,可是欧阳修没有丝毫悔意,于是转而请钱惟演以长官的身份劝诫欧阳修。钱惟演于是多次暗示欧阳修注意自己的言行,岂料欧阳修还是置若罔闻。一日,众人宴于钱氏后园,钱惟演与客人都到了,只有欧阳修与他钟爱的艺妓没有到,过了一个时辰方来,众人自然都流露出不满意的神色。钱惟演不便公开责备欧阳修,于是问艺妓为何迟到。艺妓说道:"中暑了,去凉堂睡觉,醒来后发现掉了金钗,找了半天也没有找到。"钱惟演于是笑着说道:"若得欧阳推官一词,我赔你金钗钱。"欧阳修听后,略一思索,即席赋词一首[①]:

> 柳外轻雷池上雨,雨声滴碎荷声。小楼西角断虹明。阑干倚处,待得月华生。　　燕子飞来窥画栋,玉钩垂下帘旌。凉波不动簟纹平。水精双枕,傍有

---

① 唐圭璋编纂,王仲闻参订,孔凡礼补辑:《全宋词》。

堕钗横。

众人听后,拍手称好。钱惟演于是命令艺伎倒了满满一杯酒给欧阳修喝,随后又拿公使钱①让艺伎去买金钗。

有些学者从欧阳修生活时代的社会习俗来分析这件事。当时士大夫宠爱官伎,是公开的风尚。黄庭坚在写给友人的信中,也曾专门询问有无新到的官伎。所以欧阳修得中进士后,尽管娶了恩师胥偃十四岁的爱女为妻,可新婚期间,还是携带歌伎出入公私宴会,毫不避嫌,旁人也不以为怪。不过,笔者认为应该从该书的作者及其与欧阳修的关系来分析这件事。

该书本质上就是一部宋代文言轶事小说,据《四库全书总目》记载:"该书旧本或题钱彦远撰,或题钱惟撰,或题钱世昭撰。实际上是钱惟搜集整理,钱世昭做序。"②

钱惟的先祖钱明远在庆历新政时,曾构冤狱陷害欧阳修,致使欧阳修被贬官。该书另记欧阳修为其外甥女写艳词,进而诬陷欧阳修和其外甥女之间有不正当关系。因此,笔者认为,欧阳修新婚期间和艺伎之间一事的记载,被钱惟抹黑的可能性非常大。

(二)续弦杨氏

景祐元年(1034)三月,欧阳修回到东京之后,担任馆阁校勘。宋代馆阁是培养高级治国之才的地方,前程远大。所以欧阳修虽然带着老母和幼子一起生活,经济上非常拮据,但是前来说媒、动员他续弦的朋友却不少。欧阳修也逐渐动了心,最后选择了已故高官杨大雅的女儿。

---

① 北宋朝廷为解决地方官署办公经费不足、宴请开支困难、迎来送往无资金和部分官吏生活困难问题,设置公用钱,又称公使钱,按来源分为两部分:一是国家财政拨付的正赐钱,分岁给、季给、月给三种,相当于现代财政拨给的公务经费。二是当地地方性附加收入,政府部门通过多种经营等办法自筹的收入,称为非正赐的公使钱,又称公使库钱,相当于现代的地方预算外收入。

② (清)永瑢等撰:《四库全书总目》(下),中华书局,1965年版。

杨大雅,字子正,年轻时特别喜欢学习,日诵数万言,常常边吃饭、边看书,进士及第后仕职集贤院二十五年,官职一直没有升迁。在他之后到集贤院的人,有的已经做到了级别很高的官,有人笑他不识时务。杨大雅叹息一声后说道:"我不随波逐流,圣人才是我学习的榜样,因此,我的命运才这样。"①宋真宗天禧年间(1017—1021),杨大雅到淮南和江南地区检查工作,在金陵(今江苏省南京市)境内,遇风覆舟,被人救起,但是官服却丢了。做过宰相但官德和人品都很差的丁谓此时正贬官金陵,听到消息后,派人送来一套官服。杨大雅坚决不接受,终于使丁谓认识到了自己道德上的不足。

欧阳修对杨小姐没有多少了解,但是他对杨大雅的人品和学识却非常了解,认为在这样的家庭长大的女儿,一定很有教养。但是,此事还需要和母亲商议一下,经过母亲许可才行。母亲同意后,又经过较为复杂的议婚等环节,最后定于十二月举行婚礼。

婚后的杨氏果然是一位非常贤惠的妻子。她一点也不在意欧阳修家庭的贫穷,她经常说的一句话就是:"我父亲在世时就非常喜欢这样简单朴素的生活。"每到月末,如果家庭的收入还有节余,她一定到市场上买一些新鲜的水果孝敬婆婆。每当欧阳修在读书、写作的时候,她总是事先备好茶水和笔墨纸砚。欧阳修累了的时候,就陪着他闲聊。

但是,次年九月,杨氏又突患重病,告别了人世,欧阳修又一次经历了丧妻之痛。二十九岁的欧阳修,头发已经白了大半。

胥氏和杨氏去世后近二十年的岁月中,欧阳修一直想书写对两位妻子的怀念,可每每拿起笔,却又放下了,哀痛之情使他连怎么开头写都不知道,甚至安葬时的墓志铭,他也写不下去,只好由他口授,由他的爱徒徐无党写下了《胥氏夫人墓志铭》②。《杨氏夫人墓志铭》③同样由欧阳修口授,由他的爱徒焦千之执笔写成。

① (元)脱脱等:《宋史》卷三百《杨大雅传》。
② (宋)欧阳修著,李逸安点校:《欧阳修全集》卷六十三,中华书局,2001年版。
③ (宋)欧阳修著,李逸安点校:《欧阳修全集》卷六十三,中华书局,2001年版。

（三）贤内助薛氏

不到三年的时间，连续失去两位妻子，欧阳修悲伤到了极点，岂料他又遭遇了仕途上的第一次挫折。

景祐三年（1036）五月，欧阳修因为坚决支持范仲淹对以宰相吕夷简为首的保守派的批评，也被视为"范党"的重要成员，被贬官夷陵（今湖北省宜昌市）。但是，范仲淹和欧阳修在官场的声誉却如弹簧一样，越弹越高。欧阳修还迎来了后来陪伴他终生的第三任妻子薛氏。

当年欧阳修回到东京担任馆阁校勘时，刚直敢言的宰相薛奎就有意把自己的第四个女儿嫁给欧阳修，但是欧阳修担心宰相家的女儿下嫁之后，伺候不起，所以就没有给媒人回复是否同意。不久薛奎去世，女儿薛氏也开始守丧，此事便不再提起。欧阳修到夷陵后，薛氏服丧期满，薛夫人又托薛奎的侄子、欧阳修的朋友薛仲孺给欧阳修写信，再提这门亲事。欧阳修的母亲首先表示满意这门亲事。欧阳修此前对宰相薛奎的人品和官风都非常敬佩，也就不再犹豫，答应了这门亲事。

景祐四年（1037）八月，欧阳修向朝廷告假，前去薛家生活的许州（今河南省许昌市），迎娶新娘，婚后不久，就带着二十岁的新娘子薛氏重返夷陵。

婚后的生活证明欧阳修以前的担忧有点多余。薛氏照顾老母，相夫教子，是标准的贤内助。欧阳修几乎成了甩手掌柜，专心工作，业余时间则是写诗、词、散文、收集碑帖等，生活过得有滋有味。

欧阳修在婚后给薛仲儒的信中写道："室中骤过僻陋，便能同休戚，甘淡薄，此吾徒之所难，亦鄙夫之幸也。"①宰相家出来的女儿，能够与欧阳修休戚与共，不能不让欧阳修对这桩婚事感到庆幸。

薛氏幼年时期曾经跟随父亲薛奎入宫，还被皇后赐予披巾。欧阳修担任枢密副使后，薛氏跟随欧阳修一道进宫拜谢官家。曹皇后也是高官家庭出身，幼年时见过薛氏，一见面就高兴地说道："你是薛宰相的女儿。"薛氏听后，并没有受宠若惊，

---

① （宋）欧阳修著，李逸安点校：《欧阳修全集》卷一五二。

而是按照礼节行了个大礼。从此以后,每次陪欧阳修入宫,曹皇后总要单独和她见面闲聊,这对欧阳修事业的发展,自然也很有帮助。一次,薛氏在宫内的长廊上等候欧阳修,有宦官来给她说一些朝廷最近发生的事情,想让她说给欧阳修。薛氏见状,厉声说道:"这是朝廷大事,妇人怎么能干预?况且欧阳相公从来没有和我说过一次国事。"①

庆历四年(1044)八月,欧阳修出为河北都转运按察使。新政失败后,反对派又一次攻击范仲淹、欧阳修等结党。庆历五年(1045)二月,面对东京黑云压城城欲摧的危险局势,相门出身的薛氏自然知道官场最上层政治的险恶,于是给远在河北的丈夫去信,为他的政治命运担忧。欧阳修随即写了一首长诗给夫人,题名为《班班林间鸠寄内》,诗中首先表述了自己的忐忑不安:"高堂母老矣,衰发不满栉。昨日寄书言,新阳发旧疾。……又云子亦病。"其次表达了自己面对恶劣的政治生态,"孤忠一许国,家事岂复恤。横身当众怒,见者旁可栗"②的刚直不阿之态。他相信夫人薛氏能够和自己一样,不被邪恶势力的威胁吓倒。

欧阳修去世后,薛氏为了表示对丈夫的哀悼和思念,十七年都穿着素朴的衣服。薛氏于哲宗元祐四年(1089)八月去世于东京,当年十一月,附葬于欧阳修陵墓。③ 其墓志铭由欧阳修的门生苏辙所写。④

(四)子女

欧阳修和薛氏共生育了八男三女,其中四个男孩儿早夭,三个女儿也未能活到成年。

从宝元二年(1039)到庆历五年(1045)不到七年的时间,不到四十岁的欧阳修,先后夭折了三个子女,分别是胥氏夫人所生的儿子,薛氏夫人所生的次女和八岁的长女欧阳师。欧阳师夭折于庆历五年的夏天,正是欧阳修被政敌泼脏水的时刻。

---

① (宋)苏辙著,陈宏天、高秀芳点校:《苏辙集》卷二十五,中华书局,1990年版。

② (宋)欧阳修著,洪本健校笺:《欧阳修诗文集校笺》(上),居士集卷二。

③ 位于河南省新郑市辛店镇欧阳寺村,今为全国重点文物保护单位。

④ (宋)苏辙著,陈宏天、高秀芳点校:《苏辙集》卷二十五。

欧阳修五内俱焚,含泪写了《白发丧女师作》。全诗如下:

> 吾年未四十,三断哭子肠。
>
> 一割痛莫忍,屡痛谁能当?
>
> 割肠痛连心,心碎骨亦伤。
>
> 出我心骨血,洒为清泪行。
>
> 泪多血已竭,毛肤冷无光。
>
> 自然须与鬓,未老先苍苍。

长子欧阳发,字伯和,生于康定元年(1040),时年欧阳修已经三十四岁。欧阳修后请宋代大儒、教育家、音乐家胡瑗给他做老师。欧阳发对当时及前代的音乐非常熟悉,不喜欢走科举之路,学问非常庞杂。后靠恩荫之路,为将作监主簿、赐进士及第,最终官做到殿中丞,四十六岁去世。苏轼评价欧阳发"继承了父亲欧阳修好学不倦的品质,有蔡邕、张华之才学"①。现存史料中发现欧阳修写给欧阳发的书信十五封。仔细阅读这些书信后会发现,晚年欧阳修家的绝大部分事宜,都由欧阳发出面办理。

次子欧阳奕,庆历五年(1045)生,曾任监陈州(治今河南省周口市淮阳区)粮料院。

三子欧阳棐,生于庆历七年(1047),字叔弼,进士乙科,先后任陈州判官、知襄州、知蔡州等职务。

嘉祐元年(1056)夏天,欧阳修听到蝉的长鸣,有感而发,写了《鸣蝉赋》一文,让时年十岁的欧阳棐在旁边看。写完之后,欧阳修对他说道:"你长大后能像父亲写这样的赋吗?"可见欧阳修对他充满了期待。欧阳修曾经写过一段话来启发欧阳

---

① 脱脱:《宋史》卷三一九。蔡邕是东汉著名的文学家和书法家。张华是西晋著名的政治家、文学家、博物学家。

棐："藏精与晦则明,养神以静则安。晦所以蓄用,静所以应物,善蓄者则不竭,善应者则无穷。虽学则可至,然性近者得之易也。"①这段话强调学习中不断积累的重要。欧阳修中年以后,由于体弱多病,一些没有必要由欧阳修亲手动笔写的应酬类文章,多出欧阳棐手。欧阳修去世前,由他代替父亲起草遗表。欧阳修去世后,上交朝廷,神宗读后,非常喜欢,以为是欧阳修生前亲自写就。

　　四子欧阳辩,生于皇祐元年(1049),曾任监澶州(治今河南省濮阳市)酒税。

---

① 　(宋)欧阳修著,洪本健校笺:《欧阳修资料汇编》(上),上海古籍出版社,2009 年版。

官高责愈重 禄厚足忧患

——官海沉浮(一)

　　科举及第后的欧阳修，在西京洛阳担任幕僚官，这成为他一生中最难忘的时光。短暂的馆阁校勘经历，为他以后的学术发展，打下了良好的基础。贬官夷陵时期及滑州等地的为官经历，使他对基层社会的了解大大加深。

第一节 过五关斩六将的科场

欧阳修的科场经历,尽管也经历了一些波折,但总体上还是很顺利的。

一、过随州

仁宗天圣元年(1023)秋天,十七岁的欧阳修,首次在随州(治今湖北省随州市)参加科举考试的第一关考试。考试题目是《左氏失之诬论》,评论左丘明所著《左传》中的缺陷。尽管欧阳修的文章写得非常出色,但由于个别句子不合朝廷规定的韵格,致使名落孙山。但是,欧阳修文中的一些非常优美的语句,让随州的官员和士人刮目相看,他们甚至让正在学习的子侄们背诵这些句子。如"石言于宋,神降于莘。外蛇斗而内蛇伤,新鬼大而故鬼小"①两句警句,虽然欧阳修没有将其记载到自己的文集中,却通过他人的文集一直流传了下来。

考试失败后,叔父和母亲都没有责怪他,只是鼓励他总结经验,吸取教训,三年

---

① (宋)魏泰著,李裕民点校:《东轩笔录》卷十二,中华书局,1983 年版。

后再见分晓。

二、第一次省试失利、反思及努力

天圣四年(1026)秋天,二十岁的欧阳修顺利通过了随州的州试,随后由随州推荐,参加次年春天在东京由礼部组织的考试。当年冬天,欧阳修长途跋涉,来到东京,而且在东京过了年。去东京之前,叔父欧阳晔耐心给他讲需要注意的事项。母亲郑氏则鼓励他不要有太大压力,正常发挥即可。

在东京备考的短暂时光中,欧阳修在租住的房屋中认真准备。只有疲惫的时候,才出去欣赏一下东京豪华的建筑和美景。但欧阳修最喜欢的还是东京城生意兴盛的书铺和古玩店,尽管没有钱购买,却不妨开阔一下眼界。

春日的一个傍晚,欧阳修仰头观望东京雕梁画栋的高楼,顺着高楼最高处的飞檐望去,只见浅红色的浮云在慢慢飘动,禁不住诗兴大发。回到住处,他提笔赋诗一首[1]:

> 六曲雕栏百尺楼,帘波不定瓦如流。
>
> 浮云已映楼西北,更向云西待月钩。

但是,礼部主持的考试,欧阳修还是落榜了。考试失利后,欧阳修开始深刻反思,并且找那些通过考试的考生讨教考试的经验,终于发现了其中的奥秘。原来不是自己才华不行,而是由于自己生活的随州,远离京师,信息比较闭塞,自己长期学习韩愈的文章,不知不觉中染上了浓郁的韩愈文章的风格。而这种风格,整个社会

---

① (宋)欧阳修著,洪本健校笺:《欧阳修诗文集校笺》(下),外集卷五《高楼》。

都没有多少人欣赏,当时最流行的是四六体的骈文。

骈文作为一种文体,发端于秦汉,形成于魏晋,兴盛于六朝①,隋唐时期仍然流行。宋承唐制,笺奏一类文书必须用四六文体,这类文体又是科举考试必考的内容,所以考试之前必须长期练习。但是这种四六体文书,言之无物,格式死板,既束缚读书人的思想,也阻碍他们创新能力的发挥,更影响社会的发展。

现实的残酷使欧阳修认识到自己也必须练习这种文体了,不然永远过不了关。当然,对才华横溢的欧阳修而言,写这种文章不成什么问题。

回到随州之后,欧阳修又把从汉代到当今那些知名文人写的骈文找来,反复阅读,然后试着写,并让叔父欧阳晔及其他朋友帮他挑毛病。

后来欧阳修对骈文深恶痛绝,带头将北宋初年由柳开等人发起的、上承韩愈和柳宗元的古文运动推向了高潮。

三、生命中的第一个贵人

北宋文人喜欢游学,特别是科举考试之前,总会前往各地尤其是京师和洛阳,拜访知名的学者或级别高的官员,带上点礼物,最重要的是带上自己最优秀的作品——诗歌、散文。在"仰文抑武"的赵宋,礼品的厚薄一般不重要,最重要的是作品。如果知名的学者或高级别的官员赏识你的作品,对作者本人来说是莫大的鼓励,也是进一步前进的动力。如果再将你的作品连同你本人优秀的人品到处宣传,那对你科考乃至科考后的前途,都有较大的影响。

天圣六年(1028)春末,春和景明,欧阳修开始了自己的首次游学之旅,目的地

---

① 东吴、东晋、宋、齐、梁、陈六个朝代先后建都于建康(今南京),合称"六朝"。

是距离随州三百里地的汉阳军①（治今湖北汉阳）。汉阳军的知军胥偃是一个知名的文人，欧阳修对他的人品和才学都非常敬仰。他先写了一封自荐信，信中如实介绍了自己祖宗三代的历史和自己的情况，连同自己最优秀的诗文，一起送到了知军府，然后回到旅社，等待回音。

胥偃很快就给欧阳修回信，信中赞扬欧阳修的作品和才华，预言欧阳修将来必定会成为赵宋文坛的大才。不久，胥偃就在知军府盛情招待这个寒门才子，与他促膝长谈，对他也有了较为深刻的了解。而欧阳修也很感激胥偃的知遇之恩。

赵宋王朝是中国科举史上的巅峰期。"书中自有黄金屋，书中自有颜如玉，书中自有千钟粟"②。"学而优则仕"是绝大多数士大夫人生的最高理想，伴随而来的则是榜下择婿。此时的胥偃，开始萌生将欧阳修招为东床快婿的打算，但鉴于女儿年龄尚小，欧阳修还正在科举之路上攀登，过早打扰他的心思，反而可能毁了他的前程，不如先将他置于门下，待进士及第后榜下择婿，方才妥当。于是，胥偃将欧阳修留在府衙，让他专心读书，同时熟悉一下政事，有时候还让他就一些政事出谋划策。从此，欧阳修正式成了胥偃的门生。

这年冬天，胥偃到京城任职，成为一名京官，担任三司度支勾院，主管朝廷的财政支出事宜。欧阳修以门生的身份一同前往。

在东京，高官显宦、知名文人酒宴上的交往非常频繁，胥偃有时让欧阳修陪自己出场，让他结识许多社会名流。而欧阳修的才华，也逐渐为许多高官显宦所了解。恩师胥偃也得以被人称颂为"伯乐"。有人开始和他打趣，问他是否有招欧阳修为东床的打算。胥偃听后，只是笑而不语。欧阳修在这些场合中，结识了苏舜钦等诸多好友。

---

① 军为宋代在军事要地设置的行政单位。
② 此三句选自宋真宗《劝学诗》。

四、两拔头筹

国子学是赵宋的中央官办学府，设有广文、太学、律学三馆。其中，广文馆教的是由礼部主持的进士科考试的各方面内容。宋代科举考试门类较多，但只有进士科最重要，声誉也最好，前途也最好，自然竞争也最为激烈。

天圣七年（1029）春天，欧阳修在广文馆的考试中荣登榜首，一下子名动京师。欧阳修和胥偃全家感到莫大的欣喜，苏舜钦等好友又设宴为欧阳修庆贺，欧阳修则早早写信告知母亲和叔父欧阳晔。

欧阳修略微调整了几天，就投入了当年秋天举行的国学解试的备考。国学解试合格之后，即可以荐名礼部，参加来年春天的省试。金秋送爽的时节，东京城到处菊花盛开，桂花飘香，欧阳修的解试成绩还是第一，有人预测他将连中三元。但是，欧阳修还是不敢有丝毫的松懈。按照宋代的科考制度，最关键的环节是礼部的省试和皇帝亲自主持的殿试，行百里者半九十，不敢功亏一篑啊！

整个冬天欧阳修都在紧张地备考，连年也没有好好过。胥偃一家自然明白，最后关头，应该做好后勤工作，让欧阳修吃好睡好心情好，将他视为自家参加考试的儿子。

五、省试和殿试

天圣八年（1030）正月，东京城正是春寒料峭的时刻，参加省试的考生们云集京城，有的是第一次参加考试，心中惴惴不安；有的则参加过好几次了，自然年龄差距也大。欧阳修属于最年轻的那部分,浑身透着朝气和一些稚气。

该年考试的主考官是晏殊①,昔日的科考神童,现在已经四十开外。仁宗做太子时,他担任太子的师傅,辅导太子的成长,尽职尽责。仁宗即位之后,担任过枢密副使和参知政事②,早已经老于世故,故有"太平宰相"之称。但是,科考特别是省试对于赵宋、对于官家③的重要性,晏殊还是非常清楚的,他自己也非常希望通过省试,能够给国家发现一些旷世之才。赵宋较之大唐,武功虽然不如,但是,文治却远超大唐,其原因还不是由于从太祖朝开始的对文人的宽松政策吗?而从太宗朝开始,科举录取的人数又越来越多,整个社会希望通过读书改变社会地位的人也越来越多。每每想及此,晏殊忠君报国的思想就油然而生。

但是,晏殊一想到为国家选旷世之才,就紧皱眉头。朝政的复杂每每让他整夜失眠。本来刘太后④在垂帘听政之初,就公开声明,一旦仁宗长大,就还政于仁宗。天圣六年(1028)四月,仁宗已经十九岁了,可刘太后还是丝毫没有还政的意愿。趁着仁宗年幼,她一再僭越礼制,享受本不该太后享有的待遇。还曾将反对她的宰执王曾罢免,宰执寇准则被罢免后死于贬所。她甚至询问宰执们对武则天的评价问题,用意非常明显,其背后掩藏着莫大的野心。

有一次拜谒太庙,刘太后又做出大大超越礼仪等级的事情,晏殊和同为副宰相的薛奎提出反对意见,刘太后虽然稍微做出了一些让步,但是翻着白眼看晏殊的眼神,像一把明晃晃的刀子一样,一直在晏殊眼前乱晃。晏殊的门生范仲淹因为上疏请刘太后还政,惹得刘太后颇为不悦。范仲淹只好主动请求到河中府(治今山西省永济市)担任通判。

晏殊只能暗中祈求上帝保佑,祈求最高权力能够和平过渡到仁宗手中。

---

①　晏殊,字同叔,抚州临川人。七岁能属文,景德初,张知白安抚江南,以神童荐之,十四岁中进士。

②　枢密副使主管军事,参知政事是副宰相,通称宰执。

③　宋代对皇帝的称呼。

④　宋真宗的皇后并非仁宗的生母。仁宗生母是一个普通的嫔妃,生下仁宗后,被当时的刘皇后施展瞒天过海之计,说成是自己的儿子,此即戏剧《狸猫换太子》一剧的原初历史。

那年关于赋的部分出的题目是《司空掌舆地图赋》,题目是晏殊出的,有点难,需要考生从细微之处发现问题,然后进行分析。按照当时的考场规则,考生如果对试题有疑问,可向主考官提出,由主考官做出解释。考试开始后,陆续有考生提问,但所提出的疑问,都很让晏殊失望。

欧阳修拿到试卷后,首先仔细审题。司空是周代和汉代的官职名称,掌管国家大型土木、水利工程的兴修。舆地图,也即地图,地图的绘制和修改,自然也归其管理。但是,该试题并没有说明应该分析周代还是汉代,于是欧阳修向主考官晏殊提出此问题。晏殊听后,意识到这个考生真正明白了出题者的意思,于是在解答后,仔细打量了一下这个文弱的青年。

考试结果揭晓,欧阳修又是第一,连中三元。欧阳修一下子名声大振。绝大多数考生和关心科考的人都认为,下一关的殿试,欧阳修肯定是状元。

欧阳修随后以门生的身份,前去晏殊府上,拜谢主考官晏殊。晏殊这才知道那个文弱的青年就是欧阳修,而且他们是江南西路①的老乡。晏殊正式成为欧阳修的恩师。

南宋文人王铚在《默记》一书中记载了欧阳修参加省试中的一则花絮,大致经过:一李姓考生参加省试前,突患重病,被同考的友人扶着进入考场,考试开始后没有多长时间,李生疾病发作,只好趴在桌子上休息,不知不觉就睡着了。过了中午时分,突然有人用手拍了拍他的后背,把他拍醒了。原来是邻座的考生,轻声问他怎么不写卷子。李生据实相告,邻座考生于是说道:"能够参加省试,已经非常不容易了,坚持一下。"接下来又不时劝告他。李生于是挣扎着坐好,开始写卷子,思路又逐渐清晰起来。邻座考生见状,非常高兴,又悄悄地告诉他写赋应该特别注意的地方,又把自己的卷子挪到李生桌子边,让他偷看,而且轻声说道:"我是国学考试的解元欧阳修,你只管看吧。"②所以,李生的这张答卷,有一半抄自欧阳修,剩下来

---

① 主要管辖今江西省大部和湖北省黄石市一带。
② 丁传靖辑:《宋人轶事汇编》(上)卷八。

的几场考试,两人也都这样做。最终,李生也通过了省试。李生做官后,知恩图报,在自己家庙旁边的墙上,挂着欧阳修的画像,过年过节都要祭拜,待他如再生父母。

李生曾经与王铚的先祖是同僚,还曾经领着王铚的先祖去他家祖庙看过墙上挂着的欧阳修画像。王铚的先祖每每言及此事,都对子孙们说欧阳修的事迹。

这则记载放在今天,是十足的低级红、高级黑。在宋代科举考试科场要求非常严格的情况下,是根本不可能发生的事情。从后来欧阳修两度主持科举考试的做法看来,他对科举考试作弊,更是深恶痛绝。

欧阳修连续三场均考第一名,自认为殿试必定是状元,于是在殿试的前一天置办了一套新科状元才能穿的外套,准备第二天穿着参加殿试,心里自然美滋滋的,甚至想象着新科状元骑着高头大马、胸前戴着大红花行走在御街的场面。岂料同科进士王拱辰搞闹剧,乘欧阳修不备,穿着那套外衣先进了殿试的考场,欧阳修责备他,王拱辰笑着说道:"新科状元才应该穿这套衣服。"殿试结束,王拱辰果然是状元,欧阳修是该科第十四名。这种记载,显见也是后人的杜撰,因为欧阳修不久即替王拱辰写了谢及第启一文[1],况且任何考生也不会自信到穿着这种衣服去参加殿试。欧阳修心里虽然有点失落,但总体上还是非常高兴,甲科第十四名的成绩也是很不错的排名,且是"天子门生"。

省元(省试第一名)不是状元的结果也很正常,该科考试前有记录的 22 场省元和状元名单,只有六场省元和状元是同一人。从王拱辰后来的为宦履历来看,他的能力并不低,只是品德有点差。

欧阳修和王拱辰后来又都成了宰相薛奎的女婿。二人虽是连襟兄弟,在官场上却是一对欢喜冤家,此是后话。

金榜题名后,胥偃全家都非常高兴,最高兴的当然是他的女儿胥氏。欧阳修参加了胥偃主办的几场贺宴,胥偃把应该请到的高官显宦都请到了,自然包含为欧阳

---

① (宋)欧阳修著,李逸安点校:《欧阳修全集》卷九十五《代王状元(拱辰)谢及第启》。宋代替他人写一些礼仪性的文章是当时的习俗。

修铺路的用意。欧阳修很感激胥偃全家,特别是胥偃为他做出的所有努力。

五月,朝廷任命欧阳修为西京留守推官,次年三月到任。得到消息之后,欧阳修履行了必须办理的手续,然后离开东京前往随州,虽然早已经通过驿站将中进士的信寄往随州,可尽快回随州面见母亲和叔父一家的愿望,仍很强烈。回到随州之后,母亲让欧阳修跪在父亲欧阳观的牌位前,向父亲报告喜中进士的消息。郑氏、欧阳晔、欧阳修都眼含热泪。接下来又是几天的喜宴,欧阳修喝醉了好几次。

第二节 读书饮酒 握手言欢

天圣九年(1031)三月下旬,欧阳修带着母亲到西京洛阳担任留守推官。欧阳修在洛阳一直待到景祐元年(1034)三月,基本上三年的时光。

工作稍微稳定之后,欧阳修去胥偃家迎娶新娘胥氏。胥偃将欧阳修和女儿的婚礼办得很排场、很热闹。一年多的时间,欧阳修就品尝了人生三大乐事中最重要的两大乐事。①

一、钱惟演对欧阳修等的关爱与指导

欧阳修刚到西京时,留守是钱惟演。钱惟演,字希圣,吴越国②国王钱俶的儿子,博学能文,文辞清丽,于书无所不读,家中藏书为当时赵宋私人藏书第一家,此前担任过枢密副使。

---

① 第三大乐事是他乡遇故知。科举兴起之后,有些人需要背井离乡踏上求学、做官之路,那时交通和通信不发达,突然在外地遇到了旧友知己,那种心情自然也是很喜悦的。

② 五代时期的十国之一,统治今浙江、江苏南部、上海市一带。

　　钱惟演与杨亿、刘筠为西昆派(这个名称来自杨亿所编著的《西昆酬唱集》一书)诗人最为重要的代表人物,在北宋初期影响很大,作诗师法唐代诗人李商隐。西昆派诗歌的优点是追求艺术美感,纠正了浅陋平直的五代文风,缺点是缺乏创新精神和艺术个性。

　　为了使读者熟悉一下西昆派诗歌,特摘录一首钱惟演的代表性诗歌。

公子

莲勺交衢接荻园,来时十里一开筵。

歌翻南国桃根曲,马过章台杏叶鞯。

别殿对回双绶贵,后门归夜九枝然。

闲随翠幰欹乌帽,紫陌三条入柳烟。①

　　幕府的幕僚官中,钱惟演最为欣赏的是谢绛、尹洙、欧阳修。他甚至做了三套道服、三把筇杖,每次在府中的花园举办以文会友的酒会,钱惟演"寿巾紫褐"②,欧阳修三人则像道家弟子携着筇杖跟着他。

　　钱惟演当时用道家所倡导的无为而治的理论治理西京,所以当时的西京民丰物阜,治安良好。欧阳修后来在晚年所写的《诗话》一书中,还记下了钱惟演所写的一些优美的诗句:"西洛故都,荒台废沼,遗迹依然,见于诗者多矣。唯钱文僖公一联最为警绝,云:'日上故陵烟漠漠,春归空苑水潺潺。'"③

　　此时的洛阳,聚集了一大批退休的高官和知名的文人学士,既是学术文化的中心,又是议政的中心。程民生教授曾经形象地比喻过北宋时期的洛阳与开封:"开封是当权派的首都,洛阳是在野派的首都。开封是宋朝的正堂,洛阳是宋朝的别墅。开封红尘滚滚,争权夺利;洛阳花气蒙蒙,修身养性,是学问家的天堂。开封是

---

① (元)方回集评,李庆甲集评校点:《瀛奎律髓汇评》,上海古籍出版社,2020年版。

② 魏泰著,李裕民点校:《东轩笔录》卷四。

③ (宋)欧阳修著,李逸安点校:《欧阳修全集》卷一二八。

显赫的太阳,洛阳是淡雅的月亮。"①

　　复旦大学王水照教授认为,钱惟演主导的文学创作为主的活动,已经具有文学社团的性质。"在北宋的文学群体中,以天圣时钱惟演的洛阳幕府僚佐集团、嘉祐时欧阳修汴京礼部举子集团、元祐时苏轼汴京'学士'集团的发展层次最高,已带有某种文学社团的性质,对整个北宋的发展具有举足轻重的作用。其特点首先是系列性。三个群体代代相沿,成一系列,前一集团都为后一集团培养了盟主,后一集团的领袖都是前一集团的骨干成员。因而在群体的文学观念、旨趣、风格、习尚等方面均有一脉相承的关系。"②三个集团中,欧阳修是第一集团的重要成员,是第二集团的核心,是第三集团的精神导师。

　　近三年的西京时光,对青年欧阳修而言,是难得的学习、锻炼、交往的岁月,特别是积累人气的时期。

　　尽管欧阳修等常常宴游无节,钱惟演却待之甚厚。钱惟演离职后,继任者是王曙。王曙所喜欢的生活方式是粗茶淡饭、布衣蔬食,他认为钱惟演对欧阳修等人过于宽纵的做法,实足害了刚刚步入仕途的欧阳修等人。所以他到任之后,一度正色直言告诫欧阳修等人说:"诸君纵酒过度,独不知寇莱公晚年之祸邪!"岂料欧阳修听后,站起来说道:"以修闻之,莱公正坐老而不知止尔!"③王曙听后,默默不语,也没有发怒。王曙可是寇准的女婿呀!

---

　　①　程民生:《宋代地域文化史》,安徽文艺出版社,2017年版。

　　②　王水照:《北宋的文学结盟与尚"统"的社会思潮》,《王水照自选集》,上海教育出版社,2000年版。

　　③　名臣寇准,做了高官之后,尤其喜欢在家里大摆宴席,觥筹交错,彻底狂欢,到处都点又高又粗且不断释放异香的红色蜡烛,通宵达旦燃着。寇准每次离任之后,接任的官员即使在他家的厕所里,也可以看见蜡烛燃烧后留下的成堆烛泪。真宗知道后,非常生气。

二、书屋取名"非非堂"

明道元年（1032）的春天，在钱惟演的筹划下，旧府衙又扩建了一次，面貌焕然一新。欧阳修写了《河南府重修使院记》①一文，记述修筑的背景、经过及重要性，文章朴实无华。

接下来钱惟演又在府衙偏西的位置，为欧阳修修建了可供工作、看书、写作、会客的小屋。欧阳修为其起名"非非堂"，且写了《非非堂记》一文，反映出青年欧阳修的人生观和价值观。

小屋门朝北，门前种植了几丛竹子，南墙上开了窗户。小屋白天有温暖的阳光射进来，晚上则可以隔着窗户欣赏皎洁的明月。屋内只有一个可供看书、写字的几案，一张窄窄的小床，放了上百卷书的书架，在欧阳修看来，这就足够了，可以闭目养心，看看古书，思考思考国家及个人的问题。

在《非非堂记》一文中，欧阳修首先以权衡（古代的秤）和水作为比喻，强调"静"的重要，"权衡之平物，动则轻重差，其于静也，锱铢不失。水之鉴物，动则不能有睹，其于静也，毫发可辨"②。他认为，耳朵管听、眼睛管看，但是听到和看到的不一定都是本质的东西，需要静下心来，仔细思考，才能得到正确的认识。

这就说明，如果人不为外界的动作所迷惑，则他的心就很平静，心静就能做到思路清晰，能够肯定对的，否定错的，他的行为也将是正确的。然而赞扬似乎有谄媚吹嘘之嫌，批评使人觉得好像是讥笑人家。如果要在二者之间必须做出选择的话，宁可选择"讪"而不选择"谄"。如果把"是是非非"放在一起加以观察，不如说，

① （宋）欧阳修著，洪本健校笺：《欧阳修诗文集校笺》（下），外集卷十三。
② （宋）欧阳修著，洪本健校笺：《欧阳修诗文集校笺》（下），外集卷十三《非非堂记》。

"非非"更为重要,"非非"本质上是一种正。

欧阳修强调静下心来观察事物、判断是非,并非只是一种理论上的分析,实则暗有所指。当时北宋朝廷发生了两件非常大的复杂事件,史官对其记载非常隐晦,直到今天仍然是个谜。这两件事情尽管也传到了西京洛阳,但是其复杂的内幕只有极少数人知道,像欧阳修这样级别的官员,也只能凭借支离破碎的信息进行猜测与推断。

第一件大事是明道元年(1032)二月,仁宗的生母李氏生病,刘太后派亲信张怀德、医官杨可久等进宫医治,李氏的病非但没有治好,反而突然去世,时年四十六岁。李氏生了仁宗,依例应该晋升为皇后,但一生只是普通的嫔妃,直到临死前,才晋升为宸妃。次年三月,刘太后死后,燕王(八王)赵元俨才告诉仁宗李氏是他的生母且死于非命的事实,张怀德和杨可久很快被贬黜,这说明李氏的死因的确可疑。①李氏死后,刘太后准备草草出葬了事。宰相吕夷简告诉她说:"纸包不住火,李氏的所有事情迟早会被官家知道。一旦官家知道其丧事竟然这样处理,肯定会追究所有与此有关系的人的责任,包括太后您。"刘太后听后,才答应以一品礼仪的规格治丧,但是,出丧不由宫门出,而准备从宫墙上打开一个缺口出去,这自然是非常不合礼仪的做法。在吕夷简的一再坚持下,刘太后才同意由西华门出丧。最后吕夷简又背着刘太后,对主持丧礼的刘太后的亲信罗崇勋说道:"这事情官家迟早会知道,一旦追究起来,你将难逃其责,你看着办吧!"②迫于吕夷简的压力,李氏最后以皇后的礼仪规格入殓。

同年八月,内宫突发大火,很短的时间内就连烧八个宫殿。火刚开始燃烧的时候,小黄门③王守规最先发觉,于是从仁宗休息的寝殿到后院门,把锁砸开,带着仁

---

① 后来依此事实演绎的戏剧《狸猫换太子》,距离真实的历史太远。由于地位的悬殊,李氏根本没有可能同刘氏争夺皇后之位,甚至连想都不敢去想。刘氏无须抢夺,更无须像《狸猫换太子》的戏中,用狸猫来偷换刚出生的婴儿。

② (元)脱脱等:《宋史》卷二四二《李宸妃传》。

③ 低级宦官。

宗逃到了延福宫。仁宗见到执政大臣们后说道:"要不是王守规,咱们君臣都不会相见了。"火灾发生以后,宰相吕夷简的态度,更让人感到火灾非常蹊跷。火灾扑灭后,百官早朝,而宫门不开,辅臣请求和官家见面。仁宗到拱宸门,百官于楼下朝拜,但是宰相吕夷简独独不拜,仁宗派人下楼询问原因。吕夷简说道:"宫廷夜里刚刚发生大火灾,臣请求看看官家的尊荣。"①仁宗于是让人揭去座位前的帘子,吕夷简看到真是仁宗后,才施跪拜礼。这说明吕夷简对火灾的原因、仁宗的生死存亡及城门上的皇帝是谁,都存有疑问,否则他不敢有如此大胆的不臣之举。

这场大火之后,朝廷大兴土木,修建新的宫殿,宰相吕夷简为工程总指挥,调动京东西路、淮南、江东、河北等路的大量工匠到京师,大量的木材也由各地运来,给民众带来了沉重的负担。

洛阳一带的大山盛产竹子,被大量砍伐,由黄河漂流到东京,地方官员一味媚上,严令不管是公是私,一律砍伐,不得阻拦,导致一座座青山眨眼间变成了荒山秃岭。欧阳修看在眼里、疼在心上,为此写了《戕竹记》②一文,严词批驳这种以无益害有益的祸国行为。由此文可以看出,刚刚步入仕途的欧阳修,就敢于批判朝廷中的不良行为。

三、"逸老"与"达老"之争

寓居西京洛阳这段时期,是欧阳修文学创作的第一个高峰,主要是诗、词的创作。欧阳修与尹洙、梅尧臣、杨愈、张汝士、王复、张太素六人一起,结为"七友"。而当时与欧阳修在诗词方面切磋最多的是梅尧臣、谢绛、尹洙三人。嘉祐八年(1063)

---

① (元)脱脱等:《宋史》卷三一一《吕夷简传》。
② (宋)欧阳修著,洪本健校笺:《欧阳修诗文集校笺》(下),外集卷十三。

七月,五十七岁的欧阳修担任参知政事,他在《集古录目序题记》一文中写道:昔在洛阳,与余交往者,都是一时之豪杰,谢绛最善于评论文章的得失,尹洙则最长于议论时事。每当余刚刚写完一幅作品,还没有来得及修改完毕,两人马上摊开纸快速阅读,迅速领会作品中的意图,接下来就拿着作品到处宣传,他们所阐述的观点非常妥当,但却不是余原初的设想。梅尧臣是一个典型的谦谦君子,与余一样,家庭都比较贫穷,每见到余有一点小的惊喜,那高兴的样子,就像是喜事降落在自己身上。①

欧阳修在西京时就因文章而名冠天下,主要得力于他自己的勤奋思考和积极写作,也和梅尧臣等朋友的大力宣传分不开。

明道元年(1032)春天,欧阳修和尹洙、陆经等四人到洛阳南面的龙门游玩。龙门山和香山隔着伊水,遥遥相峙,宛如一道龙门。欧阳修望着龙门,又想起了殿试时高兴又失落的心情,跳过龙门了,以后会怎么样呢? 没有大背景的他,只能靠自己的努力和贵人的提携了。毕竟赵宋较之大唐,特别是较之魏晋,寒门士人向上走的通道还是比较畅通的,想到此,欧阳修又感到一丝欣慰。四人又一起到龙门山东峰上的白居易墓凭吊。

此行欧阳修共写诗十五首,石楼、佛寺、险滩、鸳鸯、鱼鹰等都成了他写诗的题材。

一天,梅尧臣与尹洙、杨愈、王复、张先、王顾、张汝士七人在一起闲聊。欧阳修因事未到,有人聊及白居易,于是话题大开,聊到了白居易晚年退居洛阳期间,与八位高年经常在一起谈天说地、喝酒赏花,最后组成了一个“九老会”。有人据此画了一幅《九老图》传世,成为后世美谈。梅尧臣突发奇想,他们七位好友加上欧阳修,虽然未到高年,也可仿效一下白居易的“九老会”,组织一个“八老会”,各自取一个雅号,互相品题。话一出口,众人拍案叫绝。经过七嘴八舌的讨论,最后确定了如下雅称:尹洙为“辩老”,王复为“循老”,杨愈为“俊老”,王顾为“慧老”,张汝士为

---

① (宋)欧阳修著,李逸安点校:《欧阳修全集》卷一三四。

"晦老",张先为"默老",梅尧臣为"懿老",欧阳修为"逸老"。随后,梅尧臣写了一封信给欧阳修,把此事情的经过详细地告诉了欧阳修。欧阳修收到信后,先是大笑,但看到自己的雅称为"逸老"后,坚决不接受,连续两次给梅尧臣写信,要求改为"达老",还要求梅尧臣将两人往来信件中关于此事的内容烧掉,可见欧阳修对此事的重视。

为何欧阳修把朋友间的戏谑之称看得如此重要?因为"逸"字,有放纵的含义。欧阳修年方二十六岁,一旦此雅号传出去后,不仅让人以为欧阳修是一个放荡不羁之浪子,而且母亲郑氏和妻子胥氏等家人知道后,会以为欧阳修在外面的表现迥然不同于在家里的温文尔雅,可能会有放荡的言行。这样的话,有碍家庭的门风,也会让母亲和妻子脸面无光。再进一步想,后世会如何评价欧阳修。而"达"字,则有豁达、旷达的含义,欧阳修强烈希望朋友们知道他真实的性格是豁达,平素表现出来的一些狂放不羁的行为,只是为了娱乐朋友也娱乐自己。最后朋友们接受了他的请求。

"达老"成为青年欧阳修的雅号。不过,这个雅号,远不如后来的"醉翁"和"六一居士"的名气大。

四、《洛阳牡丹记》的写作

宋代,出产牡丹的地方除了著名的洛阳以外,还有延州(治今陕西省延安市)、青州(治今山东省青州市)、丹州(治今陕西省宜川市)和越州(治今浙江省绍兴市)等地,但是洛阳牡丹,在唐代已经是魁首。

可惜欧阳修在洛阳生活的三年,没有一次能够遇上牡丹盛开的时节。第一年抵达洛阳的时候,牡丹大多即将凋落。第二年和梅尧臣他们在嵩山一带到处游玩,回到城中,牡丹花期已经结束。第三年牡丹盛开的时候,胥氏夫人去世,家里忙成一锅粥,哪里还有时间和心思去看牡丹、赏牡丹。第四年离别洛阳的时候,牡丹花的花蕾刚刚形成。

由于对洛阳的喜爱,洛阳牡丹自然也成为欧阳修的至爱。回到东京后的次年(景祐二年,1035),欧阳修凭借记忆及其他材料,写了《洛阳牡丹记》①一文,在该文中,欧阳修说洛阳人言谈中的"花"字,独指牡丹花,其他的芍药花、红桃花、李子花等,统称为果子花,可见洛阳人对牡丹花情有独钟。

欧阳修曾经去钱惟演居住的双桂楼拜访,见其座位后有一个写满小字的木屏。钱惟演对欧阳修说道:"最近欲写一本《画品》的小书,上面全部写的是牡丹的名字,共九十余种。"②欧阳修因为当时有急事向钱惟演禀告,也来不及细看牡丹的名字,欧阳修及时人通常记得的牡丹的名字只有三十多种,不知道钱惟演从何处得到九十余种牡丹的名字。

欧阳修按照知名度记载了二十四种牡丹的名字:

姚黄　魏花　细叶寿安　鞓红(亦曰青州红)　牛家黄　潜溪绯　左花
献来红　叶底紫　鹤翎红　添色红　倒晕檀心　朱砂红　九蕊真珠　延州红
多叶紫　粗叶寿安　丹州红　莲花萼　一百五　鹿胎花　甘草黄　一撮红
玉板白

《洛阳牡丹记》成为中国现存最早研究牡丹的专著,且具有科学著作的雏形。

离别洛阳之后,欧阳修因为公事也来过洛阳一两次。这里是他青年时期事业起飞的起点,也是他一生中最主要的几个朋友结识、喝酒、游玩赋诗的地方,也是他第一个妻子告别人世的地方。

---

① (宋)欧阳修著,洪本健校笺:《欧阳修诗文集校笺》(下),外集卷二十二。
② (宋)欧阳修著,洪本健校笺:《欧阳修诗文集校笺》(下),外集卷二十二。

第三节　编校古书　心忧天下

　　景祐元年（1034）三月，欧阳修西京留守推官任职期满，接下来应该回东京待命，等候朝廷任命新的职务。

一、馆阁校勘时期的历练

　　欧阳修昔日的顶头上司王曙，此时已经是枢密使。尽管当年欧阳修曾经当众顶撞过他，让他很没面子，但是，他还是很赏识欧阳修的才学和人品，通过他的推荐，欧阳修得到了召试学士院①的机会且顺利通过，进入学士院之后，才能进入馆阁②。馆阁是赵宋高级人才的培养基地，也是高级治国之才的储备库。进入馆阁的条件极为严格，需要品德、才识等方面都非常优秀。正因为如此，许多年轻的进士，大多希望经过基层的短期历练后，能够进入馆阁。

———————————

　　①　学士院是皇帝的秘书处，负责重要文件的起草等工作。
　　②　昭文馆、史馆、集贤院三馆和秘阁、龙图阁等阁，分掌图书经籍和编修国史等事务，通称"馆阁"。又是朝廷培养人才、储备人才的地方。

当年六月,欧阳修被任命为馆阁校勘,负责整理、校核馆阁所藏的皇家图籍。欧阳修进入馆阁后的第一项工作,就是参与编修馆阁所藏大量图籍的目录,便于各级部门使用时能够方便地查找。表面上此类图籍整理的工作非常枯燥,实际上由于图籍涉及的范围非常广泛,在整理的过程中势必要仔细阅读一遍,所以对于宋以前王朝的治乱兴衰,会有一个比较透彻的了解,一旦有机会担任中央或地方行政部门的长官后,势必有较高的治理能力。而对于欧阳修这样的喜欢学术的人,又是难得的学术研究、著述的好机会。《五代史》一书的编纂就是此时开始筹划的。

欧阳修担任馆阁校勘期间,家里又迭遭不幸。景祐二年(1035)七月,妹夫张龟正去世于襄城(今河南省襄城县),欧阳修的妹妹带着张龟正与前妻生育的女儿前来东京,和欧阳修一家一起生活,无疑又加重了欧阳修的负担。欧阳修在给梅尧臣的一封信中写道:"衣食都很艰难,想喝酒,又缺钱,苦闷极了。"①九月,续弦杨氏又因病去世。二十九岁的欧阳修一下子好像老了十岁,身子又瘦又虚。

二、卷入政治旋涡

欧阳修没有被接二连三的家庭变故所压倒,更没有埋首于故纸堆中以转移内心的痛苦,而是密切关注朝廷的政治,不平则鸣。

(一)为石介鸣冤

景祐二年(1035),欧阳修首先就石介被罢黜一事,上书御史中丞杜衍,为石介讨说法。

石介,字守道,兖州奉符(今山东省泰安市)人,和欧阳修为同年进士,乐善疾恶,喜欢声名,遇事奋然敢为,也是当时知名的研究、传播儒学的学者,虽然年方三

---

① (宋)欧阳修著,李逸安点校:《欧阳修全集》卷一四九,《与梅圣俞(六)》。

十岁,可在朝野的名声却是远近皆知。

景祐二年(1035)冬天,经过御史中丞杜衍的举荐,御史台辟石介为主簿,但是,很快又宣布任命废止。其原因表面上是,还未到御史台上任的石介就上书枢密使王曾,公开反对仁宗刚刚颁布的赦免五代十国当政者的后裔之罪,且要启用他们中的部分人做官。而其中的一些政权,赵宋建国后官方一直称其为伪政权,如朱温建立的梁朝就称伪梁,启用这些伪政权的后裔无异于自打耳光。实际上的原因是因为上一年八月,石介上书枢密使王曾,根据社会上的一些传言,斥责仁宗无端废除郭皇后,宠幸尚美人,且在后宫饮酒无节,沉湎于女色,弄得身体也大为受损。石介请求枢密使王曾赶快劝解仁宗幡然悔悟,回归正道。

郭皇后是刘太后一手安排给仁宗的皇后,但却不是仁宗中意的女人。郭皇后自以为有刘太后撑腰,处处骄纵专横。郭皇后入宫九年,一直没有为仁宗生个儿子。刘太后去世后,仁宗亲政,与宰相吕夷简等商议,准备以皇后没有生育儿子为由,废掉皇后。而仁宗专宠的妃子尚美人,自恃有仁宗撑腰,也不把皇后放在眼里,一次,尚美人和皇后当着仁宗的面骂架,这于双方而言,都是非常失礼的行为。对尚美人而言,就是犯上作乱。郭皇后气急败坏,伸手欲打尚美人。仁宗慌忙上去拦架,郭皇后一不留心,一掌打中仁宗的脖颈,由于用力太猛,仁宗的脖颈上留下一道印痕。这样,仁宗便有了废掉郭皇后的理由。于是,郭皇后被废,尚美人也被处罚,后另立曹氏为皇后。

任命石介做主簿这样的低级官吏自然不需要皇帝批准,但是由于石介在社会上的名气很大,很快有人将此事禀告仁宗,仁宗于是要求御史台终止此任命。

欧阳修与石介为同年进士,对石介也较为了解。他评价石介"刚果有气节,力学,喜辩是非,真好义之士"[①]。所以欧阳修不但认为石介没有错误,反而认为石介未到御史台上任就敢放胆直言,恰恰说明他是御史台最合适的主簿人选。

从欧阳修的上书看来,他委实不理解石介一事中的内幕,也错责了杜衍。但

---

① (宋)欧阳修著,李逸安点校:《欧阳修全集》卷四十七,《上杜中丞论举官书》。

欧阳修的这种行为,说明了他对御史台的厚望,也反映出欧阳修见义勇为的优秀品质。介入石介一事,仅仅是欧阳修卷入赵宋政治旋涡的序曲,更大的旋涡接踵而至。

(二)"范党"要员

景祐三年(1036)五月,范仲淹向仁宗献上《百官图》,直指当时官场裙带关系盛行导致的恶劣政治生态,矛头对准宰相吕夷简。吕夷简是仁宗的宠臣。他听信吕夷简的谗言,并结合自己的判断,坚信范仲淹有朋党之嫌,结党是赵宋祖宗之法所坚决禁止的行为,于是将范仲淹贬官饶州(治今江西省鄱阳县),同时被贬的还有余靖、尹洙等人。时为馆阁校勘的欧阳修,不为所惧,毅然写下了名闻天下的《与高司谏书》。

高司谏即高若讷,时为右司谏,仁宗天圣二年(1024)进士。欧阳修与他相识已经十四年,一度以为他是个真正的君子,可是,在这次朝廷新旧势力较量的关键时刻,却发现了他十足的伪君子的本色。作为谏官,在大是大非面前,高若讷没有尽谏官犯颜直谏的职责,而是附会宰相吕夷简,歪曲事实,抨击范仲淹。欧阳修在该文中写道:"你家有老母,爱惜官位,不敢冒得罪吕夷简后而被贬官、丢掉优厚俸禄的风险,这是庸人之常情,正人直士眼中,你只不过落一个不称职的谏官的差名。但是,到处贬毁范仲淹,了然自得,不以为耻,反以为荣,则是典型的小人嘴脸。"欧阳修又在文末直截了当地写道:"你可以拿着我的这封信到朝廷,让朝廷也以朋党的罪名罢免我的官职。"①

欧阳修的这封信,大义凛然之气跃然纸上。高若讷果然将欧阳修的这封信上交仁宗,仁宗随即以妄议朝廷、责备谏官且有朋党之嫌的罪名,将欧阳修贬官为夷陵(今湖北省宜昌市)令。

所幸欧阳修被贬官之后,仁宗皇帝送给他一句颇有人情味的话,"往字吾民,而无重前悔",意即好好做官,不要把所犯的错误太放在心上,以后还有上升的机会。

---

①　(宋)欧阳修著,李逸安点校:《欧阳修全集》卷六十八,《与高司谏书》。

第四节　迁客初经此　愁词作楚歌

　　欧阳修本欲带领家人走陆路到夷陵，那样只有一千多里的路程。但是，正值大暑节气，又没有马，只好选择走水路。押送欧阳修出城的御史台的吏人，显然是接受了吕夷简等人的指示，百般刁难欧阳修一家，气得母亲和妹妹都掉下了眼泪。人在屋檐下，焉能不低头。倔强的欧阳修也只能在心中默默安慰自己，不和这种小人一般见识。临行前几天，母亲郑氏又到相国寺烧香，祈求佛祖保佑一家路途平安。

一、多余的担心

　　欧阳修沿途先后受到石介、田况、余靖、杨察、杨愈、许元、滕宗谅等好友及兄长欧阳晒的盛情招待，他们对于欧阳修的事，有的表示赞赏、同情、安慰，有的则表示惊骇。

　　经过将近四个月、几千余里的长途跋涉，景祐三年（1036）十月二十六日，正是夷陵金秋送爽、瓜果飘香的时节，欧阳修和老母、胞妹等抵达夷陵。由于一路风险不断，欧阳修终于有一种如释重负的感觉。

　　欧阳修所乘坐的船只刚抵达江陵府（治今湖北省荆州市境内），他心里就开始惴惴不安，不知夷陵当地的官员和百姓会如何对待他这个"罪人"。船越往西行，逆水行舟的感觉越强，欧阳修的这种担心也越强。他想到了春秋时期的郑詹从齐国逃回郑国时的遭遇，刚进入郑国境内，就开始听到有人高呼："佞人来矣！佞人来矣！"他担心自己也会遇到此种尴尬的局面，他想象这样一种场面：官府里官员相互说："罪人欧阳修来了。"老百姓则在路上互相传言："罪人欧阳修来了。"到了官府上班之后，卑躬屈膝对待级别高于自己的长官，连吏见了自己，也不以县令相称，甚至直呼欧阳修的姓名①，让欧阳修对他下拜，刚刚下拜后站起来，就像赶鸡一样让欧阳修赶快离开，好像欧阳修是一个传染病人。官府举行祭祀类的聚会，则坐在墙角，与官府里打杂的为伍，得到点饭食，赶紧吃完就离开，绝对不能等到分享供品的时候再离开②。级别高于自己的官员看见自己后，厉声呵斥肯定是常事，自己则低着头，弯腰站着，双手紧贴着双腿外侧，像监狱里的罪人一样。希望得到长官的好眼色，只能是一厢情愿的梦想……

　　但是，后来的事实却说明欧阳修的担心有点多余。船刚到江陵府境内不久，就接到同年进士、峡州军事判官丁宝臣的问候书信；刚到峡州境内，知峡州朱庆祝也是欧阳修的老相识，也率领属官前来迎接。欧阳修受到的礼遇，不是接待贬官的礼节，而是迎接新任官应有的礼仪。到夷陵之后的最初几天，朱庆祝天天都来嘘寒问暖，又不时设宴招待欧阳修，听他讲事情的来龙去脉，对欧阳修的行为大为赞叹并安慰欧阳修。欧阳修听后，自然也感到欣慰。欧阳修又和朱庆祝谈起堂叔欧阳颖中进士后为官第一站就是峡州，为军事判官，且留下了良好的口碑③，他于景祐元年（1034）正月二十六日去世，且由欧阳修为其写了墓志铭。朱庆祝听后，二人又围绕欧阳颖谈了很长时间。

　　欧阳修母子二人较快适应了新的生活环境。母亲郑氏以前不能饮酒，到了夷

---

① 宋代官与吏有严格区分，吏的待遇很差。直呼长官姓名是大不敬的行为。
② 古代参加祭祀活动后能够分享到供品象征着一种福分，他们认为自己和家人吃了后都会有福气。
③ （宋）欧阳修著，洪本健校笺：《欧阳修诗文集校笺》（下），外集卷十一。

陵之后,每天也能喝五到七杯当地产的米酒。欧阳修慢性咽炎的毛病,逐渐痊愈,也能喝酒了。由于到了新地方,家里的事还得靠欧阳修操心。

二、偏僻小州、偏僻下县

宋代时夷陵是典型的小县,仅有两千户左右的民众,不到一万人口,且是汉人与少数民族杂居的地区。虽然是峡州州治所在地,却连个城池都没有,街道狭窄到不能并行官员乘坐的车马。街市上的货物种类极少,因为紧邻长江,卖鱼的摊贩倒是不少,冬天还好说,若在其他季节,人们若到街上去,常常要捂着鼻子赶快走。民众居住的房屋,则由竹子和木材构成,下边是猪圈,上边是人住的地方,常常发生火灾,而民众又非常迷信鬼神,说住瓦屋不吉利。要命的是"蛮乡言语不通华",外来的官员来到此地,连当地的语言都不明白,民众自然也听不懂外来官员所说的华语,想搞点政绩不现实,也不容易,能不出大的乱子就行。

夷陵最重要的特产就是茶叶。唐代陆羽所著的《茶经》一书,第一卷劈头一句就是峡州一带产茶的记载,"茶者,南方之嘉木也,一尺二尺,乃至数十尺。其巴山峡川有两人合抱者",这对喜欢喝茶的欧阳修来说,自然是很值得大书一笔的,"春秋楚国西偏境,陆羽茶经第一州"①。

欧阳修任职时的夷陵,文化也还颇为落后,甚至还有杀人祭祀的风俗。因为是春秋战国时期楚国故地,所以还流传着颇多楚国的习俗,"时节同荆俗,民风载楚谣"②,是否下雨要通过龟甲来占卜。特别是过年前的一段时间,男巫女巫唱歌跳

① （宋）欧阳修著,洪本健校笺:《欧阳修诗文集校笺》(上),居士集卷十一《夷陵书事寄谢三舍人》。谢三舍人即谢绛。

② （宋）欧阳修著,洪本健校笺:《欧阳修诗文集校笺》(上),居士集卷十一《初至夷陵答苏子美见寄》。苏子美即大诗人苏舜卿。

舞,庆贺丰年,祭鬼的风俗尤其热闹,男女数百人在一起,不分昼夜地唱歌、跳舞、喝酒。欧阳修在诗中用"野服"二字来描写女人的穿着,应该指用动物的皮革和野草、树皮等编织成的衣服。青年男女之间,一旦有了爱情,可以私自成亲,不必经过父母之命、媒妁之言,这在欧阳修看来,颇为不符合儒家婚礼的规范,所以欧阳修在诗中用了贬义十足的"淫奔"一词。

尽管欧阳修笔下不时用一些贬义的词语描述夷陵一带的风俗,但是,他对这些风俗却非常好奇,又有写史书的规划,所以巴不得将其全部记载下来。由于三国时期这一带地区是吴、蜀两国激烈争夺的地区,因此,留下来的相关历史遗迹和传说很多。夷陵县舍西邻有一户吴姓人家,男主人非常喜欢学习,对这一带的历史遗迹非常清楚,欧阳修于是常常带着酒来他家做客,向他询问、请教。

三、无法解释的梦

欧阳修任职馆阁校勘期间,进士丁宝臣来京师,住在欧阳修家。一夜他做了一个梦,梦见他与欧阳修一同坐船过江,过江之后,见到一座小庙,二人迈步进庙,拜谒神像,丁宝臣站在前边,欧阳修站在后边。丁宝臣坚决要求二人换一下顺序,欧阳修坚决不同意。丁宝臣见状,只好先拜,正要拜谒时,神像突然显灵,站起来向二人鞠躬行礼,且邀请欧阳修站到堂上,并与欧阳修窃窃私语了好长时间。丁宝臣私下想到,难道神仙也像俗世之人,高看馆阁校勘吗?二人出门后,见门口有一匹一只耳朵的马。丁宝臣第二天起床后,将这个梦告诉了欧阳修。二人讨论了半天,也不知道这个梦预示着什么。

欧阳修贬官夷陵令前数日,丁宝臣被任命为峡州判官,因为峡州州治也在夷陵县,二人有了朝夕相处的机会。一日,二人渡江去对岸的黄牛庙拜谒,进去之后,二人顿时目瞪口呆,庙里的一切皆和那个梦里见到的一模一样。欧阳修是县令,理所当然应该由担任判官的丁宝臣先拜,庙门外有一石马,正好缺了一只耳朵,二人会心一笑,在庙壁上各自题诗一首①。

欧阳修所写诗的题目是《黄牛峡祠》②,全诗内容如下:

> 大川虽有神,淫祀亦其俗。
>
> 石马系祠门,山鸦噪丛木。
>
> 潭潭村鼓隔溪闻,楚巫歌舞送迎神。
>
> 画船百丈山前路,上滩下峡常来去。
>
> 江水东流不暂停,黄牛千古长如故。
>
> 峡山侵天起青嶂,崖崩路绝无由上。
>
> 黄牛不下江头饮,行人唯向舟中望。
>
> 朝朝暮暮见黄牛,徒使行人过此愁。
>
> 山高更远望犹见,不是黄牛滞客舟。

四、爱民如子的欧阳修

欧阳修刚贬到夷陵时,工作时间需要处理的事情太少,闲得无聊,于是取出前几任知县的案牍反复察看,发现大多案子的处理结果是葫芦僧判断葫芦案。他仰天长叹一声后自言自语道:"荒远小邑,尚且如此,天下固可知矣。"③想起母亲郑氏经常谈起的父亲欧阳观审理案子的情况,两相对比,欧阳修愈加意识到父亲的伟大,有时候感觉到父亲就站在他背后和他一起看案牍,甚至和他交流对一些案牍的

---

① 苏轼:《书欧阳公黄牛庙诗后》,见曾枣庄、刘琳主编:《全宋文》(第44册)卷一九三八。

② (宋)欧阳修著,洪本健校笺:《欧阳修诗文集校笺》(上),居士集卷一。

③ (元)脱脱等:《宋史》卷三一九《欧阳修传》。

看法。因此,欧阳修处理事情不敢有丝毫的疏忽,有学者来见,所谈的话题,首先谈的都是关于吏治的问题。谈完之后,才谈文章。他认为文章止于润身,政事直接关系到的是民众的生活。

朱庆祝于景祐二年(1035)知峡州。他来了之后,在欧阳修等人的协助下,夷陵城的面貌才大为改观。筑成了四围的城墙,四边各开一个城门,这样才有了城的感觉;用石头修筑了一条较为宽阔的南北大街,又建成了买卖物品的交易场所。夷陵的特产茶叶、纸张、油漆、柑橘等也有了一个交易的场所,民众的收入有了增加,官府的税收也有了提高,夷陵的知名度也有所提高。再加上欧阳修这张"名片"又利用各种方式,向外界推送夷陵,知名度更节节攀升。

有了公共收入,就可以办一些事。朱庆祝在夷陵县县治里为欧阳修修筑了一个可供读书、休息的小屋。欧阳修给它起名"至喜堂",且写了《夷陵至喜堂记》①一文,以感谢朱庆祝的知遇之恩。

夷陵是长江三峡的出口。自古以来,从四川经过长江三峡无数的风险之后抵达夷陵的船工和旅人,都有一种死里逃生的感受。人们总是在江边举行祭祀活动,感激上天的保佑。朱庆祝任职期满后,朝廷又让他连任。景祐四年(1037)三月,他又在欧阳修等官员的协助下,在长江边修筑了"至喜亭",使船工和旅人在此下船之后,有一个休息的地方,有一个正规的祭祀的地方。欧阳修也欣然写了《峡州至喜亭记》②一文。

---

① (宋)欧阳修著,洪本健校笺:《欧阳修诗文集校笺》(中),居士集卷三十九。
② (宋)欧阳修著,洪本健校笺:《欧阳修诗文集校笺》(中),居士集卷三十九。

第五节　居官处处如邮传

　　景祐四年(1037)十二月,仁宗觉得欧阳修经过一年多的"磨难",为官应该能够吸取教训了,再加上到夷陵后,也不怨天尤人,政绩很不错,于是示意宰执,将欧阳修由夷陵县令转为光化军属下的乾德县(今湖北省老河口市)县令。虽然官位是平移,但毕竟距离京师又近了一些。这种安排,显然看得出,朝廷对欧阳修的处分减轻了。

　　景祐五年(1038)三月,欧阳修离开夷陵县,前往乾德县。船过江陵府,欧阳修顺道到荆州,看望同父异母的兄长欧阳晒。欧阳晒刚在自己家门口挖了一个大水池,中间修了一个大小适宜的亭子。已是壮年的欧阳晒,正在享受庄子所说的池鱼之乐。欧阳修很欣赏兄长的这种生活态度,离开荆州后,在船上写下了《游鲦亭记》①一文,通过水驿寄给了欧阳晒。

　　离开夷陵县后,欧阳修又很礼貌地给丁宝臣写了一首诗,全诗如下②:

　　　　经年迁谪厌荆蛮,唯有江山兴未阑。

---

① (宋)欧阳修著,洪本健校笺:《欧阳修诗文集校笺》(中),外集卷十三。
② (宋)欧阳修著,洪本健校笺:《欧阳修诗文集校笺》(上),居士集卷十一。

醉里人归青草渡，梦中船下武牙滩。

野花零落风前乱，飞雨萧条江上寒。

荻笋时鱼方有味，恨无佳客共杯盘。

除怀念仍在夷陵县任职的丁宝臣等知心同僚外，留在欧阳修梦中的就是夷陵的美景和美食了。

光化军知军是河北人张询。此人为人倒也朴实，只是没有文才，见了欧阳修，只是以礼相待。其他的臣僚也和张询差不多，让欧阳修感觉非常的孤独。

时年冬天，光化军一阎姓官员要回老家郓州，他非常仰慕欧阳修的才华，欧阳修和他谈话后方知他是后梁和后唐时期名将阎宝的后代。薛居正《旧五代史》一书中有阎宝的传①，欧阳修也熟悉阎宝的事迹，但他还是想从阎姓官员口中获悉更多关于阎宝的历史，无奈相隔的时间已经久远，未能得到更多有价值的东西。欧阳修欣然为其父亲阎象写了墓志铭，这也是欧阳修第一次为别人写墓志铭。② 在欧阳修所编的《新五代史》一书中，阎宝被列入"杂传"类人物，较之《旧五代史》的记载，关键记述没有变化，只是文字压缩了许多。③

是年十一月，去世于景祐元年（1034）八月的薛奎的灵柩由公子薛直孺护送，到老家绛州（今山西省新绛县）安葬，欧阳修理所当然为薛奎写了墓志铭。

薛奎进士出身，官至参知政事，无论是做地方官还是朝官，以质直、敢言著称。真宗在位时经常在宫内宴请大臣。有些大臣贪杯，甚至有酩酊大醉者。薛奎时为御史台的官员，于是劝谏道："陛下即位之初，励精图治，很少有在宫内宴请大臣的事。现在天下太平，而宴乐无度，大臣醉酒且失礼，有损朝廷的声誉。"④真宗听后，

---

① （宋）薛居正主编：《旧五代史》卷五十九《阎宝传》，中华书局，2015年版，点校本二十四史修订本。

② （宋）欧阳修著，洪本健校笺：《欧阳修诗文集校笺》（上），居士集卷二十《金部郎中赠兵部侍郎阎公神道碑铭并序》。

③ （宋）欧阳修：《新五代史》卷四十四，中华书局，2015年版，点校本二十四史修订本。

④ （元）脱脱等：《宋史》卷二八六《薛奎传》。

接受了他的建议。

薛奎知开封府期间,以严酷著称,有人为他起了个"薛出油"的外号,意思说薛奎丝毫不讲情面,任何人只要是犯在他的手上,都要被榨出几两油。后来知益州(今四川省成都市),四川由于基本上没有经历过唐末五代的战乱,所以家给人足,民众也喜欢游玩。薛奎也一改知开封府时的严酷形象,与民同乐,且作诗十余首,描述官民同乐的场面,又有人给他起了"薛春游"的外号。①

薛奎做参知政事期间最值得称道的大事,是处理仁宗即位后、刘太后垂帘听政期间两件严重破坏礼仪的事情。在中国古代,朝廷的礼仪绝非仅仅是礼节,而是一种秩序。重要的礼仪一旦被破坏,就意味着既有的秩序受到威胁。第一件事是刘太后欲穿皇帝才能穿的衮冕拜谒太庙。薛奎马上看出了她的野心所在。此前她甚至询问宰执们对武则天的评价问题,用意非常明显。但是,在场的宰执们对她的这种挑衅朝政底线的行为莫衷一是。在此关键时刻,薛奎大胆地问道:"如果一定要这样做,您如何拜?是按照男子的方式拜,还是按照女子的方式拜?"刘太后一下子傻眼了,尽管心里面对薛奎恼羞成怒,可也很无奈,只好取消拜谒太庙的仪式。第二件事是刘太后驾崩之后,仁宗对着宰执们哭着说道:"太后病重期间不能说话,但是多次当着朕的面指着她穿的衣服,张张嘴,不知道什么意思?"薛奎一听就知道了,刘太后还是贼心不死,于是说道:"她还是在打衣服的主意,想穿着皇帝才该穿的丧服下葬,这样僭越礼仪的行为,岂可见先帝于地下!"②仁宗这才恍然大悟。最终,刘太后穿着皇后的丧服下葬。

薛奎的这些光辉事迹,薛奎的夫人和女儿薛氏经常对欧阳修说起,欧阳修自然无一遗漏。而薛奎质直、敢言的品质,对欧阳修而言,无形中也是学习的榜样。

当然,薛奎的两个外号,欧阳修还是选择性地漏掉了。墓志铭中的落款,关于自己的身份,只有"庐陵欧阳修"五个字。后人评价此种处理,最为得当。

①　丁传靖:《宋人轶事汇编》,卷七。
②　(宋)欧阳修著,洪本健校笺:《欧阳修诗文集校笺》(中),居士集卷二十六,《资政殿学士尚书户部侍郎简肃薛公墓志铭》。

是年,参知政事李若谷上札子给仁宗指出:"近年官场风俗不正,对国政自然没有好处,必须赶快改变这种局面。君子小人,各有其类,一概扣上朋党的罪名,正人直士更无以自立矣。"①仁宗听后,下诏从谏如流。这对此前因为有结党嫌疑而被处罚的欧阳修等官员而言,明显有好处。

宝元二年(1039)六月,欧阳修又改任武成军(治今河南省滑县)节度判官厅公事②,次年春天到滑州(今河南省滑县)任职。但是,席不暇暖,六月,朝廷又恢复欧阳修馆阁校勘的职务,继续修《崇文总目》。十月,又转为太子中允,同修礼书。

宝元元年(1038),胥氏夫人生育的儿子五岁时夭折,阖家痛苦万分。康定元年(1040),薛氏夫人生育了长子欧阳发,三十三岁的欧阳修又一次尝到了为人父的欢乐。

① (元)脱脱等:《宋史》卷二九一《李若谷传》。
② 一种幕僚官,掌管文案的处理。

第六节　天才的建筑设计师

庆历二年(1042)闰九月,应欧阳修的请求,朝廷让他赴滑州做通判。欧阳修请求外出做官的原因是工资太低,东京物价太高,养不起家。这是实实在在的原因。

一、画舫斋的修筑

欧阳修到滑州三个月后,了解到滑州的财政收入比较宽裕,于是奏请朝廷批准,在官署偏东的位置,修建了供自己休息、学习、接待宾客的屋舍。欧阳修为它起名画舫斋,由其好友、也是当时最著名的书法家蔡襄,把"画舫斋"三个字用大字题写在门楣上。

画舫斋最大的特色是它的架构,它不是像通常那样横着盖七间房子,而是纵向盖了七间房子,相互之间用门隔开。这七间房子,最里边的两间是休息的地方,为了保护隐私和安全及冬季保温的需要,当然要封闭一些;其他用于宴客的地方,也较为封闭。为了增加屋内的亮度,在屋顶上开了天窗,避免了单调感,增加了高低错落的起伏感。另外几间则犹如今日公园里面的长廊,两边没有墙,而是稍高点的栏杆和栏杆里面供人坐着的长条状的木椅,既可眺望远处的风光,也可以在里面下棋、闲聊;栏杆外面则是假山怪石、名木花卉构成的风景带。人坐在这样的房屋里,宛如在一条画舫里,可以闭着眼睛想象这条画舫正行驶在平稳如镜的江面,或行驶在激流险滩的水域。

这种设计当然出自欧阳修天才的设想。欧阳修此前生活过的东京,有上百家公私园林,西京的私家园林数量仅次于东京,夷陵县也有几个不错的小型园林,欧阳修去过的邓州等地也有不错的园林。在设计画舫斋之前,欧阳修曾经考虑过如何综合吸取这些园林的优点,但总觉得不能反映自己的心情,因为欧阳修在同辈朋友中是一个最有创新精神的人。是年,三十六岁的他考虑来考虑去,想起自己贬官夷陵时,一路上坐过的各式各样的船只,较为封闭的船舱可以吃饭、休息;船上的甲板地带,则可以站着或坐着欣赏两岸的美景,各有各的功能,相得益彰。人生何尝不像乘坐一条船,有平稳的岁月,有幸福的时光,有困苦艰难的波折,何不建一座像船一样的屋舍呢? 可以时时提醒自己,居安思危,说不准何时就碰上激流险滩,要的就是坦然面对,就是时刻不会忘记的忠君报国思想。

当然,从欧阳修于画舫斋落成之后所写的《画舫斋记》一文可以看出欧阳修若隐若现的隐逸思想。出仕与隐逸互补,是中国古代大多文人士大夫生活的常态。宋代“仰文抑武”,像欧阳修这样的士大夫大多数时候还是能够得到皇帝的信任,有较大的施展自己抱负的舞台。但是,他们内心仍然会为隐逸留下一些空间,作为一种感情的寄托。这种心情或表现于对山水的欣赏中,或表现于贬谪生活时,或表现于诗文中,但绝大多数人不会真心去隐逸。正如苏轼所写:“我欲乘风归去,又恐琼楼玉宇,高处不胜寒。起舞弄清影,何似在人间。”

二、《王彦章传》的撰写

由于有较多的闲暇时间,欧阳修又抓紧时间写《新五代史》。康定元年(1040)春天,欧阳修任武成军节度判官厅公事期间,听说后梁名将王彦章的孙子王睿一家在滑州生活,赶忙抽出时间前去拜访。从王睿手中,他得到了他人撰写的《王彦章家传》,经过王睿同意,欧阳修拿回州衙认真阅读。此前,欧阳修在阅读薛居正撰写的《旧五代史》部分关于王彦章的内容时,就被王彦章的事迹感动。但是,欧阳修感觉薛居正笔下的王彦章,内容还不够完备,不足以彰显王彦章宋人最重视的忠君报国思想。他认为其用兵最重视"奇"的谋略,值得当时正在西北地区与西夏军队鏖战的将士们学习。

王彦章,字子明,郓州(治须城,今山东省东平县西北)寿张(今山东省梁山县境内)人。彪悍异常,力气惊人,使一杆别人都拿不动的铁枪。"王铁枪"这一外号,当时就威震四方。

后梁军队招兵时,王彦章前去报名,当即对负责招兵的人说参军之后必须给他个官衔,否则不当兵。在场的官兵听后,气愤地说道:"你什么人呀! 开口就要官,不看看浑身的草末还有多少,来了就想当人上人,不看看我们流了多少血,死了多少兄弟,打了多少仗了! 也太不自量力了!"

王彦章听后大声喊道:"我一身的力气,你们谁也不是对手,不信比一比。我敢光脚在长满蒺藜的地面上跑几百步,你们敢吗?"话一说完,不等他人做出反应,就脱下鞋,光着脚在附近长满蒺藜的地面上跑了几百步,跑回来之后跟没事人一样,还抬起脚板轮番让别人看。当时已经是深秋,大蒺藜个个长得锋芒毕露,可竟然没有扎进他的脚板。别人一看,狠人来了,再不言语了。

王彦章入伍后,很快成为后梁军队中最优秀的战将,不仅是拼命三郎,而且足智多谋,最重要的是具有忠君报国的思想。一次,后梁军队与晋王军队激战,晋王军队抓住了王彦章的妻子和孩子,此前晋王李存勖①多次与王彦章率领的军队作战,屡屡败北,便把王彦章的妻儿安置到晋阳(今山西省太原市),给予最优厚的待遇,然后多次派奸细去游说王彦章,妄图将王彦章招致麾下。王彦章每次都将前来游说的人杀掉。李存勖见王彦章不为所动,残忍地杀害了王彦章的妻儿。

由于后梁君臣的腐朽无能,对王彦章这样优秀的将领不但不重用,反而处处给他设置障碍,导致王彦章在和晋王军队的一次作战中,受伤被俘。尽管有以前招降失败的经历,可晋王李存勖还是不死心,亲自安排军医为王彦章疗伤,还想让他归附。王彦章说道:"兵败力穷,死有常分……岂有为臣为将,朝事梁而暮事晋乎?"②最后被李存勖杀害,死时六十一岁。

欧阳修在反复考虑之后,决定不用《旧五代史》中"列传"的形式来撰写王彦章的历史,他认为那种形式只能将王彦章等同于常人,必须创新一种新的形式。斟酌了一段时间后,欧阳修最终采用了"死节传"这种新文体,意思是死于高贵的气节。

欧阳修在《死节传》的最前边写道:"世乱识忠臣,诚哉?五代之际,不可以无人,吾得全节之士三人焉。"③较之《旧五代史》中关于王彦章的记载,《新五代史》添加了一些关键性的道德评价的内容,如王彦章虽然目不识丁,却经常用通俗的话对人说:"豹死留皮,人死留名。"④因此,欧阳修认为人的忠义之气,和文化程度、门第等因素无关,而是人天生的习性。这也是宋儒认为民众的忠义之气可以大力培育的关键前提。

欧阳修这样做也有其深厚的社会基础。鉴于晚唐五代基于多方面的原因所导致的先秦及秦汉儒家所倡导的忠君爱国理念有所衰落,再加上宋代民族矛盾的尖

---

① 895 年,唐昭宗李晔封河东节度使李克用(沙陀族)为晋王,李克用死后,李存勖继任,923 年李存勖称帝,因为姓氏为唐朝所赐,所以以唐朝的合法继承人自居,以唐为国号,历史上称为后唐,历时十四年,后被石敬瑭建立的后晋取代。李存勖是五代时期著名的军事家,也是欧阳修《伶官传序》一文中的主人公。

② (宋)薛居正等撰:《旧五代史》,第二十一卷《王彦章传》。

③ (宋)欧阳修撰,徐无党注:《新五代史》卷三十二。另外二人分别是后晋裴约、后周刘仁赡。

④ (宋)欧阳修撰,徐无党注:《新五代史》卷三十二。

锐,北宋建立后,为巩固统治,统治阶级特别重视在意识形态领域树立忠君爱国思想的重要地位,采用多种方式对臣民进行此方面的教育,爱国主义、民族主义思想由此逐渐深入人心,一直渗透到社会的底层。经过意识形态的长期浸染,取得了不错的社会效果。两宋之际及宋元之际的关键历史时期,忠君爱国的历史人物颇多,以岳飞、文天祥等最为典型,仅元人所修的《宋史》就为二百七十八名忠义人物立传。两宋末期出现的忠义死节之士之多,在历史上是非常突出的。①

① 见(元)脱脱等:《宋史》卷四四六到四五五《忠义传》一至十。

第七节　士不忘身不为忠,言不逆耳不为谏

庆历三年(1043)三月,通过宰相晏殊的举荐,欧阳修回到东京,开始了谏官生涯。这也是很适合欧阳修性格的职位。

一、宋代台谏制度的特点及作用

谏院和御史台均为赵宋最高监察机构,宋朝初期,对谏院的作用还不是很重视,谏院也不是独立的机构,用门下省和中书省的官员两名判谏院事,下边设有谏议大夫、补缺、拾遗等官职,其中左谏议大夫、左补阙、左拾遗属门下省,右谏议大夫、右补阙、右拾遗属中书省。

到了真宗时期,随着政治、经济等形势的变化,官员中各种犯罪现象增加,安享太平的思想也日益滋长。有鉴于此,必须加强监察机构的作用。天禧二年(1018)二月,谏院成为正式的机构,办公地点在门下省附近,且铸了谏院的官印,但是,谏院仍然是其他官署的附属机构。仁宗明道元年(1032)七月,由于谏官陈执中的屡次建议,门下省恰好搬迁新址,于是将其原先的办公地址改为谏院,谏院才成为独

立的机构,北宋谏官的作用也随之进入高潮期。

谏官可以对皇帝和皇室人员监督谏诤,对各级官署的官员(包括宰相)进行弹劾,奉行风闻言事、独立言事的原则①。谏官上奏的章疏一般由皇帝亲自审阅、处理。

二、心忧天下的谏官

(一)欧阳修剑指贪官和冗官

知谏院期间,欧阳修可谓非常称职的谏官。韩琦用“无所顾忌,横身正路,风节凛然”②十二个字,评价欧阳修为谏官时的表现。

欧阳修上任时期,“冗官”“冗兵”“冗费”问题,已经使仁宗和朝臣们寝食难安,但谁也拿不出一个解决问题的合理方案。已经在官场摸爬滚打了十四年的欧阳修,对社会积弊也有了切身的感受,他提出的第一个札子③就是如何整顿不称职官员。

欧阳修在札子中指出:天下官员人数极多,鱼龙混杂,朝廷无法都了解他们的为政能力和品行如何,管理官员的吏部等机构只知道官员们何时被任命、何时到期、何时转官、何时致仕(退休),至于能力如何,没有一个较为透彻的了解。各路转运使,虽然负有监察官吏的职责,除有些官员的腐败案自行败露外,也没有能够辨别官员能力的良术,致使老弱病残者、懦弱不才者、贪污受贿者,照样尸位素餐。关键是这些官员大多是州县官,直接面对民众,给民众带来的危害不小,而且直接影

① 凭道听途说的消息即可以弹劾,不需要确切证据。即使搞错了,也不需要承担责任。

② (宋)欧阳修著,李逸安点校:《欧阳修全集》附录卷三,韩琦《故观文殿学士太子少师致仕赠太子太师欧阳公墓志铭》。

③ (宋)欧阳修著,李逸安点校:《欧阳修全集》卷九十八《论按察官吏札子》。

响官家和朝廷的声誉。现在又是战争时期,赋役繁多,民众怨声载道。所以,解决"三冗"问题,应该首先从整顿官员入手。

欧阳修建议先制订考察官员的法令及具体的标准,于朝官中选择二十多名四品以上为官清廉且辨别能力强的官员,派往各路担任按察使,外出考察之前,先将该路官员的所有名单给他,然后给他一套空白的按察官员记录簿。到了该地之后,采用明察暗访的手段,考察官吏,老弱不堪和有明显为政缺陷的官员,在他们的名字下以朱笔标明。无突出政绩也没有明显为政缺陷的官员,以黑笔标明。长于治理且政绩不错的官员,也用朱笔标明。朝廷根据按察使带回的考察结果,对这些官员做出相应处理,不用半年,此问题即可迎刃而解。

欧阳修的这个方案,虽然出于一片忠心,但明显可以看出其书生本色,理想主义的色彩过于浓厚,这也是中国古代儒家思想的特点。积重难返的体制问题,不是短期能够彻底解决的,更何况在官员任命制的背景下,在裙带关系盛行的官场,谁能确保按察使能够一碗水端平,谁能确保按察使能够顶住来自上层和其他各方面的压力? 朝廷当时也不赞成这样大动干戈,容易导致人心浮动,政事更乱,这个方案只能放弃。

欧阳修却认为此事非常重要,又一次上札子①,提出新的解决方案。

欧阳修在札子中指出:朝廷将按察官吏的职能主要放在各路转运使肩上,并不合适,因为有些转运使自己即是老弱病残者、懦弱不才者、贪污受贿者,这些人自己都应该被谏官弹劾,岂能去考察他人。有些转运使倒是称职,聪明能干,但是转运使的主要职责是管理一路的财政事宜,工作繁重,战争时期,更要为急如星火的转运军需事宜昼夜奔波,哪里有时间去走遍所属的州县,专心考察这些官员? 因此,还应该如臣前议,派遣专职的按察官吏的官员。如果朝廷认为从四品以上官员中难以找出合适的担当此任的官员,那么就从皇帝的近侍中或台谏部门、馆阁部门选择合适的官员,这些官员可以自己选择随行的幕僚,十几个人就够了,地小人少的

---

① （宋）欧阳修著,李逸安点校:《欧阳修全集》卷一〇六《论按察官吏第二状》。

地方,一个人可以按察两个路,具体的做法仍然采用上次札子中的办法。

欧阳修的这个札子,本质上和上次一样,只不过换了一批人,也仍然没有被朝廷接受,估计原因和上个札子一样。当然,谏官所上的札子,不被皇帝和朝廷接受,也很正常。

(二)身在东京心在西北

宋夏战争爆发后,尽管欧阳修没有答应范仲淹到战场上给他做掌书记的提议,但是他还是密切关注着战场局势的演变,不时向朝廷提出一些中肯的建议。

庆历三年(1043)四月,范仲淹和韩琦应召赶赴东京。但是,二人到东京后,只是像两府大臣[①]一样按照规定时间上殿面见皇帝,呈奏的也是寻常之事,并没有呈奏宋夏战场上的大事。作为谏官的欧阳修见此情景,感到很不正常。他风闻辽国皇帝和大臣在辽、宋交界地区召开会议,商议军国大事,于是赶忙上了《论韩琦范仲淹乞赐召对事札子》[②],建议仁宗于便殿召见二人。因为二人拘于常例,不便主动请求召见,而利用单独召见的机会,仁宗可以向他们详细询问战场情况及对策,并让他们放胆说话。这种做法是宋以前帝王经常采用的,本朝太祖、太宗、真宗也经常这样做。

仁宗见欧阳修言之有理,于四月七日召见了范仲淹、韩琦二人,向二人详细询问了战场的情况,并征询了二人的建议。

就宋夏双方的综合实力而言,西夏肯定不是北宋的对手,长期的战争对国小民贫、资源又比较少的西夏而言,肯定经不起折腾。元昊一开始发动战争的目的,就是吃准了"仰文抑武"的大宋怯懦的心理,妄图通过短期的突然袭击,利用西夏骑兵的优势,取得战场的主动权,然后向富裕的大宋勒索一大笔财物,以此来巩固刚刚建立的新政权。

早在康定元年(1040)初的三川口战役结束后,元昊就通过释放被俘的北宋将

---

① 指中书省和枢密院的官员。
② (宋)欧阳修著,李逸安点校:《欧阳修全集》卷九十七。

领高延德,向知延州的范仲淹提出求和的愿望。范仲淹提出和好的前提是元昊必须取消皇帝称号并向北宋称臣。双方还未能展开和谈,西夏军队又在好水川大败北宋军队,元昊转而又对北宋持强硬态度,和谈中断。后由于西夏国内灾荒不断,统治阶级内部矛盾尖锐,西夏西部的少数民族也不断与西夏展开战争,西夏又萌发了和谈的愿望,大宋内部由于社会矛盾的尖锐也感到压力很大,也有和谈的愿望。尤其是庆历二年(1042)九月的定川砦战役又一次惨败后,北宋统治集团希望和平解决战争的愿望非常强烈,于是互派使节,开始了为期一年的断断续续的谈判。

欧阳修于庆历三年(1043)七月,提交了四个关于如何对待和议的札子。

第一个札子是《论乞廷议元昊通和事状》①。欧阳修指出:和谈是大宋当今最大的事情,必须让百官各抒己见,陈述自己的意见。目前有三种看法:其一,战争加剧了大宋财政困难的局面,不和的话恐怕会越来越困难,稍微做点让步,达成和议,可以缓解困难的局面。其二,西夏人非常狡诈,倘若和议达成之后,西夏不退兵,则和与不和没有本质区别,只会让大宋的让步行为蒙羞。其三,和议达成之后,西夏只是借此机会,休养生息,一旦兵强马壮,再次发动战争。而大宋内部,和议达成之后,苟且偷安的思想又会蔓延,危害反而更大。其四,因为辽国在宋夏和议的过程中,也不断给西夏施加压力,促其与宋和谈,即使与西夏达成和议,辽国必定以和谈功臣自居,向大宋勒索大笔财物,若不答应它的要求,必定以战争相威胁,如此则西边无小患、北边添大忧。

有鉴于此,欧阳修建议借鉴汉、唐两朝的经验,也是太祖到真宗三朝的经验,此等大事,在西夏使节到来之前,必须经过大臣充分讨论,然后做出决策。如果朝臣们实在提不出有价值的意见了,再由官家做出最后裁决。

大宋号称皇帝与士大夫共治天下。欧阳修的建议一定程度上能够反映出这种说法。

---

① (宋)欧阳修著,李逸安点校:《欧阳修全集》卷九十九。

第二个札子是《论元昊来人不可令朝臣管伴札子》①。欧阳修指出:听说朝廷准备以高规格的外交礼节招待西夏使臣,甚至准备用御宴招待,此举非常不妥当。这等于显示大宋怯弱、急于求和,所以,各个环节都要显示出大宋不怕战争的态度。和议确定之后,再给予西夏来使较高的礼节,亦为不迟。外交礼仪,看起来是小事,实际上是大事,战争期间的外交使节往来,西夏使节可以看出大宋将相的能力高低,及其言行显示出来的是强硬还是怯弱。如果看到大宋皇帝和朝臣怒意未消,和谈的条件和结果深不可测,那么首先担心的是会不会将使节杀掉,或者将使节扣留,这样他们回去之后,有一种侥幸脱逃的感觉。因此,西夏使节到来后,应该先把他们安置在驿馆住下,不急着和他们谈判,晾一晾。

欧阳修的这些分析,有的妥当,有的则有些小家子气,对以礼仪之邦著称的大宋而言,如果杀掉或扣留对方使节,只能给周边国家留下笑谈,也会给人以野蛮之邦的形象,所以朝廷没有接受欧阳修的这些建议。

明道元年(1032)十月,元昊继位以后,马上废去此前宋的赐姓赵,改姓嵬名氏,自称"嵬名兀卒"②,西夏文的意思是"青天子",称宋朝的皇帝为"黄天子",意为双方处于对等的地位。由此,双方谈和期间关于元昊的称呼问题,成为争议最激烈的问题。

元昊最初力争西夏与赵宋是对等的独立国家,于是称宋为"东朝"而自居"西朝",犹如宋、辽二国有时互称"北朝"与"南朝"。称呼大宋皇帝为父,自称男而不愿称臣,国号大夏,自用年号。大宋君臣肯定不会接受这个条件,一番争议之后,元昊做出了一些让步,在对宋文书上改称"男邦泥定国兀卒曩霄上书父大宋皇帝"。元昊在西夏自称"兀卒"已经多年,大宋君臣对这个古怪的称呼本来就极为反感,后来又在对大宋文书上改写成"吾祖",大宋君臣当然认为是莫大的侮辱且有损于大国的尊严。欧阳修等臣僚也围绕这两个字上札子给仁宗,表示强烈反对。

---

① (宋)欧阳修著,李逸安点校:《欧阳修全集》卷九十九。

② 嵬名是姓,亲族皆以此为姓。兀卒,又作吾祖,党项语为皇帝,也作青天子。因为吾祖二字,北宋一些大臣一度认为是元昊蓄意挑衅,侮辱北宋。其实,由于文化差异导致误解的可能性最大。

欧阳修在《论元昊不可称吾祖札子》①（该月第三个札子）中指出：西贼欲称"吾祖"，大宋一开始就坚决不同意。最近风闻，围绕这两个字的争议，大宋君臣又有所松动，臣听说之后，非常震惊。"吾祖"两字，什么意思，自不待言。坚决拒绝，没有任何争议，应该是大宋在此问题上一以贯之的方针。匹夫匹妇，尚不肯对他人如此称呼，更何况国与国之间，而且是我大宋对小小的西夏。一旦同意此称呼，以后与西夏的文书上包括皇帝的诏书上都要用"吾祖"二字，这是要大宋朝廷称元昊为父，不知道何人敢开这个口子。

为何西夏致大宋的文书中，其他称号都用番语（指西夏语），唯独此二字用华语，这不是明摆着处心积虑地侮辱大宋吗？况且西夏既然同意称臣，反过来大宋又称呼元昊为"吾祖"，这不是自相矛盾吗？

笔者认为，欧阳修的此番分析有一定道理。西夏崛起之后，西北地区一些科举考试落第的举人，看到在大宋没有发展的机会，转而投奔西夏，成为元昊的助手，其中以张元最为典型，他后来成为元昊军中的重要智囊。好水川战役宋军大败后，张元奉元昊之命，在宋夏交界一所寺院的墙壁上题诗一首：

夏竦何曾耸，韩琦未足奇。

满川龙虎辇，犹自说兵机。

该诗充满了对夏竦和韩琦的戏谑及对大宋朝廷的嘲笑和蔑视，也反映了西夏君臣得胜后的自豪和喜悦。"兀卒"改为"吾祖"，出自张元等对汉文化非常了解的儒生之手，未尝没有这种可能。

但是，其深层次的原因还是研究西夏史的历史学家吴天墀先生的分析最为到位："宋朝君臣正处在封建主义伦理名分思想盛行的时期，抱持'天无二日，民无二主'的一统独尊的理念，认为西夏政权既已处于割据独立状态，如再让元昊拥有冠

---

①　（宋）欧阳修著，李逸安点校：《欧阳修全集》卷九十九。

冕堂皇的尊号,则招纳汉人的号召力量更大,必然要引起破坏、颠覆或削弱中原政权的严重后患。"①

欧阳修该月上的第四个札子是《论西贼议和利害状》②,主要批评的是朝臣中急欲与西夏议和的观点。欧阳修指出主张与西夏达成和议是如下五种人:第一,不忠于陛下的人,他们轻率对待议和一事,将来一旦因为议和给国家带来大祸患,将让陛下一人承担责任。第二,无远虑的人。和议可以带来短暂的安宁,而和议之后埋藏的大患,他们则预见不到。第三,奸邪之臣。战争爆发以来,陛下殚精竭虑,奸邪之臣借达成议和的时机,引导陛下产生太平盛世的虚幻梦想,他们也可以趁机捞取好处,这也是古往今来的奸邪之臣惯用的手段。第四,懦弱的将领和疲于打仗的士卒,他们早就被一些败仗吓昏了头脑,也吓破了胆子。第五,陕西民众,身处战区的民众,他们既要承受西夏军队的烧杀掠夺,又要承受运送粮草的繁重差役,渴望早日结束战争,过上安定的生活。

欧阳修指出,对于持前四种观点的人,陛下可以置之不理,但是对于陕西的民众,必须让官员给他们讲清楚急欲议和的坏处,同时大力减轻他们的负担。这一点可以看出欧阳修强烈的民本意识。

八月,欧阳修又就宋夏战事上札子。

由于宋夏和议陷入马拉松式的谈判中,宋夏战场谈谈打打,打打谈谈,甚至边打边谈。八月,仁宗诏令范仲淹为参知政事。欧阳修风闻韩琦听说此事后,欲自己一人前往西北,担任陕西宣抚使,负责宋夏战场的全盘事宜。在权衡了范仲淹、韩琦二人的长处和短处后,欧阳修上了《论范仲淹宣抚陕西札子》③,他认为就二人在陕西民众心目中的威望而言,范仲淹更高一些,"军中有一韩,西贼闻之心骨寒。军中有一范,西贼闻之惊破胆"④民谣,也是明证之一。所以不如把二人的位置暂时调

---

① 吴天墀:《西夏史稿》,广西师范大学出版社,2006年版。
② (宋)欧阳修著,李逸安点校:《欧阳修全集》卷九十九。
③ (宋)欧阳修著,李逸安点校:《欧阳修全集》卷一百。
④ (宋)朱熹:《五朝名臣言行录》卷七之二,四部丛刊缩印本。

换一下,等战争结束后,让范仲淹再回朝担任参知政事。从朝廷后来的任命看来,朝廷并没有接受欧阳修的建议。

宋夏和谈谈了三次,没有什么进展。庆历三年(1043)八月,宋廷又派秘书丞张子奭等前往西夏,进行第四次和谈,欧阳修知道后,又上了《论乞不遣张子奭使元昊札子》①。

欧阳修指出:前三次谈判,西夏使节全无逊顺的意思,现在朝廷又派张子奭等前去谈判,而且是到延州之后,等候西夏派人来接,现在正是谈判桌上双方激烈争夺的时期,就看谁的谋略更高一筹,朝廷尤其不可显示出怯弱。元昊即使派人前来迎接,也是释放出和谈的假象,让大宋放松戒备,然后突然发动进攻,一旦这样,为之奈何。况且元昊此前已经屡用此招,或者扣留大宋使节,或者将使节杀害,这些行为,都会让大宋蒙羞,悔之莫及。或者把张子奭等晾在延州,不来迎接,进退两难,何等羞耻呀!况且此次谈判,又没有什么值得谈判的新东西。朝廷如果认为元昊可以臣服,就调大兵压境,派苏秦、张仪之类的辩士,前往西夏,凭三寸不烂之舌,促其尽快达成和议。如果认为不行,何必派遣使节?如果准备采用拖延的策略,不如将在延州扣押的西夏使节如定放回,好言好语相待,答应多给元昊一些赏赐物品。如果同意这些条件,就派使节通知大宋知延州官员,双方再进行谈判,不关闭和谈的大门。

欧阳修坚决反对与西夏和谈,最主要的原因还是他鉴于五代中原政权与辽国交往的惨痛教训。他引《新五代史·晋臣传》为例加以说明:"晋氏之事,维翰成之,延广坏之,二人之用心者异,而其受祸也同,其故何哉?盖夫本末不顺而与夷狄共事者,常见其祸,未见其福也。"②最后以重复两次的"可不戒哉"结尾。说明他对契丹和党项族两个少数民族政权抱有根深蒂固的不信任感。

(三)大辽才是强敌

宋夏战争期间,欧阳修尽管非常关注战场局势的演变,但是,他关注更多的是

①　(宋)欧阳修著,李逸安点校:《欧阳修全集》卷一百。
②　(宋)欧阳修撰,徐无党注:《新五代史》卷二十九《晋臣传·景延广》后结语。

北邻辽国的动向。他深知辽国才是赵宋最大的威胁。

庆历三年(1043)六月,欧阳修又上了《论河北守备事宜札子》①,其中写道:目今朝廷与西夏之间正在议和,近日听说守卫北边边城的臣僚频频得到辽国送来的外交文书,询问朝廷与西夏议和的事宜。如果确实是这样,必须高度警惕,臣认为天下之大患,不在西北,而在北方,辽国始终是大宋最大的威胁。自澶渊之盟以来,将近四十年,双方虽然没有发生过大的战争,但是辽国动不动就向大宋提出财物或领土方面的无理要求。辽国不似我大宋这样的礼仪之邦,信守盟约,而是遇强就弱,遇弱就强,和平时期尚且这样,如今趁着大宋与西夏战争的时期,不知又会提出什么更无理的要求。辽国如果有询问宋夏议和事宜的外交文书送来,则说明其奸计已经萌发,如果大宋与西夏不能达成和约,它势必责备大宋违约;如果达成和约,辽国又视自己为调和功臣,向大宋提出无理要求。不出几年,辽国可能对大宋发动战争。但是,大宋在河北地区的防务不能令人满意,多年以来,苟且偷安,必须马上改变这种局面。

欧阳修所说的这种情况确实存在。澶渊盟约签订后,大宋一切加强边境防御的措施,马上就会被辽国知悉,其后果轻则是导致外交交涉,迫使北宋停止相关的防御设施的修筑;重则是举兵相向,导致战争,内忧外患加剧。而北宋朝廷内部,一部分官员以为只要北宋严守盟约,不给辽国以任何破坏盟约的借口,辽国就不会找事,所以只要与辽国接壤地区的官员一有修筑城池类的行为,就被他们责为"生事"。其根本的原因还是大宋君臣内心的"恐辽症"在作怪。

欧阳修在札子中接着写道:目今河北十几处边郡地区,应该精选将才,让他们守土有责,在各自守卫的地区,实施积极的防御措施。欧阳修具体谈到两个地区,一是真定府(治今河北省正定市),知真定府张存,此前在延州(治今陕西省延安市),面对西夏军队的进攻,进不会攻、退不会守。在范仲淹到宋夏战场后,他说母亲年老多病,需要他回去尽孝。朝廷很快批准了他的请求,却让他改知真定府,如

_____

① （宋)欧阳修著,李逸安点校:《欧阳修全集》卷九十九。

此用人,真是笑话。知定州(治今河北省定州市)的王克基,典型的平庸之人。二人负责守备的地区,却都是与辽国接壤的要地。其他州郡,不称职者居多,恳请皇上诏令两府官员,将边境要地的主要长官,全部斟酌一遍,不称职者赶快调换。

欧阳修在随后的札子中,又一次谈到河北边关要地用人不当的例子。

后来接替张存的知真定府郭承祐,此前知澶州(治今河南省濮阳市)期间,只知道修筑城池,几乎导致兵变,可因为他是舒王赵元偁的女婿,竟然又改知真定府这样的战略要地,有朝臣提出不同意见。二府大臣则说:“虽然也知道他能力不强,但是,除他之外,没有更合适的人选。”①用人的逻辑竟然是瘸子里面挑将军。

欧阳修在札子中除抨击郭承祐外,又谈到另一个更坏的例子。这就是葛怀敏。了解葛怀敏的人都知道他能力很差,最大的缺陷是既无谋略又刚愎自用。韩琦在给仁宗的一封上疏中谈到,葛怀敏来战场之前竟然没有在军队履职的经历,与书生没有什么不同。范仲淹及大臣王尧臣等早就认识到了这一点,可朝廷对于这样的将领照用不误。朝廷的错误导向,导致葛怀敏面见范仲淹和韩琦时,竟敢傲慢无礼。宋军在定川砦(今宁夏固原县中和乡)被西夏军铁壁合围,最终葛怀敏等十六员战将战死,部众九千余人被俘,仅极少数将士生还,葛怀敏负有不可推卸的责任。当时任命葛怀敏时也有不少大臣提出异议,但是二府大臣反驳的理由是“舍怀敏,别未有人,难为换易”②。大宋竟然找不到一个比葛怀敏强的人,真是十足的笑话。

(四)攘外必先安内

仁宗在位时期,虽然是宋朝思想、文化等发展的巅峰时期,但是也发生了几起小规模的起义和兵变。

庆历三年(1043)五月,驻守沂州(治今山东省临沂市)的禁军士兵王伦杀死军官朱进后,率领四五十名兵士叛乱,在官兵的追击下,转而南下,很快发展到二三百人,在楚州(今江苏省淮安市)、泰州(今江苏省泰州市)一带,如入无人之境,沿途各

① (宋)欧阳修著,李逸安点校:《欧阳修全集》卷九十九《论郭承祐不可将兵状》。
② (宋)李焘:《续资治通鉴长编》卷一四二,中华书局,2004年版。

县负责治安的官员,手下只有数十名战斗力很弱的士兵和差役,根本无力抵抗。县官们或是望风而逃,或是干脆开门揖盗。

最典型的是知高邮军(今江苏省高邮市)晁仲约,由于兵少力弱,干脆打开城门,让盗匪进城,又让城内的富民出钱,以好酒好肉招待,临走之前又赠以丰厚的礼品,以求得县城的平安。

欧阳修获悉此事后,马上上了《论沂州军贼王伦事宜札子》①,其中写道:

后汉、隋、唐三朝国家的覆灭,都是首先始于军队发生小规模的叛乱,然后盗贼蜂起,导致局势最终不可收拾。近年来,各处也不断出现军贼叛乱的事情,必须高度警惕。假如王伦等如滚雪球一样,势力越来越大,向南发展到福建、广东一带,然后以南岭作为防御的屏障,再向西占据富庶的四川一带,形成割据之势,吾将奈何?

欧阳修提出五方面具体的措施:

第一,寻找到朱进的后人,若有男儿,奖励他一个官职,让他参加剿除叛贼的行动,报杀父之仇,并允许他乘坐驿马,跟随围剿王伦的士兵一起行动。

第二,王伦的叛军目前虽然达到了几百人,其中大多是被迫胁从之人,陛下应该马上下诏,明确除王伦几人外,其他胁从之人,只要投降,都可以予以赦免。先安慰这些胁从人的家属,让他们给被胁从人写信,如果能够杀死军贼接受招安者,给予重奖。

欧阳修在最后特别指出,现在已经有一百多个这样的胁从人归附官军,应该马上对他们进行奖赏,以体现朝廷的信誉。

第三,王伦叛军经过的地区,此前已经发生过军贼的叛乱,万不可让他们勾结到一起,可诏谕这些叛军,如果能够杀死王伦叛军前来归附者,也给予重奖,这样使他们相互猜疑,不致勾结到一起。

第四,出榜招募各处未能及第的举人、山林隐士以及犯罪逃亡的人,如果能够潜入贼营杀死其首领或者设计把他们诱入官军埋伏圈者,也给予重奖。即使达不

---

① 　(宋)欧阳修著,李逸安点校:《欧阳修全集》卷九十八《论按察官吏第二状》。

到以上目的,也使军贼疑心加重,不敢招募这些人作为智囊。

第五,江淮地区各州县的厢军,必须由朝廷派一个重臣前去协调指挥,避免各自为战从而出现被各个击破的局面,另外还应该派部分禁军前去,增强战斗力,早日解决问题。

从该札子可以看出,欧阳修的建议,很有针对性、可行性。

欧阳修随后又在另一个札子中指出:夷狄(指辽和西夏等少数民族政权)之患,只是肘腋之患,可以解决。而盗贼之患,乃心腹之患,最让人担忧①。因此,对于晁仲约这样的官员,必须严惩,以儆效尤。对于英勇剿除军贼的官员,应该给予重奖。

(五)心在朝廷 不论大事小事

庆历新政期间,欧阳修利用谏官可以"风闻言事"的优势,针对朝廷存在的各种不良现象,屡上札子,进行弹劾,甚至拿仁宗宠幸的妃子开刀。

宋代官员父母去世之后,必须解职丁忧。丁忧期限名义上是三年,实际上是两年零一个月,丁忧期间有不许娶亲、生子等规定。但是,有些官员为利益和欲望所驱,偷偷违犯规矩。这些行为一旦为台谏系统的官员知道,便将上札子给皇帝,予以严惩。

欧阳修在庆历二年(1042)所上的《论杨察请终丧制乞不夺情札子》中,即指出两例违规事例,一是茹孝标居父丧期间,偷偷跑到东京,奔走于权贵之门,谋求起复的机会,已经被御史弹劾。二是新科进士南宫觏,母亲去世之后,隐瞒不报,更不丁忧,且在丧期得官并娶妻,此案正被司法机关审理。

欧阳修认为此类事例出现的原因是,朝廷很长时间以来不注意奖励严格遵守规矩的官员,导致风俗大坏,而风化之本,贵在由上而下,以官风带动民风。

接下来欧阳修举了一个丁忧模范的例子。龙图阁待制杨察守母丧期间,朝廷下令夺情,但是,杨察却屡屡上奏,请求朝廷给他守丧期满的机会。欧阳修就此事写道:"臣子的行为标准,就是忠与孝。杨察是景祐二年(1035)进士中的佼佼者,又

---

① 此观点为宋太宗最早提出。

是宰执晏殊的女婿,现在是官家的近侍,却能够率先垂范,纠正颓废的风气。鉴于目今的情况,官家应该褒奖杨察的行为,成全他的孝行,且在官员中树立为典范,况且杨察所负责的又不是军国大事。好不容易出来一个丁忧的模范,朝廷又要夺情,对杨察而言,使其对亡母有愧;对国家而言,失去了一个树立新风尚的好机会。"①

仁宗见欧阳修言之成理,废除了让杨察夺情的诏令。杨察终丧之后,成为官家的近侍,不久,又成为翰林学士。

庆历三年(1043)冬天,欧阳修风闻仁宗宠幸的张美人生下皇女后,仁宗诏令于左藏库调取八千匹绫罗,赏赐张美人。于是,他马上写了《上仁宗论美人张氏恩宠宜加裁损》②的札子,指出时值寒冬腊月,染院的工匠不得不破冰取水,染练供应,直至欧阳修写札子的时候,此项工作还没有做完。八千匹绫罗,一定不会是张美人和皇女所使用的,肯定是趁机为其亲友所索取。天下都知道官家平素生活异常节俭,怎么会允许这种有碍圣德、有碍国体的事情发生呢?

总之,欧阳修在做谏官期间,不管是大事还是小事,不管被弹劾的人背景有多大,只要损害了国家和民众的利益,就要放胆直言,穷追不舍,力争问题解决为止。

---

① (宋)欧阳修著,李逸安点校:《欧阳修全集》卷九十七。
② (宋)赵如愚编:《宋朝诸臣奏议》卷二十九,上海古籍出版社,1999 年版。

第三讲

官高责愈重　禄厚足忧患
—— 宦海沉浮(二)

　　身心俱受严重创伤的欧阳修来到滁州之后，却以良好的心态展现了"醉翁"的形象。

　　他万万不会想到，历经无数的官场波折之后，自己竟然又迈入了宰执的行列，攀上了权力的巅峰。

第一节　滁州太守是醉翁

庆历四年(1044)七月,新政的失败已经是定局。宰相晏殊出于保全自己也保护欧阳修的目的,请求仁宗让欧阳修出朝,外出做官。八月,欧阳修被任命为河北都转运按察使(治大名府,今河北省魏县),其辖域包括今河北省南部、河南及山东两省北部。

尽管欧阳修离开了京城,新政的主要人物范仲淹、富弼、韩琦等也到外地做官去了,保守派却没有停止对改革派的攻击。由于欧阳修在新政时期,屡屡弹劾一些官员,因此他成为众矢之的。保守派把矛头集中到了欧阳修身上。

一、肮脏的政治迫害

庆历新政失败之后,保守派趁机反攻倒算,对范仲淹等掀起了疯狂的政治迫害,政治气氛空前紧张。远在河北的欧阳修,因为不在东京,保守派一时也奈何不得,但因为欧阳修一直在为改革派呐喊,屡屡上札子弹劾保守派,直接触及了他们的既得利益,保守派自然不会放过欧阳修。此时的欧阳修,虽然深知政敌的凶险与无耻,但在《班班林间鸠寄内》一诗中,仍然表达自己刚直不阿的心态,"孤忠一许国,家事岂复恤。横身当众怒,见者旁可栗"①。

欧阳修的妹夫张龟正与前妻所生的女儿,来到欧阳修家后,欧阳修待之如亲外甥女,待她到了成婚之年,欧阳修做主把她嫁给了自己的远房堂侄欧阳晟。欧阳晟虔州(今江西省赣州市)司户参军职满后,带着妻子张氏和仆人陈谏回东京等候新的任命,岂料旅途之中,妻子与陈谏竟然勾搭成奸。欧阳晟发现后,怒不可遏,一到东京,就将二人交给了开封府右军巡院处理。

此事本来与欧阳修毫不相关,关键是此案子落到知开封府杨日严手中。此前杨日严知益州(今四川省成都市)时,因为贪污受贿,受到过欧阳修的弹劾,杨日严不会放过报复的好机会,于是决定将事情搞大,将矛头直接对准欧阳修,把欧阳修彻底搞臭,置欧阳修于死地。于是在他的授意之下,审讯人对张氏严刑拷打。时年十七岁的张氏,从未经历过这种事情,惊慌错乱,极度恐惧之中,一心只想按照审判人员的旨意承认罪状,以图逃脱或减轻处罚,却不管所供情况是否属实,以致在最后的供词中,竟然大半写的是她出嫁之前就与他人有不正当关系,而且说和"舅舅"欧阳修也有"关系"。书写供词的人,刻意使用污秽不堪的语句,而且很快将供词传出,并指使人到处传播。一时之间,该事成为东京城最大的桃色新闻。

杨日严得到供词后,欣喜若狂。但是,参与此案审理的军巡判官②孙揆却坚决不同意杨日严这样做。他认为张氏婚前的行为即使属实,也和本案无关,况且张氏是在被刑讯逼供的恐惧状态下说出的事情,是一面之词,没有其他人的证词作为佐证,无法证实。在孙揆的坚持之下,只认定张氏与陈谏构成通奸罪,按相关法律处罚,不再捕风捉影,株连他人。

但是,宰执贾昌朝和陈执中,是庆历新政期间守旧派的主要代表人物,二人都曾经受到过欧阳修的激烈抨击,都想借此机会发泄私愤,于是,又授意谏官钱明逸

①　(宋)欧阳修著,洪本健校笺:《欧阳修诗文集校笺》(上),居士集卷二。
②　军巡院的副长官,负责处理京师争斗及审讯事宜。

上书弹劾欧阳修在张氏未出嫁时就与张氏通奸，并图谋霸占张氏父亲留下的应该属于张氏的家产。为了证明此行为属实，钱明逸又把欧阳修的一首词作为佐证。

欧阳修写过不少艳词，当时文人写艳词，也是比较普遍的现象。文人于公众生活中，多展示其文章和诗；于私人生活领域，则展示其词，包括艳词，这在当时不是什么丑事。

笔者仔细看过多遍欧阳修所写的词，认为《忆秦娥》①这首词，最有可能是政敌借以攻击欧阳修的，全词内容如下：

> 十五六，脱罗裳，长恁黛眉蹙。红玉暖，入人怀，春困熟。　　展香裀，帐前明画烛。眼波长，斜浸鬓云绿。看不足。苦残宵、更漏促。

欧阳修"乱伦"的消息传出之后，朝野上下议论纷纷。仁宗知道后，更是拍案大怒，于是责令三司户部判官苏安世重审此案，且由内侍宦官王昭明为监勘官。

由王昭明监勘此案，正是出于贾昌朝等人的刻意安排，因为欧阳修刚刚和王昭明发生过一次冲突。年初，朝廷刚刚安排欧阳修和王昭明一起巡察河北。欧阳修素来就讨厌宦官类人物，于是说道："侍从官巡察地方，按照惯例，没有与内侍同行的道理，让臣与王昭明同行，臣感到羞耻。"仁宗只好撤销了这一决定。孰料王昭明见了案牍后，大吃一惊，他对苏安世说道："昭明在官家左右，官家从没有超过三天不说欧阳修的才华的。现在的案牍明显是迎合宰相的意思。这样加欧阳修以大罪，将来此案真相大白，昭明必将被官家严惩。"②苏安世听后，权衡了一下利弊得失，既不敢得罪贾昌朝等人，也不敢这样颠倒黑白地判案，于是只将欧阳修图谋霸占张氏家产的罪行上奏仁宗。

这时，欧阳修平素看不起的知制诰赵概，挺身而出，竭尽全力为欧阳修辩护。

---

① 唐圭璋编纂，王仲闻参订，孔凡礼补辑：《全宋词》。
② 参见（宋）李焘：《续资治通鉴长编》卷一五七，庆历五年八月甲戌条。

他说道:"欧阳修无罪,明显为政敌所中伤,大宋的法律不能用于私人之间的恩怨。"①欧阳修脱此大难后,终于知道赵概是个忠厚之人。

尽管事情的真相仁宗已经了解得清清楚楚,但迫于保守派的压力,欧阳修还是被革掉了龙图阁直学士、河北都转运按察使职务,改为知制诰、知滁州(今安徽省滁州市)。

四月中旬,欧阳修回到东京,母亲郑氏和妻子薛氏因为欧阳修被诬陷一事,气得卧病在床。欧阳修见到她们后,只能极力安慰,尽管自己内心也心如刀绞,怒不可遏。

二、知滁州

(一)赴任

欧阳修从景祐元年(1034)六月入京担任馆阁校勘到贬官滁州,十年时间,八次改官,正如他在《自勉》诗中所言:"居官处处如邮传,谁得三年作主人。"②

庆历五年(1045)九月,欧阳修一家乘船前往滁州。百感交集的欧阳修于途中赋诗一首,表达内心的感受:

> 阳城淀里新来雁,趁伴南飞逐越船。
> 野岸柳黄霜正白,五更惊破客愁眠。③

天冷了,北雁南飞,它们是为了躲过北方严寒的天气,去南方寻找冬日的暖阳。

①　(元)脱脱等:《宋史》卷三一八。
②　(宋)欧阳修著,李逸安点校:《欧阳修全集》卷十一。
③　(宋)欧阳修著,李逸安点校:《欧阳修全集》卷十一《自河北贬滁初入汴河闻雁》。

可欧阳修呢？对于仕途遭遇挫折，欧阳修没有多少遗憾，十年之间，起起伏伏，早已习惯了，可对手泼到自己身上的脏水，尽管朝廷已经辨明是十足的陷害，但对自己及家人带来的伤害太大了，成为一辈子也难以愈合的伤疤。欧阳修患上了严重的失眠症。

十月，欧阳修及家人抵达滁州。十月二十二日欧阳修上任之后，按照朝廷的规矩，写了《滁州谢上表》，在谢上表中，他除表示对仁宗的感激之情外，仍愤愤不平地继续为自己辩解："臣生而孤苦，少则贱贫。同母之亲，唯存一妹，夫死之后，无所依靠，只好带着孤女来投奔我。张氏此时，也才七岁。臣愧无算命之本领，更不能预料到她长大后会如何，依正常之人情，又不能将她抛弃。况且如今公私嫁娶，姑舅婚姻也颇为流行。更何况欧阳晟于我虽然是同宗，已经是远宗。张氏与我，又没有血缘关系，所以也没有什么嫌疑。尚未到及笄之年，就让她赶快出嫁。嫁人之后五六年，各自生活的地方，相隔数千里，她自己做下丑事，臣既不可能看到、听到，也不可能知道。至于霸占张氏资产之事，更是无稽之谈。"①张氏平素称呼欧阳修为舅舅，欧阳晟称欧阳修的妹妹为姑姑，所以称姑舅婚姻。欧阳修对政敌如此无耻的陷害，无法谅解，所以他必须不停地为自己申辩。

欧阳修得知自己被贬滁州之后，马上想到了太宗时期的翰林学士王禹偁。王一生刚直敢言，三度被贬官，其中第二次被贬官的地方就是滁州，王著有《五代史阙文》（两卷）一书。他为官滁州期间，官声甚佳，离开滁州后，民众为他修筑了祠堂，祠堂里还挂着他的画像，欧阳修到任后不久，就到祠堂里拜谒他，且在他的画像旁边题诗一首，以资纪念和鞭策，全诗如下②：

> 偶然来继前贤迹，信矣皆如昔日言。
>
> 诸县丰登少公事，一家饱暖荷君恩。

---

① （宋）欧阳修著，李逸安点校：《欧阳修全集》卷九十。

② （宋）欧阳修著，洪本健校笺：《欧阳修诗文集校笺》（上），居士集卷十一。

想公风采常如在,顾我文章不足论。

名姓已光青史上,壁间容貌任尘昏

(二)修建丰乐亭

滁州位于长江和淮河之间,在北宋的行政区划级别中,属于上州,管辖三个县,地理位置较为偏僻,欧阳修在一首诗中用"滁山不通车,滁水不通舟"①来描述。

滁州四围都是山,但是,只有西南方的琅琊山较高,风景也最为醉人。正处于人生空前低谷的欧阳修,琅琊山自然成了他闲时排遣痛苦、打发时光的好地方。

在滁州生活了一年后,欧阳修也逐渐喜欢起了这座偏僻的小城。他在庆历六年(1046)给梅尧臣的信中写道:"某居此久,日渐有趣。州衙静如僧舍,读书倦了之后就和朋友一起行射饮之礼。滁州产的米酒,酒味甲于淮南,而滁州城的同僚也都很文雅。母亲前一二年多病,今岁夏秋以来则是难得的安乐,饮食也好。离别洛阳之后,始有今日之乐。"②滁州岁月也成为欧阳修继洛阳、夷陵之后,第三个创作的高峰期,也是集中精力修《新五代史》的时期,可谓成就的辉煌期。

庆历六年(1046)夏末秋初,正是秋老虎发疯的日子。一日下午,夕阳西照,欧阳修于滁水边散步,口渴难忍,于是让仆人从河里边舀了一瓢水喝,甘甜极了。仆人说水源在城西南的山中,离城只有百步之遥。欧阳修于是让他领着前去看看。山名丰山,耸然峙立,树木茂盛,山谷深处有一处清泉,汩汩地往上冒着大小不等的透亮的气泡,那声音如仙乐一般。欧阳修环顾四周,想赶快修筑一个亭子,让滁州士民有一个游玩的好去处。

说干就干,山上有的是石头、树木和竹子,滁州也不缺好工匠,只需要出工匠的工钱即可。至于亭子的模样,欧阳修看的时候就想好了蓝图。

工程很快就动工,先把水泉的规模扩大,然后在水泉旁修筑了一个小巧的亭

---

① (宋)欧阳修著,洪本健校笺:《欧阳修诗文集校笺》(上),居士集卷三。

② (宋)欧阳修著,李逸安点校:《欧阳修全集》卷一四九。

子。当时参与修建工程的人中,还有滁州城的几十名士兵。欧阳修又想出了一个好主意,在离泉百步的山脚,将一片较为平坦的地方,建成了校场。欧阳修来滁州之前,早就知道五代干戈扰攘之时,滁州是兵家必争之地,后周世宗显德三年(956)二月,时为大将的太祖赵匡胤在此大败南唐的军队。庆历三年(1043)五月,禁军士兵王伦发动的兵乱也殃及滁州一带,所以,必须居安思危,让士兵有一个不错的训练地方。

湖畔有亭,还缺一样点睛的东西——怪石。滁州城东北十里地有一条菱溪。欧阳修到滁州三个月后,就去那里游玩过,发现溪里有一块很大的怪石,他当时就欣赏不已。同行的仆人告诉他,菱溪原来有六块怪石,四个不大不小的早被人搬走了,另一个又小又奇的也被城内的朱氏收藏于家,只有这个最大的,难以搬动,所以还卧在溪边。仆人还指着溪旁的一处建筑遗址告诉欧阳修,此处原来是吴国①大将刘金的别墅所在,石头也是他家的,城内还有他家的后人。

欧阳修于是让士兵找了一辆三头牛拉的木车,将大石头抬上车,拉到丰乐亭旁。知州的这番举动,惊呆了城内的民众,"行穿城中罢市看,但惊可怪谁复珍"②。欧阳修又找到朱氏,让他把那块小石头也捐了出来,一南一北,立于湖的两边。没花多少钱,一处可供游玩、欣赏的绝境就此落成。

接下来需要在湖的旁边种植一些奇花名木。欧阳修向老友、知扬州的韩琦求援。韩琦派人送来十种名贵的芍药花。花开之后,一片灿烂。

丰乐亭修成后,此地很快成为滁州城乡民众游玩的好去处。欧阳修在给韩琦的信中写道:"山民虽陋,亦喜遨游。"③寒食节的时候,欧阳修见到民众穿着靓丽的服装,只在滁州城的城墙上往远处眺望一会儿,便算春游。

欧阳修喜欢与同僚在此诗酒唱和,刚来滁州时心中的创伤和苦恼,消失得无影

① 十国中的一国,从杨行密开始割据到 937 年灭亡,共四十六年时间,主要占有今江苏、安徽两省的淮河两岸地区及江西省大部分地区。

② (宋)欧阳修著,洪本健校笺:《欧阳修诗文集校笺》(上),居士集卷三。

③ (宋)欧阳修著,李逸安点校:《欧阳修全集》卷一四四。

无踪。欧阳修乘兴写了《丰乐亭记》①一文,朱熹认为其水准比《醉翁亭记》更高。

(三)音乐家杜彬

在滁州的僚属中,与欧阳修最为情投意合的是通判杜彬。杜彬非常熟悉音律,尤其擅长弹琵琶。而欧阳修早年通过读白居易的《琵琶行》,很爱听琵琶曲,也会弹琵琶,对乐律也很在行。欧阳修只要出去游玩,必定带上杜彬做伴。杜彬也一定带上自己心爱的琵琶。山水旷野之间的月明星疏之夜,是听琵琶演奏的最佳意境。欧阳修闭着眼睛,坐在一块石头上,听杜彬宛如仙乐一样的弹奏,过去的一切不快,都可以暂时抛之脑后。

十年之后,欧阳修在一首诗中,仍然怀念去世的杜彬以及二人相处的美好岁月:

> 我昔被谪居滁山,名虽为翁实少年。
> 坐中醉客谁最贤,杜彬琵琶皮作弦。
> 自从彬死世莫传,玉练锁声入黄泉。②

庆历八年(1048)正月,仁宗诏令欧阳修移知扬州,显见得准备重用欧阳修。二月,欧阳修怀着依依不舍的心情离开滁州,且赋诗一首,表达自己离别时的感情:

> 花光浓烂柳轻明,酌酒花前送我行。
> 我亦且如常日醉,莫教弦管作离声。③

---

①　(宋)欧阳修著,洪本健校笺:《欧阳修诗文集校笺》(中),居士集卷三十九。本书第七章将对此文做专题分析。

②　(宋)欧阳修著,洪本健校笺:《欧阳修诗文集校笺》(上),居士卷七《增沈博士歌》。

③　(宋)欧阳修著,李逸安点校:《欧阳修全集》卷十一《别滁》。

第二节　萧规曹随的魅力

　　庆历八年(1048)二月中旬,欧阳修与家人乘船沿运河抵达扬州,开始了为期一年的扬州知州岁月。二月二十二日上任,上任之后,欧阳修很快写了《扬州谢上表》①。在谢上表中,欧阳修感激仁宗的察人之明,并希望早日给他平反昭雪。

一、残梦依稀中的扬州

　　唐代的扬州,经济非常发达,有"扬一益二"一说,扬指扬州,益指益州(今四川省成都市)。扬州由于其独特的地处长江和大运河交汇且临海的优势,当时已经是国际性的都市,尽管经过了唐末农民战争的破坏,但遭受破坏的程度并不严重。南唐国时期,扬州的发展延续了唐代的繁荣景象。

　　宋朝建国后,鉴于扬州地位的重要,"必择文武材臣以领州事"。欧阳修的好友韩琦在庆历新政失败后,曾于庆历五年(1045)三月知扬州。在历任扬州知州的努

---

　　① (宋)欧阳修著,李逸安点校:《欧阳修全集》卷九十。

力之下，经过老百姓的辛苦耕作，扬州出现了"民安惠养，日以完复"的局面①。扬州出好茶，每年新茶出来后，要上贡朝廷。时会堂便是造贡茶的地方。嘉祐二年（1057），刘敞知扬州，欧阳修在和刘敞的诗中写道："中州地暖萌芽早，入贡宜先百物新。忆昔尝修守臣职，先春自探两旗开。"②早春二月，欧阳修亲自到种茶的地方，察看茶叶嫩芽的生长情况。

其实，天圣六年（1028）冬天，二十二岁的欧阳修曾经跟随胥偃由汉阳乘船东下，抵达扬州后，由运河北上，直到东京。东京游历结束后，又乘船南下，抵达扬州后，胥偃带他去扬州游玩。当时杜衍刚刚卸任扬州知州，欧阳修和胥偃在扬州热闹的大街上游历，不时听到民众对杜衍的赞美声。欧阳修大为感叹，认为为政能够达到这种程度，足以对得起天下苍生，但是不知道杜衍如何具备这样的治理能力。进而想到，有朝一日，自己坐到这个位置，是否也能具备这样的能力呢？转眼间二十年过去，自己真的成了扬州知州，偿还夙愿的时机到了。欧阳修又感叹自己能力不够，空有一腔热血和抱负。欧阳修在当年夏天写给杜衍的信中，表达了自己的这番心思。这表明年轻的欧阳修，已胸怀济世的远大抱负。

二、萧规曹随的魅力

韩琦在扬州任上的时间也只有一年多一点，他在任期间留下的最重要的政绩是在扬州府署首次修建了题名壁，且为此写了《扬州厅壁题名记》一文："视事之隙，因念前之为政者，尚缺传载，非以谨官守而重朝寄也。于是参考图籍，次以年月，刻石于厅事之壁，以示永久。后之来者，阅其官氏，推访治迹，则善恶皆有所敬。"③

① （宋）韩琦著，李之亮、徐正英笺注：《安阳集》卷二十一《扬州厅壁题名记》。
② （宋）欧阳修著，洪本健校笺：《欧阳修诗文集校笺》（上），居士集卷十三。
③ （宋）韩琦著，李之亮、徐正英笺注：《安阳集》卷二十一《扬州厅壁题名记》。

厅壁题名之俗起源于唐朝,盛行于宋朝,内容多为本府县之兴衰源流,题于署壁,以遗来者。其文言简意赅,使新来的官员和来访者一看即能大致了解本地的风土人情、历史渊源。

韩琦的题名记强调,官员看了之后,应对官位有敬畏感、对朝廷有敬重感,前代官员的善行和恶行,都是宝贵的财富,善者学之,恶者戒之。由此可以看出,韩琦对地方文化建设的重视,也可看出他对此前的历任扬州官员的评价持一种非常认真、谨慎的态度,这也是韩琦一贯的为官作风。

欧阳修到任后,仔细品味了韩琦写的题名记,对本朝此前历任扬州知州的政绩有了比较全面的了解,又走访老人,倾听他们对历任知州的评价。欧阳修思考后认为,自己目前最好的施政方针莫过于萧规曹随。他在给韩琦的信中用了"遵范遗政,谨守而已"①八个大字。他认为城池、官舍,都不用增修,小的坏了的地方,修补一下即可,把钱用到刀刃上,不增加民众的负担。在此信中,欧阳修告诉韩琦当年蝗虫较之往年有点严重,麦子虽然长势不错,但此前的一场大雨,导致麦子倒伏大半,民众生活尤为不易。由此可以看出欧阳修对民生的关心。

朱熹在《考欧阳文忠公事迹》一文中赞扬欧阳修无为而治的理政思想。该文记载欧阳修,治民如治病。有钱的医生给人治病,骑着高头大马而来,见了主人进退有礼,然后给病人诊脉,继而按照医书分析病症,说得是头头是道,主人听起来也很有道理,但是病人服药后不见疗效。贫穷的医生为人治病,徒步而来,举止生疏,不知礼节,给病人诊脉后,言语木讷,但是病人服药后,很快就有疗效,这才是良医呀!因此,治理一个州郡,不问主政官的能力高低,如何施政,只要推出的举措,老百姓认为很方便,就是好官。

为此朱熹进一步感叹道:"欧阳公为官数州,不见有明显的政绩,也不求留下良好的声誉,唯以宽简二字作为要领。因此,他不管治理哪个地方,老百姓都认可他。如扬州、南京、青州都是大州,欧阳公到任后不长时间,需要处理的事情只剩下少部

---

① (宋)欧阳修著,李逸安点校:《欧阳修全集》卷九十五。

分,一两个月后,官府犹如寂寥的寺院。"有人问欧阳修宽简的具体标准是什么,他回答道:"以放纵为宽,以疏略为简,则政务弛废而百姓受害。我所说的宽是不为苛刻、匆忙之举措;所谓简,是不做琐碎的事。"①

在扬州期间,欧阳修的眼病越来越严重。庆历八年(1048)冬天,他在给王乐道的信中写道:"眼病发作后不到一个月,双眼里面疼得像刀割一样,不仅写字艰难,就是看东西也看不清楚,真害怕成为废人。"②加上扬州是通都大邑,公私两方面的迎来送往,搞得欧阳修狼狈不堪,再加上母亲郑氏的健康状况也愈益不佳,欧阳修于是向朝廷提出改知颖州(今安徽省阜阳市)的请求,朝廷也接受了他的请求。皇祐元年(1049)二月,欧阳修离开了繁华的扬州,前往颖州。

① (宋)朱熹:《晦庵先生朱文公文集》卷七十一,四部丛刊本。
② (宋)欧阳修著,李逸安点校:《欧阳修全集》卷一四七。

第三节 谈笑有鸿儒 往来无白丁

皇祐元年(1049)二月底,欧阳修一行抵达颍州。三月十三日,欧阳修正式上任。三月二十三日,按照规矩,欧阳修写了《颍州谢上表》。在谢上表中,欧阳修感激仁宗皇帝对他的关照,并详述了眼病目前的情况,"眼瞳虽存,白黑难辨"[①]。欧阳修将眼病的原因归结于长期的忧虑恐惧以及政敌的迫害。当然,他也表示,病好之后,还要继续报效皇帝的恩德。

一、西湖美景

颍州古称汝阴,濒临颍河。欧阳修此前早有将来退休之后,在颍州买田置地、建屋永居的打算。之所以如此,是因为他认为颍州"民淳讼简而物产美,土厚水甘而风气和"[②],距离东京也不太远。

---

① (宋)欧阳修著,李逸安点校:《欧阳修全集》卷九十。
② (宋)欧阳修著,洪本健校笺:《欧阳修诗文集校笺》(中)卷四十四《思颍诗后序》。

欧阳修后于治平四年(1067)给长子欧阳发的一封信中写到颍州:"巨鱼鲜美,虾蟹极多,水泉、蔬果,皆极好,诸物皆贱,闲居之乐,唯此地最佳。"①

颍州风光优美,也有一个西湖,苏轼认为无法辨别杭州西湖和颍州西湖哪个更美。欧阳修在给韩琦的信中写道:"汝阴(颍州的别称)西湖,天下胜绝,养愚自便,诚得其宜。"②

欧阳修晚年非常怀念西湖的美景,以《采桑子》的词牌名,写了十首赞美西湖四时美景的词。下边一首是描写清明时节的:

　　清明上巳西湖好,满目繁华。争道谁家。绿柳朱轮走钿车。　　　游人日暮相将去,醒醉喧哗。路转堤斜。直到城头总是花。③

二、谈笑有鸿儒　往来无白丁

(一)文雅的酒宴

欧阳修知颍州,通判④是吕夷简的儿子吕公著。当初欧阳修作为范仲淹阵营的大将,和吕夷简针锋相对,视同仇敌。后来和吕夷简的关系也有所改善。吕公著却品行不错,为人很低调。因此,欧阳修在颍州期间,二人成为好友。至和二年(1055)欧阳修出使辽国期间,辽国皇帝问大宋有学问的士大夫,欧阳修首先提到的就是吕公著。⑤ 吕公著经过欧阳修同意后,让他家的塾师焦千之同时教育自己的儿

---

①　(宋)欧阳修著,李逸安点校:《欧阳修全集》卷一五三。
②　(宋)欧阳修著,李逸安点校:《欧阳修全集》卷一四四。
③　唐圭璋编纂,王仲闻参订,孔凡礼补辑:《全宋词》。
④　宋代州府的长官,掌管粮运、水利和诉讼等事项,对州府的长官有监察的责任。又名同判。
⑤　(元)脱脱等:《宋史》卷三三六《吕公著传》。

子。

接任欧阳修扬州知州的是刘敞。二人对史学、金石学有共同的爱好。刘敞恰好丁父忧在颍州守制,皇祐二年(1050)正月初七,欧阳修邀请刘敞等来家过"人日"。此前,欧阳修已经将刚刚写完的《新五代史》的草稿送给刘敞。这次来家,顺便再交换一下修改意见。

"人日"①是宋代传统的节日,欧阳修与吕公著、刘敞等七人于聚星堂宴会。每人按照各自所挑选的字或其他东西作韵,然后各自赋诗一首,看谁的诗写得好。每人四首诗,共二十八首诗,后编成一集,轰动一时、流行于世。当时四方能文之士及馆阁诸公,都以未能参与此盛会为一大遗憾。②

(二)民生关怀

欧阳修常常和一些幕僚官一起到乡间考察民情。有一次,他们看到一个农民担着酒糟回家,一个幕僚官说他担回去是要喂猪。农民也不敢和他们争辩,只管自己赶路。欧阳修自然明白担回家是给人吃,却只能哀叹一声。当天晚上,欧阳修以此为题,作了一首题名为《食糟民》的诗。全诗如下:

> 田家种糯官酿酒,榷利秋毫升与斗。
>
> 酒沽得钱糟弃物,大屋经年堆欲朽。
>
> 酒醅瀺灂如沸汤,东风来吹酒瓮香。
>
> 累累罂与瓶,唯恐不得尝。
>
> 官沽味酽村酒薄,日饮官酒诚可乐。
>
> 不见田中种糯人,釜无糜粥度冬春。
>
> 还来就官买糟食,官吏散糟以为德。
>
> 嗟彼官吏者,其职称长民。

---

① 据说女娲在正月的前六天分别造了"鸡、狗、猪、羊、牛、马",第七日造出了"人",为了纪念人类的诞辰,就把这一天称为"人日"。

② (宋)欧阳修著,洪本健校笺:《欧阳修诗文集校笺》(上),居士集卷四。

衣食不蚕耕,所学义与仁。

仁当养人义适宜,言可闻达力可施。

上不能宽国之利,下不能饱尔之饥。

我饮酒,尔食糟,

尔虽不我责,我责何由逃。①

　　宋代的酒与盐、铁等物品一样,都由政府专卖,利润很高。官府造的酒,自然大多供富商大贾们喝,味道也好。普通的衣食有余的民众,只能自己在家酿一点酒味很薄的酒过瘾。官府酿酒剩下的酒糟,以较低的价格卖给食不果腹的民众吃,还自以为是儒家鼓吹的仁政。欧阳修也爱喝酒,看到此景后,一方面鞭笞满口仁义道德的虚伪者,另一方面自己内心也深深地自责。

　　欧阳修知颍州期间,在处理一桩刑事案子时,也犯了错误。平民刘甲因为家庭纠纷,强迫弟弟刘柳鞭打其妻子。迫于哥哥的淫威,弟弟先是鞭打了其妻子几下,但实在不忍心再打,于是把鞭子扔了,夫妇抱头痛哭。刘甲见状,怒不可遏,逼着刘柳继续打。其妻子被活活打死了。审判此案的官员认为,应该处刘柳以死刑,欧阳修也同意他的观点。但是,进士出身的推官张洞却予以反驳。他说道:"按照法律,刘甲是首犯,刘柳是从犯,况且鞭打妻子也不是他的本意,不应该判死刑。"②众人不听,张洞以生病为由不上班,实质上是表示抗议。这种情况下,只能将案情转交朝廷的司法部门审理,最终的结果是张洞的意见正确。欧阳修也知错就改,从此之后,非常看重张洞。

　　欧阳修在颍州的任期也就一年半的时间。次年七月,知应天府兼南京留守司事,当月到任。皇祐四年(1052)三月,欧阳修母亲郑氏因病去世,欧阳修开始于颍州丁忧。次年八月,欧阳修护送母亲的灵柩回老家安葬,胥氏、杨氏二位夫人的灵

---

① (宋)欧阳修著,洪本健校笺:《欧阳修诗文集校笺》(上),居士集卷四。

② (元)脱脱等:《宋史》卷二九九《张洞传》。

枢附葬。冬天,又回到颖州继续丁忧。

至和元年(1054)五月,欧阳修丁忧期满,回到东京。六月,朝见仁宗,欧阳修请求继续到外地做官,仁宗没有答应。七月,权判流内铨,掌管中低级官员的考核及升迁事宜,欧阳修昔日的政敌明白这是仁宗再次准备重用欧阳修的信号,于是竭力围追堵截,伪造了欧阳修的上奏札子,札子的内容是建议仁宗淘汰数量众多的内臣,以此激怒仁宗身边的内臣。欧阳修上任刚刚六天,他们就从欧阳修的工作中挖空心思找岔子,终于找到了一个似是而非的小岔子。迫于内臣们的压力,仁宗于是让欧阳修改知同州。

吴充、范镇等赶忙上札子给仁宗,请求让欧阳修接手主持编纂《唐书》这一烂尾文化大工程,仁宗接受了他们的建议。八月,诏令欧阳修主持编纂《唐书》。九月,欧阳修官拜翰林学士兼史官修撰,成为仁宗身边的侍从。政敌们尽管恨得牙根发痒,也只能徒唤奈何。

第四节　马饥啮雪渴饮冰

　　至和二年(1055)八月辛丑日,朝廷按照惯例,派遣欧阳修为辽国皇太后生辰使,四方馆使、果州团练使向传范为副使。同时,派遣刘敞为辽国皇帝生辰使,窦舜卿为副使。但是,十天之后,辽国皇帝兴宗驾崩的消息传来,于是朝廷又于癸丑日,改派欧阳修、向传范为庆贺辽国新皇帝道宗登宝位使,出使辽国。甲寅日,改派刘敞为辽国皇太后生辰使,窦舜卿为副使。

　　刘敞和窦舜卿二人率领的外交使团先期出发。欧阳修一行十一月中旬才从东京出发,将近十天的行程之后,抵达大宋的边关重镇雄州城,再往北不远就是界河白沟。对于大宋而言,雄州城的战略地位太重要了,皇祐三年(1051)四月己酉,御史中丞王举正在朝廷的一次御前会议上说道:"河北,朝廷根本,而雄州又河北咽喉。"①欧阳修此前当谏官时期,多次在上朝廷的札子中指出河北的重要性,此番自然要在雄州好好考察一番,于是在雄州停留了一天一夜。欧阳修登上雄州城头,往北望了望,赋诗一首,题目是《奉使契丹初至雄州》②,全诗如下:

---

　　①　(宋)李焘:《续资治通鉴长编》卷一七〇。
　　②　(宋)欧阳修著,洪本健校笺:《欧阳修诗文集校笺》(上),居士卷十二。此处西楼,代指辽国的上京城。

古关衰柳聚寒鸦,驻马城头日欲斜。

犹去西楼二千里,行人到此莫思家。

进入辽国境内,过了长城的要塞之后,已经是全然不同于东京的气候。欧阳修留下了几首"边塞诗",下面为其中之一:

旷野多黄沙,当午白日昏。

风力若牛弩,飞沙还射人。

暮投山椒馆,休此车马勤。

开屏置床头,辗转夜向晨。

卧听穹庐外,北风驱雪云。①

山椒馆是途中的驿站。听着外边呼呼大叫的风声,欧阳修辗转难眠,想到了岑参和高适。"马饥啮雪渴饮冰,北风卷地来峥嵘。马悲踯躅人不行,日暮途远千山横。我谓行人止叹声,马当勉力无悲鸣。"②

嘉祐元年(1056年,辽国道宗清宁二年)的年节,欧阳修一行才抵达上京,自然要在上京过年了。辽国认为欧阳修是大宋的重臣,所以押宴的贵臣包括陈留郡王耶律宗愿、惕隐大王耶律宗熙,二位都是新皇帝辽道宗的叔父。北宰相萧知足是百官之首,尚父中书令晋王萧孝友太皇太后的兄弟。一路陪伴欧阳修的送伴使耶律元宁大声说道:"这可是我伴送大宋使臣生涯中,第一次见过的如此隆重的局面呀!"欧阳修听后,也感到很高兴。席间气氛热热闹闹,一派祥和景象。

辽道宗登基大典结束,欧阳修一行的使命顺利完成。回程伊始,欧阳修骑着高头大马,一出上京城的城门,就马上吟出了一首七言诗:"紫貂裘暖朔风惊,潢水冰

---

① (宋)欧阳修著,洪本健校笺:《欧阳修诗文集校笺》(上),居士卷六。

② (宋)欧阳修著,洪本健校笺:《欧阳修诗文集校笺》(上),居士卷六。

光射日明。笑语同来向公子,马头今日向南行。"①虽然穿着保暖效果极好的紫貂皮大衣,但是凛冽的北风吹来,还是让欧阳修等人感到冷。

回程中,途经北京大名府②(今河北省魏县),此时的北京留守是庆历新政期间保守派的主要人物贾昌朝。贾昌朝此番看欧阳修成了官家的宠臣,又适逢欧阳修五十岁生日,便盛情招待。宴会开始之前,贾昌朝亲自出面,教导官妓一定按照歌女唱的词来劝酒,官妓也不多言,只是简略地答应一定奉命行事。停了一会儿,贾昌朝有点不放心,又让负责招待事宜的官员出面,再次仔细嘱咐,孰料官妓还是简略地答应一定奉命行事。贾昌朝见此状况,以为北京的官妓毕竟不如东京的官妓,没见过世面,只好顺其自然了。岂料宴会开始后,官妓劝的酒,欧阳修每次都是端起满满一杯,高兴地一饮而尽。贾昌朝悄悄地问官妓歌女唱的都是什么歌,让欧阳相公如此高兴,官妓回答道:"皆欧词也。"③

宋朝使臣出使他国归来后,都要将所见所闻特别是重要的见闻写成报告,报送朝廷。欧阳修二月底回来之后,也提交了详细的出使报告,可惜未能传下来。

---

① (宋)欧阳修著,洪本健校笺:《欧阳修诗文集校笺》(上),居士卷十二。
② 大宋出于国防安全的考虑,先后设置西京(今河南省洛阳市)、南京(今河南省商丘市)、北京(今河北省魏县东)。
③ 丁传靖辑:《宋人轶事汇编》(上)卷八。

第五节　铁腕塑造新科举

嘉祐元年(1056)闰三月,欧阳修判太常寺兼礼仪事务,五月,又改为知通进银台司兼门下封驳事。

一、大水灾及欧阳修的应对之策

嘉祐元年(1056)五月到六月,连续三十多天的降雨,包括东京在内,都成为一片汪洋,连安上门都被冲毁,太社、社稷坛也遭损毁,城外坟里面的棺材,由于洪水的长期浸泡、冲刷,竟裸露出来,进一步加剧了人们对水灾的恐惧。

面对前所未有的大水灾,仁宗下诏让臣僚们上札子提出对策。欧阳修以翰林学士的身份上疏,提出了两方面的对策。

其一,劝仁宗立皇子。时年四十六岁的仁宗,尚无皇子,且近年身体不断出毛病。鉴于此,不断有人提出从皇侄中过继皇子的建议,但都被仁宗以各种理由拒绝。欧阳修此番乘大水灾的机会,利用董仲舒天人感应的理论,再次提出此动议。

其二,劝仁宗免去狄青枢密使的职务,改而安排知州的文职。

狄青是赵宋建国以来杰出的名将,在对西夏的战争及其他军事行动中,立下赫赫战功。"仰文抑武"的赵宋一向对武将防范有加,但是,由于朝臣中两派之间的倾轧,其中一派为了加重自己一方的砝码,置"仰文抑武"的祖宗家法于不顾,向仁宗提出让狄青担任枢密使的主张。仁宗起初也不同意,后来却日渐讨厌反对派在此问题上的喋喋不休,于是,皇祐四年(1052),狄青先是担任枢密副使,后又升为枢密使。此番欧阳修又再次就狄青的问题提出异议,"水者阴也,兵也阴也,武将也阴也",而皇上则是阳,大水灾是阴阳不调,也是武将威胁皇上的信号,"武臣掌国家机密,岂是国家之利"①,狄青本人固然忠心耿耿,但是,一旦他为部将们所裹挟,后果不堪设想,也陷狄青于不义之境地,"这话说得婉转,可透的却是杀气"②。在文官群体的一再劝说下,仁宗让狄青外出任陈州(今河南省周口市淮阳区)知州,其实也只是名誉知州,实际事务都由其他官员来处理。半年之后,狄青郁郁而终,年仅五十岁。

二、权知贡举

(一)不同以往的考官岁月

嘉祐二年(1057)正月,欧阳修权知贡举,知贡举期间,为了确保考试的公正性,从接受诏令准备命题开始,直到放榜,所有考官不得跟外界接触,吃喝拉撒睡全在学士院,谓之"锁院"。考官需要被封闭五十天。漫长的五十天时间,对考官而言,除必需的工作之外,以何种方式度过这五十天也是一个难题。以前的考官,囿于科考对考官纪律的要求,除工作之外,可谓饱食终日、无所用心。

---

① (宋)李焘:《续资治通鉴长编》卷一八三。
② 陈峰:《生逢宋代》,生活·读书·新知三联书店,2013年版。

　　这次科考,欧阳修与韩绛、王珪、范镇、梅挚同为考官,梅尧臣为小试官。六人决定以作古律诗互相唱和的高雅方式来度过这五十天,最终共写成了一百七十多篇古律诗。

　　庆历二年(1042)正月,欧阳修为集贤校理期间,曾经做过一次考官,考试地点在武成王庙,王珪就是该科进士,后王珪成为翰林学士,得以与当年的考官同为考官,故王珪在赠给欧阳修的一首诗中写道:"十五年前出门下,最荣今日预东堂。"欧阳修则在唱和诗中写道:"昔时叨入武成宫,曾看挥毫气吐虹。梦寐闲思十年事,笑谈今此一尊同。喜君新赐黄金带,顾我宜为白发翁。"当年的科举考试,欧阳修连中三元,此前范镇在科举考试中也是如此,欧阳修在给范镇的诗中写道:"淡墨题名第一人,孤生何幸继前尘。"梅尧臣自天圣中与欧阳修成为诗友,欧阳修尝赠以《蟠桃诗》,有韩、孟之戏言,韩指韩愈、孟指孟郊(字东野)。故梅尧臣赠给欧阳修的诗中写道:"犹喜共量天下士,亦胜东野亦胜韩。"①

　　六人互相唱和,欢然相得,群居终日,长篇险韵,众制交作。笔吏有的疲于抄录六人的诗,有的则奔走往来送诗,有的诗中加上滑稽嘲谑的语句,让人看后,或拍案叫绝,或哄堂大笑。

　　考试结束之后,这些诗经过六人认真的修改,编成了一册三卷本的诗集,一时传为佳话。

　　(二)铁腕推进科举改革

　　自隋代开创科举考试之后,唐代有所发展,但是一科考试录取的进士人数,一般在三十人左右。五代时期,由于战乱的影响,一般在十四人左右。

　　赵宋实行"仰文抑武"的治国方针,而宋太祖在位时期,十五次科举考试,总共录取了四百五十五人。宋太宗时期,大兴科举,他即位的次年,一次即录取各种门类的进士达五百人。真宗在位时期到欧阳修主持此次科举考试之前,录取人数总体上不断上升。

————————

① (宋)欧阳修著,李逸安点校:《欧阳修全集》卷一二七。

　　但是,在科举数字繁荣的背后,掩盖的危机也不少。每四年①举办一次的科举考试,时间间隔太长,客居京师等待参加科举考试的考生达到六七千人,主管考试的礼部官员,连认真核查考场的人力都不够,导致权贵之家的子弟,想方设法作弊,或携带书籍进入考场,或冒名顶替,或内外勾结,传递答案,致使真正有本事的寒门子弟,失去了改变家族命运的机会。面对大量的考卷,考官改卷的质量也难以保证。最要紧的问题是考生写文章的"太学体",就内容而言,继承宋初柳开的文风,越唐跨汉,直追传说中的尧舜禹时代,极力歌颂尧舜禹的美德,尽显儒家理想主义的色彩。考生如果长期浸染于这种文风之中,即使中了进士,也只会高谈阔论、不切实际,越来越远离儒家经世致用的核心思想。

　　所以,欧阳修在此次科考改卷的过程中,要求考官将文风"显怪奇涩"的考卷一律判为不及格。有位叫刘几的考生,当时号称"国学第一人",是太学体文风的典型代表,对当时考生的文风颇有示范及带动作用。欧阳修在改一份试卷时,发现写有"天地轧,万物茁,圣人发"的句子,便说道,"这肯定是刘几的卷子",于是在他的考卷后边写道,"秀才剌(荒谬的意思),试官刷",然后用红笔在他的考卷上,从头到尾,横抹了许多处,欧阳修戏称为"红勒帛",又写了"大纰缪"三个字,又将这份卷子悬挂在墙上,让考官们参考。改卷结束后,考生姓名信息披露,果然是刘几的卷子。

　　这次科考,像刘几这种文风的考生大多都被淘汰。但是,此次科考得人之盛,可谓空前,足以留名青史,最著名的包括苏轼、苏辙、曾巩。而他们在科考之前,潜心所做的文章,大都是"论古今治乱及一时人物"②。苏洵因为屡试不第,得知消息后,说了一句又酸又甜的话:"莫道登科易,老夫如登天;莫道登科难,小儿如拾芥。"③

　　这次科考中,考场纪律严明,一扫以前考试中的不良风气,改卷也很公正,"时

---

① 英宗治平三年(1066)改为三年一贡举,从此之后"三年大比"成为定制,一直延续到清末科举制结束。

② (宋)苏轼:《张文定公墓志铭》,曾枣庄、刘琳主编:《全宋文》(第43册)卷一九五四。

③ 丁传靖辑:《宋人轶事汇编》卷十二。

岁进士参加殿试的,没有一个被淘汰",也体现了朝廷对此次科考的高度认可。

但是,被淘汰的部分考生,不反思自己的不足,反而抓住欧阳修与梅尧臣锁院期间唱和诗中"无哗战士衔枚勇,下笔春蚕食叶声"①两句诗,说他们丑化考生形象,将考生比作蚕蚁,而考官们一天到晚沉溺于作诗唱和,不务正业。上千落第考生趁着欧阳修早朝的时候,拦住欧阳修,要讨说法,赶来维持秩序的士卒也无法马上驱散他们。个别激进的考生竟然写了祭祀欧阳修的文章,隔着墙扔到他家院内,闹得沸沸扬扬。欧阳修对此在考试之前就有思想准备,坚决顶住逆流,将科举改革进行下去。

这次科考风波,也给朝廷敲响了警钟。嘉祐二年(1057)十二月,诏令科考时间改为两年一次,考试内容中则增加了考生需写分析现实问题的事务策三条。② 欧阳修主持的此次科考,尽管经过了一些波折,但积极效应也体现出来。

两年之后,欧阳修作为殿试的考官之一,考生刘辉的文章,极为欧阳修赏识,亲自将其选为殿元,有人认出刘辉就是昔日的刘几,此次考试改了名字。欧阳修知道后,夸奖刘几能及时改变文风,实为难得之才。③

---

① 这两句诗本是用以动写静的笔法,描写举子们像在紧张肃穆地战斗,如同衔枚疾走的士兵,只听见笔在纸上沙沙作响,仿佛是春蚕嚼食桑叶的声音。

② (宋)李焘:《续资治通鉴长编》卷一八六。

③ (宋)沈括撰,金良年点校:《梦溪笔谈》卷九《人事一》第155条,中华书局,2015年版。

第六节　国本问题的解决

　　从嘉祐三年(1058)六月到次年二月,欧阳修又担任了短期的权知开封府的职务,嘉祐五年(1060)七月,欧阳修将他与宋祁主持编纂的二百五十卷本的《新唐书》献上。① 仁宗和朝臣们都很满意,欧阳修的政治生涯开始了巨大的转折。十一月,欧阳修官拜枢密副使,进入宰执的行列,仁宗对欧阳修寄予了厚望,在任命书中写道:"学通古今之宜,性符履道之直,议论明正,怀负高爽。久居禁近之从,屡更中外之事,选所践试,悉著声实。……唯公忠可以成务,唯寅亮可以就功。往其慎哉,无废朕命。"②欧阳修宋夏战场时期写的关于战场形势分析的札子及对辽和西夏国内外形势的持之以恒的关注,给仁宗及朝臣们留下了深刻的印象,这也是选他到主管军事事宜的最重要机构枢密院任职的原因。

　　嘉祐六年(1061)闰八月,欧阳修成为参知政事,但是,登上权力顶峰的欧阳修,没有沾沾自喜,而是感觉到官高责愈重。尤其是五十一岁的仁宗近年疾病缠身却仍然没有皇子,这可是国本问题呀! 每每想到这个问题,欧阳修就寝食难安。

　　中国古代,立太子问题,是一个王朝非常重要的问题,因为它关系到政权的交

---

① 　具体情况参见第四讲欧阳修的史学成就部分。
② 　(宋)欧阳修著,李逸安点校:《欧阳修全集》附录卷一,胡珂编《欧阳修年谱》。

接及王朝治理的质量,关系到国运的长短。太子如果综合素质高,继任之后,可保持或继续王朝的可持续发展,甚至可能将正处于危机中的王朝带出泥潭,走向中兴。否则,盛世可能走向衰落,已经走下坡路的王朝则可能加快灭亡的过程。

但是,立太子问题,由于牵涉许多方面的利益,实在是太复杂了。为了能够保持或谋取最大的利益,相关各方所使用的手段可谓无所不用其极,甚至导致乱相频出,骨肉相残。

嘉祐二年(1057),仁宗已经四十七岁,接近知天命之年了,可接连生育的几个皇子,都夭折了。上一年大年初一,仁宗在过年大朝会时突发中风,一个月后才痊愈。谏官范镇冒着杀头的危险,接连上了几个关于求过继宗族小孩做皇子的札子,也都泥牛入海。权御史中丞包拯又接着上奏,提出类似请求,仁宗答应慢慢考虑,实际上还是在拖延。欧阳修此前也递过此方面的札子,为翰林学士期间,于八月又递交了《论选皇子疏》,其中写道:"陛下荷祖宗之业,承宗庙社稷之重,皇子未降,储位久虚,群臣屡言,大议未决。臣前所奏陈,以谓未必立为储贰,且养为子,既可以徐察其贤否,亦可以待皇子之降生。"①欧阳修首先指出立皇子的重要性,然后指出皇子并非就是皇太子,可以慢慢观察后再确定。可仁宗一直幻想自己还会生育皇子,大臣们了解了仁宗的心思后,只好保持沉默,静观其变。

嘉祐六年(1061)十月,经过韩琦和欧阳修等大臣的努力,仁宗的侄子赵宗实开始担任负责皇家宗室事务的知宗正寺。这个职务,便于赵宗实了解皇室宗族和外戚的一应事务,也是一种历练,也便于先在皇室和外戚中树立威望,也可以把他作为皇子的人选。

仁宗是一个优柔寡断的君主,韩琦和欧阳修等朝臣明白,让他一下子答应过继宗子赵宗实做储君,不现实,采用逐步推进的方式,方为可行的策略。

但是,由于赵宗实当时正在守父丧,四次上奏表示不接受,不过最终还是接受了任命。丧期结束后,他又以有病为由,坚决不接受。由于利益的牵涉,宫室内外

① (宋)欧阳修著,李逸安点校:《欧阳修全集》卷一一一。

均有人反对立赵宗实。嫔妃们幻想能生个皇子继承皇位。宦官当然喜欢立一个年幼的君主，这样他们就可以操纵朝政。当时的宦官总头目任守忠就是他们中的典型代表，他最希望仁宗驾崩之后，立一个或者年幼或者无能的君主，以便可以左右皇帝，从而得到更大的利益。高级臣僚中也有人不同意立赵宗实为储君。据传欧阳修的好友、掌握财政大权的三司使蔡襄就是其中的代表。

仁宗在这些人的影响下，本来就总在大是大非问题上动摇的他，又见赵宗实坚辞不受，心里极不痛快，有时候在公开场合就通过脸色和语气表达对赵宗实的不满。这个信息很快有人传播出去，使反对立赵宗实为储君的人以为时机已到，更是添油加醋，拨弄是非，问题又陷入更加复杂的局面中。

嘉祐七年（1062）八月，宰相韩琦和欧阳修感到事情再也不能拖下去了，于是商议让仁宗下诏立赵宗实为皇子。仁宗也感到彻底没有生皇子的希望了，终于答应立赵宗实为皇子，韩琦和欧阳修等总算松了一口气。①

赵宗实既是仁宗的亲侄子，又是曹皇后的侄女婿。仁宗颁发诏书，赐名曙，这个名字由欧阳修先从"日"字偏旁中挑选出十个字，然后由仁宗点定。诏书传出，闻者相贺。

---

① （宋）李焘：《续资治通鉴长编》卷一九七。

第七节　我欲乘风归去

嘉祐八年(1063)四月,仁宗驾崩,英宗继承皇位。治平四年(1067)正月,做了不到四年皇帝的英宗驾崩,其二十岁的长子赵顼继位,是为神宗。

一、又一次侮辱人格的政治迫害

治平四年(1067)二月,三子欧阳棐进士及第,时年二十岁。欧阳修全家都十分高兴。与此同时,欧阳修向神宗上了荐举司马光的札子。

但是,春寒料峭的三月,朝中又一次掀起了一股"倒修"的浪潮。先是监察御史刘庠弹劾欧阳修进福宁殿(停放英宗灵柩的地方)时所穿丧服的里边有紫色的衣服,要求严惩欧阳修。可见六十一岁的欧阳修由于长期多种疾病缠身,面对英宗突然去世的打击,精神明显不集中。神宗没有理会刘庠的弹劾,只是让人去告诉欧阳修让他换一下衣服。朝臣中反对"濮议"①的一干众臣,趁着政权新旧交接的特殊时

---

① 具体内容见本书第九讲第二节内容。

期,又把矛头对准欧阳修,想把欧阳修赶下台,但是一直找不到合适的理由。

欧阳修妻子薛氏的侄子薛良孺,因为举荐他人做官不当,被御史弹劾后被免官。新皇帝即位后,按照惯例,要赦免一部分犯错误的官员,以示皇恩浩荡,薛良孺此次也在被赦免的名单中。欧阳修正处于激流旋涡之中,估计唯恐对方以此理由掀起更大的风波,于是向朝廷申明不能因为自己是参知政事的缘故,就赦免薛良孺。薛良孺没有被赦免,所以对欧阳修恨得咬牙切齿。

薛良孺欲报此仇,竟然想出了卑鄙无耻的理由,造谣说欧阳修和儿媳妇吴氏有不正当关系。集贤校理刘瑾与欧阳修亦是仇家,马上推波助澜。御史中丞彭思永听说后,告诉了他的僚属蒋之奇。蒋之奇在"濮议"一事上,本来是欧阳修一派的人,也是通过欧阳修的举荐,得以成为监察御史,现在一看欧阳修危如累卵,唯恐牵涉自己,于是独自上殿弹劾欧阳修,彭思永又在后边兴风作浪,要求严惩欧阳修。这种桃色新闻,对欧阳修及其全家都是莫大的侮辱。但是听之者大多宁信其有不信其无,添油加醋者更是大有人在。

六十一岁的欧阳修为了自己和全家人的声誉,必须向皇帝及朝臣说明此事的由来。欧阳修上札子反驳道:"蒋之奇所杜撰的事情,是禽兽都不为的丑行,天地不容的大恶。臣苟有之,是犯天下之大恶,无之,是负天下之至冤。犯大恶而不诛,负至冤而不雪。此事如果不说明白,不仅仅是我欧阳修及家人的奇耻大辱,也将使圣上蒙羞,这绝非小事。臣乞请官家选公正的大臣,为臣澄清此事,先问蒋之奇此事如果属实,事情又发生在臣家,他从何处知道? 如何发现的? 这样追下去,必见虚实。"①

这样的反驳札子,欧阳修连续上了共七次,又三次上表请求朝廷罢免自己参知政事的职务。神宗自然不答应,欧阳修于是又三次上表要求到外地做官。这一系列行动,自然说明欧阳修要和政敌斗争到底,不把事情搞清楚,不还自己及家人清白,绝不罢休。

---

① (宋)李焘:《续资治通鉴长编》卷二〇九。

接到欧阳修的札子后,神宗责令中书、枢密院等机构彻查此事,最终证明此事是有人诬陷欧阳修,主导此事的彭思永、蒋之奇二人被贬官了事。

二、提前致仕

(一)知亳州

治平四年(1067)三月,鉴于面对的工作环境非常不利,身心都受到严重创伤的欧阳修也需要一段休养的时间,外出做官成为最好的选择。于是按照欧阳修的请求,朝廷让他知亳州(治今安徽省亳州市)。闰三月,欧阳修离京之前,面见神宗,请求顺道回颍州看望一下家人,神宗答应了欧阳修的请求。六月,欧阳修到任,东京到颍州、颍州到亳州的距离都不远,之所以间隔两个多月才上任,按照欧阳修写给友人的信中的说法,是为了避开五月。因为宋代地方官员,按照级别高低,拥有数量不等的职田,职田上地租的收入,可以弥补地方官收入较低的状况。五月是收获冬小麦的时机,欧阳修一旦五月到任,将会与前任知州围绕职田收入产生矛盾,如果六月到任,就不存在这个问题,可见欧阳修的宽容与大度。

欧阳修选择到亳州做官,重要的原因是亳州距离颍州近。其实欧阳修对亳州的印象,颇为不好。到亳州后,他给曾巩写了一封信,其中写道:“人所称道的亳州的好地方,往往言过其实,和陈州、颍州比起来,差距太远。”①

从欧阳修到亳州后给亲友的信来看,此时的欧阳修已经像惊弓之鸟,特别是在他给长子欧阳发的信中,表现得尤为明显。

现存欧阳修写给朋友的信中,每封绝大多数不超过二百字,只有五封写给梅尧臣和富弼的信接近四百字。但是,欧阳修六月初上任后一个月内,写给长子欧阳发

---

① 　(宋)欧阳修著,李逸安点校:《欧阳修全集》卷一五〇。

的信竟然有八封,其中五百字左右的达到五封,具体内容以朝中事宜为主,特别是英宗的丧礼事宜。

五月二十五日,欧阳修离开颍州之前,给在东京的欧阳发写了好几封信,让他给欧阳修往亳州寄信,但是,欧阳修到亳州后两天,没有收到欧阳发的一封信。欧阳修很生气,六月初三,急忙用驿站的快递系统①给欧阳发去信,写信责备欧阳发,又担心欧阳发一家在东京出了什么事,但是欧阳修重点说的是英宗丧礼的细节问题,又让欧阳发派人打听仁宗葬礼时,北京(大名府)、定州祭祀时用的什么仪式,前排排列的明器、纸人的数目,食物祭品的具体情况等,小心、细致到此种地步。

六月初三将信发出后,欧阳修陆续收到欧阳发寄来的两封信,欧阳修于六月初七给欧阳发回信,再次谈及颍州的好处及致仕后定居的打算。信中重点谈的还是葬礼问题,他说祭祀用的纸钱、纸马等,亳州都可以做,只是纸人做不得,已经派人去东京定制。欧阳修又让欧阳发打听东京对他的议论如何,回信时告诉他。

欧阳修虽然离开了东京,但是政权交替的关键时刻,他还是时刻关注东京官场的舆论,唯恐政敌又发动突然袭击,更害怕在英宗的葬礼问题上,出细微的差错,被政敌利用。

(二)知青州、蔡州

熙宁元年(1068)八月,欧阳修改知青州(治今山东省青州市),九月到任。该年,欧阳修在颍州的府邸落成,致仕之后归养的条件彻底具备。

熙宁二年(1069)二月,按照欧阳修的口授,三子欧阳棐编写《集古录目》十卷。九月,青苗法开始实施,青州属于青苗法的试验区,欧阳修坚决反对,且拒绝执行。②冬天,欧阳修两次上札子请求改知寿州(治今安徽省寿县),因为寿州紧邻颍州,便于和家人一起生活。朝廷不允许。

熙宁三年(1070)四月,朝廷命欧阳修判太原府兼河东路其他要职,当时,正是

---

① 俗称"急脚递",能够日行四百里。
② 具体情况可看本书第九讲。

王安石变法的开端时期,朝中大臣皆以为神宗会让欧阳修重回朝廷且担任宰相,见此任命,大失所望。六十四岁且身体状况颇为不佳的欧阳修自然不愿意再到边关要地任职,于是以此为由,六次上章表示坚决不接受。欧阳修与王安石围绕青苗法的分歧越来越大。七月,朝廷让欧阳修改知蔡州(治今河南省汝南县),九月到任,时年欧阳修六十四岁。

赴任途中,因为欧阳修已经在颍州买田置物,儿孙们在此生活,为了彻底表白自己的心迹,欧阳修写了《六一居士传》一文,且将此文刻于石上。其实,笔者认为欧阳修写作此文,应该很早就开始酝酿,因为在治平三年(1066),欧阳修已经为自己起了这一名号,许多朋友不明其意,笑问其义。欧阳修回以还未到解释的时候。到颍州之后,写此文的时机、心态才彻底成熟,故欧阳修写此文时应该是一气呵成。

为了使读者能够完整地了解晚年欧阳修的心态,特将此文完录如下:

六一居士传

六一居士初谪滁山,自号醉翁。既老而衰且病,将退休于颍水之上,则又更号六一居士。

客有问曰:"六一,何谓也?"居士曰:"吾家藏书一万卷,集录三代以来金石遗文一千卷,有琴一张,有棋一局,而常置酒一壶。"客曰:"是为五一尔,奈何?"居士曰:"以吾一翁,老于此五物之间,是岂不为六一乎?"客笑曰:"子欲逃名者乎? 而屡易其号。此庄生所诮畏影而走乎日中者也。余将见子疾走大喘渴死,而名不得逃也。"居士曰:"吾固知名之不可逃,然亦知夫不必逃也。吾为此名,聊以志吾之乐尔。"客曰:"其乐如何?"居士曰:"吾之乐可胜道哉! 方其得意于五物也,泰山在前而不见,疾雷破柱而不惊。虽响九奏于洞庭之野,阅大战于涿鹿之原,未足喻其乐且适也。然常患不得极吾乐于其间者,世事之为吾累者众也。其大者有二焉,轩裳珪组劳吾形于外,忧患思虑劳吾心于内,使吾形不病而已悴,心未老而先衰,尚何暇于五物哉? 虽然,吾自乞其身于朝者三年矣。一日天子恻然哀之,赐其骸骨,使得与此五物偕返于田庐,庶几偿其夙愿焉。此吾之所以志也。"客复笑曰:"子知轩裳珪组之累其形,而不知五物之累其心乎?"居士曰:"不然。累于彼者已劳矣,又多忧。累于此者既佚矣,幸无患。吾其何择哉?"于是与客俱起,握手大笑曰:"置之,区区不足较也。"

已而叹曰:"夫士少而仕,老而休,盖有不待七十者矣。吾素慕之,宜去一也。吾尝用于时矣,而讫无称焉,宜去二也。壮犹如此,今既老且病矣,乃以难强之筋骸,贪过分之荣禄,是将违其素志而自食其言,宜去三也。吾负三宜去,虽无五物,其去宜矣,复何道哉!"

熙宁三年九月七日,六一居士自传

这篇自传用的是汉赋常用的主客对答的形式,用平易的语调、轻松的语言,道出了"六一居士"的志趣。

欧阳修由"醉翁居士"改号为"六一居士",他的弟子苏轼感受得最为妥当,"自一观五,居士犹可见也。与五为六,居士不可见也。居士殆将隐矣"①。

明代茅坤认为这表现了欧阳修追求彻底解脱的愿望。清代孙宗认为表现了欧阳修坚决要求提前致仕,借此五物以自得其乐的感受。储欣认为《六一居士传》一文,表明了欧阳修归养田园的愿望。但最值得注意的还是魏泰的记录"欧阳公在颍,唯衣道服,称六一居士"。

一个终生反佛道的儒者,老年在颍州,穿的却是道家的服装,自名的则是带有佛家色彩的称号。如此有趣的结合,形象地反映了欧阳修的追求,既雅又俗,可严肃可谐趣;既服膺真理与原则,也推崇玩笑与游戏,如此亦儒亦佛亦道又有何不可。称号是素志的宣告,服装是内在闲散追求的外在表述,由此而曲折反映欧阳修追求山中之乐、逃离官场的愿望。②

(三)致仕及去世

宋代官员七十致仕。有些官员为了继续享受高官厚禄,以隐瞒年龄的方式,推

---

① (宋)苏轼:《六一居士传后》。见曾枣庄、刘琳主编:《全宋文》(第44册)卷一九三二。
② 陈湘琳:《欧阳修的文学世界与生命情结》,复旦大学2010届博士学位论文。

迟致仕,但是,欧阳修早在嘉祐四年(1059)五十三岁时,就与韩绛等相约,于五十八岁提前致仕。

从熙宁四年(1071)四月起,时年六十五岁的欧阳修连续三次上表,又连续两次上札子,强烈要求致仕。六月,朝廷终于批准了欧阳修的请求,以观文殿学士、太子少师的身份致仕。对于欧阳修此举,有的士大夫惊叹不已。大宋立国以来,这毕竟是少有的现象。

欧阳修致仕后,苏轼写了《贺欧阳少师致仕启》,文中高度评价了欧阳修的功德,"事业三朝之望,文章百世之师。功存社稷,而人不知",接下来苏轼写道:"轼受知最深,闻道有自。虽外为天下惜老成之去,而私喜明哲得保身之全。"①老师欧阳修功成身退、明哲保身,苏轼发自内心地高兴。

对于欧阳修提前致仕的原因,苏轼写道:"为官一任,外无非议,内无愧于心,释肩而去,如大热天远行,虽然还未到家,得一清凉馆舍,解衣洗漱,已经是足够的快乐。更何况致仕而归,脱下官服,走访林泉,回顾平生所为,一无可恨,那种快乐是语言永远难以表达出来的。众弟子中,我出入(欧阳)文忠公门下最久,对他的了解也最深,他释位归田的心理,可谓非常迫切,对他人而言,也许仅仅是一个借口,对他而言,则是至情之选择,如饥饿的人渴望吃到食物一样。"②

七月,欧阳修回到颍州,家居则穿着道士的服装,开始编写诗歌评论的《诗话》,后称《六一诗话》。九月,苏轼、苏辙兄弟去颍州拜访欧阳修,并留居颍州二十余日,师徒之间,诗酒唱和。对欧阳修而言,可谓致仕后一段必不可少的缓冲期。

熙宁五年(1072)五月,赵概自南京来到颍州,与知颍州吕公著一起,设酒宴于会老堂,欧阳修作诗纪念,内有"金马玉堂三学士,清风明月二闲人"的佳句,传出之后,成为美谈。七月,欧阳修与长子欧阳发一起编定《居士集》五十卷。欧阳修感到告别人间的时日已近,写信给韩琦,托他为自己写墓志铭,三子欧阳棐代他写了遗

---

① 曾枣庄、刘琳主编:《全宋文》(第 43 册)卷一八八七。

② 曾枣庄、刘琳主编:《全宋文》(第 44 册)卷一九四一《跋欧阳文忠公书》。

表。

闰七月二十三日,欧阳修去世。八月,朝廷追赠欧阳修太子太师。熙宁七年
(1074)八月,朝廷议定欧阳修谥号为"文忠"。次年九月,安葬于郑州新郑县旌贤
乡。

细雨轻烟笼草树　斜桥曲水绕楼台

——诗词成就

　　作为仁宗、英宗、神宗前期的文坛领袖，欧阳修在诗、词两方面都有很高的成就，且在诗歌理论方面有独特的建树。其山水诗大气且格调高雅，词则整体上属于婉约派。

第一节　欧阳修名诗赏析

一、欧阳修青少年时期对诗歌的喜爱

从《六一诗话》看出，欧阳修少年时期在母亲郑氏和叔父欧阳晔的引导下，就开始读唐朝和宋朝初期诗人的诗。比如：唐末著名诗人郑谷，有诗集《云台编》传世。欧阳修说他的诗"极有意思，亦多佳句，但其格调不甚高，因为其意思很容易明白，人家多以其教小儿，余为儿时犹颂之，今其集不行于世矣"①。欧阳修认为唐朝晚期的诗人虽然没有李白、杜甫诗歌那样高的格调，但是"务以精神和意境作为最高的追求"。比如，诗人周朴，其诗歌构思的过程尤其艰难，每有所得，必反复雕琢，故时人称他的诗"月锻季炼，未及成篇，已播人口"，可见他的诗在当时的影响。可惜他的诗集也未能传下来。欧阳修晚年写《诗话》时还记得他的一些诗，如"风暖鸟声

---

① （宋）欧阳修著，李逸安点校：《欧阳修全集》卷一二八。

碎,日高花影重""晓来山鸟闹,雨过杏花稀"①,都是很美的诗句,且很有王维诗的风格。

欧阳修少年时期也读过北宋初期九个有名的僧人的诗。他们的诗集《九僧诗》,也未能传下来。欧阳修晚年只记得一人叫惠崇,记得惠崇的一些诗句,如"马放降来地,雕盘战后云""春生桂岭外,人在海门西"②,其佳句多类此。

欧阳修青少年时期大量阅读前人的诗,使他对诗歌产生了浓厚的兴趣,为其以后的诗歌创作打下了很好的基础。

《尚书·舜典》篇章中就提出了中国诗歌的开山纲领——"诗言志",何为志?"在心为志,发言为诗",人内心有多么丰富,诗的内容就有多么丰富。

现存欧阳修诗、词共一千三百多首,其中有一些是非常经典的。一次欧阳修醉酒之后,给儿子欧阳棐谈自己的诗,说他最为满意的诗有三首,分别是《庐山高赠同年刘中允归南康》(以下简称《庐山高歌》)、《明妃曲前曲和后曲》③。下边对这三首诗进行赏析。

二、《庐山高歌》的由来及赏析

为了读者赏析的方便,先将《庐山高歌》④一诗全录如下:

> 庐山高哉,几万仞兮,根盘几百里,截然屹立乎长江。
> 长江西来走其下,是为扬澜左蠡兮,洪涛巨浪日夕相舂撞。

---

① (宋)欧阳修著,李逸安点校:《欧阳修全集》卷一二八。
② (宋)欧阳修著,李逸安点校:《欧阳修全集》卷一二八。
③ (宋)欧阳修著,洪本健校笺:《欧阳修诗文集校笺》(上),居士集卷五。
④ (宋)欧阳修著,洪本健校笺:《欧阳修诗文集校笺》(上),居士集卷五。

云消风止水镜净，泊舟登岸而望远兮。

上摩青苍以晻霭，下压后土之鸿厖。

试往造乎其间兮，攀缘石磴窥空谼？

千崖万壑响松桧，悬崖巨石飞流淙。

水声聒聒乱人耳，六月飞雪洒石矼。

仙翁释子亦往往而逢兮，吾尝恶其学幻而言哤。

但见丹霞翠壁远近映楼阁，晨钟暮鼓杳霭罗幡幢。

幽花野草不知其名兮，风吹露湿香涧谷，时有白鹤飞来双。

幽寻远去不可极，便欲绝世遗纷哤。

羡君买田筑室老其下，插秧盈畴兮，酿酒盈缸。

欲令浮岚暖翠千万状，坐卧常对乎轩窗。

君怀磊砢有至宝，世俗不辨珉与玒。

策名为吏二十载，青衫白首困一邦。

宠荣声利不可以苟屈兮，自非清云白石有深趣，其气兀硉何由降？

丈夫壮节似君少，嗟我欲说安得巨笔如长杠！

本诗全名为《庐山高赠同年刘中允归南康》，南康今为江西省赣州市南康区。

刘中允，本名刘涣，字凝之，因为官至太子中允①，所以欧阳修用当时的习俗称呼其刘中允，他与欧阳修同年进士及第，因为不能接受官场各种委曲求全的陋习，所以长期郁郁不得志，不到五十岁就弃官归隐，筑草房于庐山南麓，一住就是三十年，过着自由自在的生活。当时佩服他这种人生选择的人不少。

欧阳修时知应天府（治今河南省商丘市），兼南京留守。南京是赵匡胤的龙兴之地，原名宋州，景德三年（1006）升为应天府，大中祥符七年（1014）升为南京，作为

---

①　北宋前期没有具体事务的闲散官，正五品下。

陪都①,距离东京不足三百里。欧阳修改知应天府,自然带有升迁、重用的含义。

但是,这个差事并不好干。欧阳修在上任之后写的《南京谢上表》中道:"唯此别京,旧当孔道。簿领少勤于职事,厨传取悦于路人。"②迎来送往的无聊差事比扬州还多,有的还惹不起。欧阳修在给好友吕公著的信中写道:"如果天天腆着脸这样干,虽然能够避免被人诽谤,却实在有违做人之风格,很难一直这样下去。"这种厌烦进而滋生的挂冠归田的心理,也见于他写给梅尧臣和杜衍的诗中,"行当买田清颍上,与子相伴把锄犁"③、"壮志消磨都已尽,看花翻作饮茶人"④。

欧阳修写此诗时虽然不在庐山,但是他对庐山美景的了解还比较深刻、全面。景祐三年(1036)八月,欧阳修贬官夷陵途中,在鄱阳湖和长江的交汇口驻泊停留,本拟与他人一起去庐山游玩,但因为生病不得不请医生到船上诊断,故未能成行。庆历元年(1041)欧阳修的僧界好友昙颖要前往庐山,欧阳修写了《送昙颖归庐山》一诗为其送行,其中有"香炉云雾间,杳霭疑有无"⑤两句,描写香炉峰的美景。

欧阳修《庐山高歌》一诗,写于皇祐三年(1051)。时年欧阳修四十五岁,当为刘涣归隐之前夕,二人应该有至少一次促膝长谈的会面。时年四十五岁的欧阳修在经历了人生的许多波折后,也颇为赞许刘涣的选择。

欧阳修对自己写的这首长诗,也非常满意,一次酒后对儿子欧阳棐说道:"此诗,现在的诗人,无人能写出,古人只有李太白能写出。"⑥

① 另外两个陪都是西京洛阳、北京大名府。
② (宋)欧阳修著,李逸安点校:《欧阳修全集》卷九十。
③ (宋)欧阳修著,洪本健校笺:《欧阳修诗文集校笺》(上),居士集卷五。
④ (宋)欧阳修著,洪本健校笺:《欧阳修诗文集校笺》(上),居士集卷十二。
⑤ (宋)欧阳修著,洪本健校笺:《欧阳修诗文集校笺》(上),居士集卷一。
⑥ (宋)欧阳修著,洪本健校笺:《欧阳修诗文集校笺》(上),居士集卷五。

三、明妃前曲和后曲

仁宗嘉祐四年（1059）夏天，时年三十八岁的王安石应召回到东京。秋天，被任命为三司度支判官①，才华横溢的王安石与欧阳修同为江南西路的老乡，现在终于有了经常见面的机会。王安石和欧阳修、梅尧臣、司马光、曾巩等经常在聚会场合见面，互相以诗文唱和。

在一次聚会中，王安石拿出自己的新作《明妃曲》（二首）让大家看。众人看后，击节赞叹，梅尧臣、司马光、曾巩等纷纷作诗唱和。

王安石原诗如下②：

其一

明妃初出汉宫时，泪湿春风鬓脚垂。

低徊顾影无颜色，尚得君王不自持。

归来却怪丹青手，入眼平生几曾有。

意态由来画不成，当时枉杀毛延寿。

一去心知更不归，可怜着尽汉宫衣。

寄声欲问塞南事，只有年年鸿雁飞。

家人万里传消息，好在毡城莫相忆。

君不见咫尺长门闭阿娇，人生失意无南北。

---

① 三司是主管全国财政事宜的机构，位高权重，度支判官为该机构一中层官员。
② （宋）王安石著，唐武标校：《王文公文集》卷四十，上海古籍出版社，1974年版。

其二

明妃初嫁与胡儿,毡车百辆皆胡姬。

含情欲语独无处,传与琵琶心自知。

黄金杆拨春风手,弹看飞鸿劝胡酒。

汉宫侍女暗垂泪,沙上行人却回首。

汉恩自浅胡恩深,人生乐在相知心。

可怜青冢已芜没,尚有哀弦留至今。

欧阳修时在东京,时年五十三岁,三次请求回江西洪州(治今江西省南昌市)做官,未被允许。随后与韩绛等相约五十八岁提前致仕。

欧阳修的两首唱和诗如下①:

其一
明妃曲和王介甫作

胡人以鞍马为家,射猎为俗。

泉甘草美无常处,鸟惊兽骇争驰逐。

谁将汉女嫁胡儿,风沙无情貌如玉。

身行不遇中国人,马上自作思归曲。

推手为琵却手琶,胡人共听亦咨嗟。

玉颜流落死天涯,琵琶却传来汉家。

汉宫争按新声谱,遗恨已深声更苦。

纤纤女手生洞房,学得琵琶不下堂。

不识黄云出塞路,岂知此声能断肠!

---

① 欧阳修著,洪本健校笺:《欧阳修诗文集校笺》(上),居士集卷八。

其二

再和明妃曲

汉宫有佳人,天子初未识。

一朝随汉使,远嫁单于国。

绝色天下无,一失难再得。

虽能杀画工,于事竟何益?

耳目所及尚如此,万里安能制夷狄!

汉计诚已拙,女色难自夸。

明妃去时泪,洒向枝上花。

狂风日暮起,飘泊落谁家。

红颜胜人多薄命,莫怨春风当自嗟。

明妃就是众所周知的西汉时期的王嫱(字昭君)①,晋朝时为了避司马昭讳,改称明妃或明君。汉元帝时期,王昭君入宫成为一名宫女,传说因为没有贿赂画工毛延寿,于是被画得相貌一般,因而未曾得到元帝的召见。

为了改善汉帝国和匈奴的关系,朝廷决定实行"和亲"政策,选宫女去嫁给匈奴首领呼韩邪单于。远嫁到西域大漠,这样的苦差事又落到了王昭君头上。出嫁之前,汉元帝亲自面见王昭君,一下子被她的美貌所倾倒,了解原委之后,马上下诏杀死了毛延寿。但是,为了取信于匈奴,为了国家的长治久安,还是将王昭君嫁给了呼韩邪单于。王昭君到匈奴国后,为改善两国的关系,做出了不小的贡献。

唐宋两朝,歌咏王昭君的诗达到一百六十多首,但是,宋人的诗大多不同于唐人的诗,尤其是咏史方面的诗歌。王安石的《明妃曲》的主题虽然是哀叹王昭君悲惨的命运,实际上通过"人生失意无南北""人生乐在相知心"两句关键性的句子,表

---

① 王嫱,字昭君,西汉南郡秭归(今湖北省宜昌市兴山县)人,与貂蝉、西施、杨玉环并称中国"古代四大美女"。成语"沉鱼落雁"中的"落雁"、"画工弃市"描述的就是她的故事。

达自己怀才不遇、缺少知音的心理。

欧阳修的两首和《明妃曲》的主题虽然也是哀叹王昭君悲惨的命运,实际上却是在延续"诗言志"的传统。"耳目所及尚如此,万里安能制夷狄"两句诗,表面上是在讽刺汉元帝,实际上是提醒北宋统治者,面对北边的强邻契丹,必须首先处理好自己的内政。也暗含着对王安石的期待,因为正值中年的王安石也是对治国理政最为擅长的官员。这也是欧阳修认为这两首诗是自己得意之作的根本原因。

欧阳修去世后,欧阳棐牢记父亲的话,找当时著名的书法家张子厚写下这三首诗,作为对父亲永久的纪念。[①]

四、《戏答元珍》

从东晋的陶渊明开始,文人墨客喜欢寄情于山水,写山水诗。唐代更是出现了以王维为代表的山水诗派。[②] 他们从山水中发现美,欣赏美。在人生事业低潮时期,徜徉于山水之乐,更能释放胸中之块垒。

《戏答元珍》一诗写于景祐四年(1037)的春天。欧阳修于上一年秋天被贬谪到夷陵,而在夷陵过的第一个新年,欧阳修就病了,毕竟是第一次被贬官,还没有足够的抗打击能力。所幸峡州判官丁宝臣(字元珍)等人对欧阳修关爱有加,所以,在夷陵生活的时期反而成了欧阳修诗歌创作的一个高潮时期。因为夷陵一带正是长江三峡的出口,山高谷深,美景众多,所以欧阳修这个时期创作的山水诗居多。《戏答元珍》一诗,也是欧阳修最满意的诗作之一。全诗如下:

---

① (宋)欧阳修著,洪本健校笺:《欧阳修诗文集校笺》(上),居士集卷五。
② 王维知名的山水诗有《鸟鸣涧》:"人闲桂花落,夜静春山空。月出惊山鸟,时鸣春涧中。"

春风疑不到天涯,二月山城未见花。

残雪压枝犹有橘,冻雷惊笋欲抽芽。

夜闻归雁生乡思,病入新年感物华。

曾是洛阳花下客,野芳虽晚不须嗟。①

"春风疑不到天涯,二月山城未见花"两句诗有些夸张,实际上反映了欧阳修糟糕的心情,也蕴含了皇恩难到的含义。

"残雪压枝犹有橘,冻雷惊笋欲抽芽",未消的残雪压在橘树的枝条上,最亮眼的景色是在最高的枝头还挂着几颗去年秋天留下的橘子,连同高山、白云、残雪、枯枝一起,成为一幅美妙的静态的画面。那橘子又何尝不是贬谪中的欧阳修呢?初春时节,春寒料峭,一声带着寒意的惊雷把藏在土里的竹笋给惊醒了,飞快地拔节,长成参天的竹子。

"夜闻归雁生乡思,病入新年感物华"。二月,南雁开始北飞了,要飞回它们梦中的故乡,睡梦中的欧阳修被大雁的鸣叫声惊醒,何处是故乡呀?

所以"曾是洛阳花下客,野芳虽晚不须嗟",成为全诗完美的结尾。山中的野花迟早也要开放,欧阳修一定有东山再起的机会。

五、其他名诗

欧阳修最有代表性的山水诗,笔者认为还有多首,其一是欧阳修贬谪夷陵期间,写于宝元元年(1038)寄给梅尧臣的诗。

---

① (宋)欧阳修著,洪本健校笺:《欧阳修诗文集校笺》(上),居士集卷十一。

青山四顾乱无涯,鸡犬萧条数百家。

楚俗岁时多杂鬼,蛮乡言语不通华。

绕城江急舟难泊,当县山高日易斜。

击鼓踏歌成夜市,遨龟卜雨趁烧畲。

丛林白昼飞妖鸟,庭砌非时见异花。

唯有山川为胜绝,寄人堪作画图夸。①

　　清代纪晓岚评价该诗是七律中很工整的一首诗,尤其是最后一句收得好②,本来前十句都是饱含悲感的诗句,寄托欧阳修贬谪生涯的痛苦,但最后一句,给人一种暴风骤雨之后太阳突然从厚厚的云层中钻出来,光芒四射、照耀大地的强烈反差感,实际上寄托了欧阳修不为贬谪的处罚所吓倒,始终不放弃追求理想信念的愿望。

　　另一首诗是《送王平甫下第》,全诗内容如下:

归袂摇摇心浩然,晓船鸣鼓转风滩。

朝廷失士有司耻,贫贱不忧君子难。

执手聊须为醉别,还家何以慰亲欢。

自惭知子不能荐,白首胡为侍从官。

　　王平甫即王安石的弟弟王安国,少年时期就很有才华,但是,参加科举考试却屡屡下第。此诗为嘉祐四年(1059)所写,此时王安国三十五岁,又一次科举落第,心中惴惴不安。欧阳修是该年殿试的详定官,他也深知王安国的才华,但也无可奈何,"朝廷失士有司耻"一句,道尽了欧阳修悲哀的心情,"还家何以慰亲欢",则给人

---

① (宋)欧阳修著,洪本健校笺:《欧阳修诗文集校笺》(上)卷十一《寄梅圣俞》。
② (宋)欧阳修著,洪本健校笺:《欧阳修诗文集校笺》(上)卷十一《寄梅圣俞》。

无限的想象空间。王安国回家之后,何以面对妻儿、如何解释?

六、《六一诗话》

欧阳修在几十年的诗歌创作过程中,通过与梅尧臣、苏舜钦等许多前辈、同辈、晚辈以唱和、闲谈、切磋等方式的接触,一方面各自的诗歌创作水平不断提高,另一方面在前代诗歌评论已有成果的基础上,结合宋代理学思潮的发展,使他们关于诗歌评论的新观点也不断涌现。作为一代文宗,欧阳修到了晚年之后,意识到必须把这些新观点予以总结,以指导当时诗歌的创作,也为后代诗歌评论留下宝贵的遗产,于是有了《六一诗话》的创作。

《六一诗话》原名《诗话》,《六一诗话》这一名称,应为欧阳修去世后后人整理其文集所改,以区别于他人所做的"诗话"类同名作品。

《六一诗话》虽然只有短短的二十八则,但却开创了诗歌评论的新门类,所以后世仿效者颇多,在中国古代诗歌评论史上占有重要地位。

欧阳修在《六一诗话》中所使用的语言轻松、幽默,好像是两人或多人围绕诗歌闲谈后的记录和整理,读起来自然也轻松愉快。

比如,有些诗人像唐代诗人贾岛那样反复推敲语句,虽然也能够推敲出一些好的语句,但是欧阳修认为"贪求好句而理有不通,亦语病也"。他举了一个例子,有人推敲出来两句好诗,"袖中谏草朝天去,头上宫花侍宴归",委实是佳句,但是进谏必须是正规的章疏,没有直接用草稿的道理。他批评唐朝著名的诗人张籍的名诗中的名句"姑苏台下寒山寺,夜半钟声到客船",句子委实也很美,但是,三更天不是打钟的时候!①

---

① （宋）欧阳修著,李逸安点校:《欧阳修全集》卷一二八。

　　不过,欧阳修批评张继之语委实存在误解,唐、宋文人诗词中类似的语句不少,如唐代皇甫冉"夜半隔山钟"、白居易"半夜钟声后",南宋辛弃疾"老僧夜半误鸣钟,惊起西窗眠不得"①,可见南宋仍然有夜半钟声的行为。

　　二十八则内容中涉及好友梅尧臣的有八处。可见在欧阳修心目中,梅尧臣对宋诗发展所做出的贡献是很大的。

---

① (宋)欧阳修著,洪本健校笺:《欧阳修资料汇编》(下)。

第二节　欧阳修名词赏析

一、五代时期花间词派简介

词自唐初开始兴起,经历晚唐、五代时期的发展,已经达到美妙的境界。正如王国维说道:"词至李后主而眼界始大,感慨遂深,遂变伶工之词而为士大夫之词。"①李煜和南唐宰相冯延巳同为当时花间词派最重要的代表人物。

北宋初期,继承李煜和冯延巳花间词派的重要代表人物包括晏殊、晏几道父子和欧阳修。清代刘熙载认为晏殊继承了冯延巳词风格俊美的一面,欧阳修则继承了其含蓄的一面。

---

① 谢维扬、房鑫亮主编:《王国维全集》第 1 卷,浙江教育出版社,2009 年版。

二、欧阳修词赏析

唐圭璋编纂的《全宋词》收录欧阳修词二百六十八首,存目五十七首。①

俞平伯《唐宋词选释》一书,收录了欧阳修最具代表性的词六首,笔者选择其中的两首进行分析。

其一　踏莎行

候馆梅残,溪桥柳细,草薰风暖摇征辔。离愁渐远渐无穷,迢迢不断如春水。　　寸寸柔肠,盈盈粉泪,楼高莫近危阑倚。平芜尽处是春山,行人更在春山外。

这是一首抒写离别之情的词,极有可能是欧阳修明道二年(1033)春天所写。时年春天,二十七岁的欧阳修于东京出差办完事后,骑马南下到随州,看完年迈的叔父欧阳晔,然后于仲春时节开始了返回洛阳的行程。十七岁的妻子胥氏正身怀六甲,快要临产。二人结婚已经三年左右,恩爱有加。

其二　蝶恋花

庭院深深深几许,杨柳堆烟,帘幕无重数。玉勒雕鞍游冶处,楼高不见章台路。　　雨横风狂三月暮,门掩黄昏,无计留春住。泪眼问花花不语,乱红飞过秋千去。

---

① 唐圭璋编纂,王仲闻参订,孔凡礼补辑:《全宋词》。

这是一首描写闺怨的词。上阕写景,下阕写情。

上阕首先描述女人生活的压抑环境,"庭院"深深深"几许",连李清照都佩服此处叠字之妙用,她在《临江仙》词序中说道:"欧阳公作《蝶恋花》,有'深深深几许'之句,予酷爱之,用其语做'庭院深深'数阕。"①暮春三月早晨,院里的杨柳树也被浓重的雾气笼罩,自然没有了景致。独处高楼的女子,向丈夫经常游冶的地方看去,哪里才能看见他的身影?

下阕写情,暮春时节,美妙的春光即将过去,谁也留它不住。雨横风狂,黄昏时刻过后,又是一个绵绵的、不寐的长夜。女人盼着男人回来,可是,这种盼望可能是绝望,女人深切地感到自己的命运如暮春时节被狂风骤雨吹过的花一样。

三、欧阳修写艳词问题分析

像宋代周邦彦、柳永等词人一样,欧阳修也曾经写过不少艳词,这些艳词成为他被政敌拿来陷害、侮辱他及家人的武器。笔者仔细阅读《全宋词》中欧阳修的所有作品,发现这两首词最有可能是政敌诬陷他的利器。

其一 忆秦娥

十五六,脱罗裳,长恁黛眉蹙。红玉暖,入人怀,春困熟。 展香裀,帐前明画烛。眼波长,斜浸鬓云绿。看不足。苦残宵、更漏促。

---

① 唐圭璋编纂,王仲闻参订,孔凡礼补辑:《全宋词》(二)。

其二　望江南①

江南柳,叶小未成阴。人为丝轻那忍折,莺嫌枝嫩不胜吟。留著待春深。

十四五,闲抱琵琶寻。阶上簸钱阶下走,恁时相见早留心。何况到如今。

没有血缘关系的外甥女张氏在欧阳修家生活的时候,还不到十五六岁,且案发之前是从江南远道而来。政敌从欧阳修众多的词中,找到了这两首艳词,诬陷欧阳修在张氏十五六岁时就和他有不正当关系。手段何其毒辣。

其实,在宋代,包括徽宗、高宗在内的皇帝,都写过艳词。只不过在官僚、文人于正规场合的交往中,诗和文是交往的媒介。但是,在非正规场合,文人往往会写一些艳词,让歌女来演唱,有些艳词甚至很快火爆东京等城市,以博大众一笑,释放一下内心的紧张、苦闷等负面情绪。

四、李清照对欧阳修词的评价

李清照在《词论》一文中,专门评价过北宋一朝的著名词人:"晏殊、欧阳修、苏轼等,学问如司马迁,究天人之际,他们创作的小歌词,就像在大海中取一瓢水一样,轻而易举。然而这些词本质上都是句读不工整的诗,还往往不合音律。"②为什么出现这种情况呢? 原来诗文分平声仄声,而歌词则分宫、商、角、徵、羽五音,又分阴平、阳平、上、去、入五声,又分黄钟、太簇、姑洗、蕤宾、夷则、无射六律,又分清音和浊音、轻音和重音。比如,《声声慢》《雨中花》《喜迁莺》既押平声韵,又押入声韵。《玉楼春》本押平声韵,又押上、去声,又押入声。本押仄声韵的,如押上声则协

---

① 唐圭璋编纂,王仲闻参订,孔凡礼补辑:《全宋词》。

② 王仲闻校注:《李清照集校注》卷三《词论》,人民文学出版社,1979 年版。

律;如押入声,就不能歌唱了。这些专业的术语,今天研究宋词的学者能够搞明白的,委实太少了。

　　欧阳修等对于当时音乐的乐律,也是半懂不懂,所以在李清照看来,他不是严格的词人。宋代真正懂乐律的词人,只有柳永、周邦彦、姜夔、李清照数人。当然,以宋代以来的词人及研究者看来,如果完全依照乐律来作词,约束就太严格了。在如此严格的创作"戒律"下,就不会出现欧阳修、苏轼、辛弃疾等宋词大家了,宋词也不会成为宋代文学最辉煌的成就。

丰而不余一言　约而不失一辞

——散文大家

　　改朝换代的仪式可以一日完成，但是，文学的革新却是一个漫长的渐变的过程。欧阳修入仕之时，距离赵宋开国正好七十年。从太祖朝就开始倡导文治的赵宋，历经太宗、真宗两朝的努力，到了仁宗朝的中期，已具备了文学大变革的主要条件。在此大背景下，欧阳修成为文学革新的领军人物，而其所取得的成就及引领作用，无愧于一代文宗的称号。

　　在官本位盛行的时代，本来治国平天下才是欧阳修人生最大的目标，但是，欧阳修一生最大的成就，却是在文学上。欧阳修是那个时代的文坛领袖。

第一节　古文运动的兴起与高涨

　　春秋战国时期,孟子散文以雄辩闻名,庄子的散文以汪洋恣肆见长,对当时及后世都产生了很大的影响。两汉时期,司马相如、张衡等文学家的"赋",也写得如水银泻地。但是,魏晋南北朝时期,随着国家的大分裂,文学领域流行的"骈文",大多都是堆砌辞藻、内容空洞。这种影响一直持续到唐代中期。鉴于此,韩愈和柳宗元等,大力主张扭转这种颓废的文风,写言之有物、风格清新的文章。韩愈的《师说》《祭十二郎文》①和柳宗元的《捕蛇者说》②等作品,直到今天还是中学教材中不可缺少的范文。

　　但是,韩愈、柳宗元去世之后,从晚唐、五代到宋初,四六体的骈文又开始盛行,以杨亿、刘筠最为著名。士人竞相仿效他们的文风,其特点是内容单薄、感情造作、辞藻堆砌。柳开、穆修等人开始批判这种问题,掀起了古文运动,力图恢复韩愈、柳宗元等所倡导的文风,但是批判多而建设少。真正有建树的是王禹偁,他的《待漏院记》《黄冈竹楼记》③被载入《古文观止》一书。但是,古文运动直到欧阳修高举大旗,将苏洵、苏轼、苏辙、曾巩、王安石等招致旗下,文风才彻底改观。欧阳修开创了一代平易自然、流畅婉转的文风,这是他对中国散文史的突出贡献。

---

① 　(清)吴楚材、吴调侯选:《古文观止》(下),中华书局,1959 年版。
② 　(清)吴楚材、吴调侯选:《古文观止》(下),中华书局,1959 年版。
③ 　(清)吴楚材、吴调侯选:《古文观止》(下),中华书局,1959 年版。

第二节　欧阳修的散文名篇

欧阳修有宋代韩愈之称。少年时期在随州生活时期，曾在李家故纸堆中发现一部残缺不全的《韩愈文集》，如获至宝，便借回家阅读。为了鼓励欧阳修能够寒窗苦读，将来出人头地，母亲郑氏和叔父欧阳晔在欧阳修懂事之后，就不断给他讲韩愈在三岁就成为孤儿的情况下，通过读书成为唐朝杰出的政治家、文学家。为了让他加深对韩愈的了解，欧阳晔又给他讲一些韩愈的诗文。尽管年幼的欧阳修对于韩愈的诗文半懂不懂，但是《师说》《马说》两篇散文，欧阳修很快就能倒背如流，尤其是其中的金句。比如《师说》中引用的孔子的话"三人行，必有我师焉"，《马说》中的"世有伯乐，然后有千里马。千里马常有，而伯乐不常有"，欧阳修更是对此感慨颇深。

欧阳修留下了许多脍炙人口的散文名篇，他本人也是唐宋八大散文家中最有成就的。苏洵、苏轼、苏辙、王安石、曾巩都是他的门生。他们的文学成就，和欧阳修的积极引领、大力提携绝对分不开。

以下用心态史学和文学相结合的方法，深度分析欧阳修的三篇经典散文。

一、《醉翁亭记》的写作

《醉翁亭记》一文,写于庆历六年(1046),欧阳修知滁州期间,时年欧阳修刚刚四十岁。

为了让读者能够比较透彻地赏析该文,先将文章全录如下:

> 环滁皆山也。其西南诸峰,林壑尤美,望之蔚然而深秀者,琅玡也。山行六七里,渐闻水声潺潺而泻出于两峰之间者,酿泉也。峰回路转,有亭翼然临于泉上者,醉翁亭也。作亭者谁?山之僧智仙也。名之者谁?太守自谓也。太守与客来饮于此,饮少辄醉,而年又最高,故自号曰醉翁也。醉翁之意不在酒,在乎山水之间也。山水之乐,得之心而寓之酒也。若夫日出而林霏开,云归而岩穴暝,晦明变化者,山间之朝暮也。野芳发而幽香,佳木秀而繁阴,风霜高洁,水落而石出者,山间之四时也。朝而往,暮而归,四时之景不同,而乐亦无穷也。至于负者歌于途,行者休于树,前者呼,后者应,伛偻提携,往来而不绝者,滁人游也。临溪而渔,溪深而鱼肥。酿泉为酒,泉香而酒洌。山肴野蔌,杂然而前陈者,太守宴也。宴酣之乐,非丝非竹,射者中,弈者胜,觥筹交错,起坐而喧哗者,众宾欢也。苍颜白发,颓然乎其间者,太守醉也。已而夕阳在山,人影散乱,太守归而宾客从也。树林阴翳,鸣声上下,游人去而禽鸟乐也。然而禽鸟知山林之乐,而不知人之乐。人知从太守游而乐,而不知太守之乐其乐也。醉能同其乐,醒能述以文者,太守也。太守谓谁?庐陵欧阳修也。

从庆历五年(1045)十月欧阳修带着满身创伤来到滁州,到创作《醉翁亭记》,差不多一年的时间。在洛阳生活时期,不到三十岁的欧阳修,却号称"达老"。在夷陵,自称"迁客",显然是贬官之意。其中暗含之意是,夷陵只是三十岁的欧阳修人生中的一个驿站,前边的道路还很远。而今,刚刚四十岁的欧阳修,却要以"醉翁"的戏称,扬名于社会,而且这个戏称,一直到熙宁三年(1070)欧阳修六十四岁时,才被带有佛教含义的"六一居士"取代。这种戏称的背后,"其实极可能表达一种潜在的、隐藏的、无法直言或者不愿明白道出的心意"①。

《醉翁亭记》一文,核心是两个字,"醉"与"乐"。

庆历新政失败,尽管保守派弹冠相庆,可欧阳修深知,大宋内在的矛盾还在一步步加深。虽然离开了京师,离开了权力的中心,但欧阳修对国运的担忧,非但没有减少,反而与日俱增。他在庆历五年(1045)给韩琦的两封信中,两次写"终日尸禄,未能报国"②。在给翰林学士曾公亮的信中写"本贪报国,招仇取祸"③,拳拳之心,溢于言表,进也忧、退也忧。

政敌对他的陷害,导致母亲郑氏和夫人薛氏也一度处于惊恐万状之中。薛氏正怀有身孕,所幸次子欧阳棐于该年春天平安降生。但是,长女欧阳师却于夏天夭折,欧阳修夫妇和母亲郑氏五内俱焚。

在这种处境之中,欧阳修有时候只能喝一点酒来麻醉一下自己的神经。但是肩上的责任太重了,大宋的国运还得由改革派来承担,还需要许多先天下之忧而忧的志士。《醉翁亭记》一文中,显见太守欧阳修是主人,他人皆是客。但是,文中不见主人应有的欢笑及与客人的打闹、逗趣,只见一位"醉"者隐隐的焦虑与忧伤,其原因就在于此。

文中所言之"乐",包括太守之乐和民众之乐。除了来自家庭的快乐之外,欧阳修在给韩琦的信中谈及修筑"丰乐亭"带来的快乐,其快乐既在于修筑过程中那种创造美的快乐,也在于给民众创造了娱乐的场所,与民同乐,"岂胜欢欣"④。而滁州

---

① 陈湘琳:《欧阳修的文学世界与生命情结》。
② (宋)欧阳修著,李逸安点校:《欧阳修全集》卷一四四。
③ (宋)欧阳修著,李逸安点校:《欧阳修全集》卷一四五。
④ (宋)欧阳修著,李逸安点校:《欧阳修全集》卷一四四。

美丽的山水,也让欧阳修陶醉。

庆历六年(1046)寒食节,欧阳修在滁州城的城墙上眺望一会儿,便算作春游。而丰乐亭建成后,民众有了一个游玩的好地方。而在同一时期写的《丰乐亭记》中,欧阳修还从历史的角度,引导民众思考快乐的源泉。五代十国时期的滁州,"干戈之际,用武之地",而今民众"安于畎亩衣食,以乐生送死",但是,又有多少人知道"上之功德,休养生息,涵煦于百年之深"①的缘故。欧阳修自己一家的幸福,又何尝不是这个缘由。这样,文章的格调一下子达到空前的高度。

如果说欧阳修的"乐"是一种理性的"乐",那么他的"醉"也可能是一种虚拟的写法。

《醉翁亭记》所塑造的,其实是一个对天下趋势、世态人情,还有生命感悟比任何时候都要清醒和强烈的,一个潜藏着深层忧患与愤慨的儒者、士人。

《醉翁亭记》一文,即使在欧阳修生前,影响已经空前。朱熹在一篇文章中记载:"醉翁亭在琅玡山一座寺院的侧方,后来有人把欧公《醉翁亭记》一文,刻在寺院旁边的石碑上,很快成为寺院旁边的风景点,远近争传,来拓此文的拓片。僧人说寺院的仓库里有毡子,都被客人用去做拓片的拓包了,最后没办法了,连僧人床上的毡子也用了。凡是来布施的商贾,都要求多送几个拓片,僧人问他们干什么用,都说过税关时送给收税官员后,可以免税。"②

《醉翁亭记》一文传到东京后,太常博士、曲作家沈遵特意跑到滁州,拜访欧阳修,见琅玡山水确如欧阳修妙笔所绘,就动了兴致,觉得很有必要把此文的意思用曲表达出来,于是创作了一支宫声三叠的琴曲《醉翁吟》。曲子传出去后,很快在文人雅士中传播开来,他们一边听着曲子,一边根据曲调想象着琅玡山的山水美景。

至和二年(1055)秋天,欧阳修奉诏出使辽国,沈遵在恩州(治今河北省清河县)和冀州(治今河北省冀州市)之间的一个驿站,碰巧见到了欧阳修,二人很是高兴,

---

① 　(宋)欧阳修著,洪本健校笺:《欧阳修诗文集校笺》(中),居士集卷三十九。
② 　(宋)欧阳修著,李逸安点校:《欧阳修全集》附录卷二。

置酒相贺。酒酣耳热之时，沈遵操琴为欧阳修等人演奏《醉翁吟》，众人听得如痴如醉。一曲终了，沈遵请求欧阳修为此曲作词，欧阳修爽快地答应了，于是让随从们磨墨取纸。欧阳修思考了一会儿，提笔开写，名曰《醉翁吟》①，全词内容如下：

> 始翁之来，兽见而深伏，鸟见而高飞。翁醒而往兮，醉而归。朝醒暮醉兮，无有四时。鸟鸣乐其林，兽出游其蹊。咿嘤啁哳于翁前兮，醉不知。有心不能以无情兮，有合必有离。水潺潺兮，翁忽去而不顾。山岑岑兮，翁复来而几时？风袅袅兮山木落，春年年兮山草菲。嗟我无德于其人兮，有情于山禽与野麋。贤哉沈子兮，能写我心而慰彼相思。

但是，据苏轼后来记载，该词与琴声不合。欧阳修去世后三十多年，沈遵也已经去世，庐山玉涧道人崔闲是操琴高手，又谱了新曲，请苏轼写了新词。②

二、《秋声赋》的写作

（一）写作背景

赋是介于诗歌与散文之间的一种文学体裁，且兼具二者的特点。自唐代以来，科举考试一直考赋，欧阳修初次在随州参加科举考试的题目就是《左氏失之诬论》。后来出现了赋的改良形式，打破了固定的押韵和严格的对仗，加入了大量散文化的语句，偶尔使用押韵。赋向散文的转化，主要成于欧阳修和苏轼之手。这种新的题材被称为"文赋"，保留了一些诗歌的风格，又增加了散文的叙述与阐释功能。

---

① （宋）欧阳修著，洪本健校笺：《欧阳修诗文集校笺》（上），居士集卷十五。
② （宋）欧阳修著，洪本健校笺：《欧阳修诗文集校笺》（上），居士集卷十五。

《秋声赋》写于嘉祐四年(1059)的深秋,地点为东京的深夜,时年欧阳修五十三岁,已经过了知天命之年。在欧阳修所有传世散文中,虽然《醉翁亭记》的影响最大,但就思想性而言,《秋声赋》所蕴含的思想最深刻。《秋声赋》首先反映的是欧阳修关于生命的哲学的高度认识,其次才是忧国忧民的情怀。该文的写作,可能萌芽于庆历五年(1045)九月底,欧阳修一家由北方前往滁州。途中,时值深秋,欧阳修赋诗一首,表达内心的感受:

> 阳城淀里新来雁,趁伴南飞逐越船。
>
> 野岸柳黄霜正白,五更惊破客愁眠。①

随着年龄的增长,人生阅历的增加,欧阳修逐渐产生人生暮年、无限悲凉的感觉,到嘉祐四年深秋的某夜,此文才彻底酝酿成熟,欧阳修一挥而就,这也成为欧阳修的代表作。

为了使读者能够赏析此文所流露出的人生悲壮之美,特将全文摘录如下:

> 欧阳子方夜读书,闻有声自西南来者,悚然而听之,曰:"异哉!"初淅沥以萧飒,忽奔腾而澎湃,如波涛夜惊,风雨骤至。其触于物也,鏦鏦铮铮,金铁皆鸣。又如赴敌之兵,衔枚疾走,不闻号令,但闻人马之行声。
>
> 予谓童子:"此何声也? 汝出视之。"
>
> 童子曰:"星月皎洁,明河在天,四无人声,声在树间。"
>
> 余曰:"噫嘻悲哉! 此秋声也,胡为而来哉? 盖夫秋之为状也:其色惨淡,烟霏云敛。其容清明,天高日晶。其气栗冽,砭人肌骨。其意萧条,山川寂寥。故其为声也,凄凄切切,呼号愤发。丰草绿缛而争茂,佳木葱茏而可悦。草拂之而色变,木遭之而叶脱。其所以摧败零落者,乃其一气之余烈。夫秋,刑官

---

① (宋)欧阳修著,李逸安点校:《欧阳修全集》卷十一《自河北贬滁初入汴河闻雁》。

也,于时为阴。又兵象也,于行用金,是谓天地之义气,常以肃杀而为心。天之于物,春生秋实,故其在乐也。商声主西方之音,夷则为七月之律。商,伤也,物既老而悲伤。夷,戮也,物过盛而当杀。"

"嗟乎! 草木无情,有时飘零。人为动物,唯物之灵。百忧感其心,万事劳其形。有动于中,必摇其精。而况思其力之所不及,忧其智之所不能。宜其渥然丹者为槁木,黟然黑者为星星。奈何以非金石之质,欲与草木而争荣? 念谁为之戕贼,亦何恨乎秋声!"

童子莫对,垂头而睡。但闻四壁虫声唧唧,如助予之叹息。

(二)文本的深度分析

这篇文章透出深深的悲凉。欧阳修何以会滋生出这种悲凉意识呢? 笔者认为,这是由多种因素酿就的。

嘉祐三年(1058)六月,朝廷任命欧阳修权知开封府,欧阳修在给朋友的信中写道:"实非所能,亦非所乐,又非所堪。"①欧阳修接到任命之后,推辞不掉,只好接受。

大宋开封知府的遴选,肯定不同于其他所有的府,标准相当高,"既要对皇帝忠诚,又要有高的文化素养和政治工作能力"②。欧阳修的朋友范仲淹、蔡襄、包拯先后知开封府,政绩都很不错。

同年冬天,欧阳修的身体状况愈加糟糕,而开封府的各项事务又非常繁杂。欧阳修在给好友王陶的信中写道:"此前十年,从没有晚上还在灯下批阅文书,现在则每天晚上在灯下批阅数十张文书。"③这对患了多年眼疾的欧阳修而言,无疑是一种折磨。这年的冬天特别寒冷,且雨雪交加,嘉祐三年(1058)闰腊月二十五前后,下了一场暴雪。梅尧臣在一首诗中写道:"三尺没腰雪,京华频岁无。高低相掩覆,窈

---

① (宋)欧阳修著,李逸安点校:《欧阳修全集》卷一四七。
② 周宝珠:《宋代东京研究》,河南大学出版社,1992年版。
③ (宋)欧阳修著,李逸安点校:《欧阳修全集》卷一四七。

隙似封糊。"①这么大的雪,对于宋代的开封而言,自然罕见。朝廷准备于上元节在东京城举办大型的赏灯节。欧阳修表示反对,他说道:"罕见的寒冬和罕见的大雪,直接导致许多小民失业,街上开张的店铺极少,每天都有人来开封府报告发现有冻死街头的人,御寒的木料和煤炭,由于对外交通几乎断绝,价格暴涨。活不下去的人,干脆投河、投井自杀,一死了断。这种情况下,有几个人还有赏灯的心思?"朝廷接受了他的建议。

对书生型的官员欧阳修而言,官位的不断高升,带给他的不尽是快乐,有时候反倒是烦恼、痛苦更多一些。欧阳修在给王素的信中写道:"动有嫌忌,无复纵适,殊无欢意。"②写于嘉祐四年(1059)的诗中,也多有反映:"君不见人心百态巧且艰,临危利害两相关。朝为亲戚暮仇敌,自古常嗟交道难。"③"抱雏出卵翅羽成,岂料一朝还反目。"④欧阳修尽管没有写此类事情的细节,但可以看出他常常是受伤害的一方。

嘉祐四年(1059),御史台官员空缺,仁宗让同为翰林学士的孙抃、胡宿和欧阳修共同举荐两名候选人。此前出现这种现象时,只要有一名翰林学士举荐即可,现在却让他们共同举荐,欧阳修认为是对他的不信任,于是以才识愚暗为由拒绝,且提出以后再有此种现象,他照样不参加,请朝廷还照过去的规矩来,只让孙抃、胡宿单独举荐即可。可见欧阳修在此问题上,非常生气,认为大伤自尊。⑤

欧阳修是一个喜欢热闹的人,在写给朋友的信中,屡屡写到孤独之感,责怪王素、冯京、王陶等朋友好长时间不给自己写信,恳请他们抽空多给自己写信。赵概外出做官、韩绛成为御史大夫后,他觉得更加孤独。夫人薛氏虽然和他感情很好,儿孙辈对他也不错,但是,他们和他深层次的沟通却达不到。

① (宋)梅尧臣著,朱东润编年校注:《梅尧臣集编年校注》卷二十八。
② (宋)欧阳修著,李逸安点校:《欧阳修全集》卷一四六。
③ (宋)欧阳修著,洪本健校笺:《欧阳修诗文集校笺》(上),居士集卷七《鸣鸠》。
④ (宋)欧阳修著,洪本健校笺:《欧阳修诗文集校笺》(上),居士集卷七《鸣鸠》。
⑤ (宋)欧阳修著,李逸安点校:《欧阳修全集》卷一一二。

嘉祐四年（1059）正月，欧阳修在致友人的信中不断言及自己的病情。他在致知成都府王素的信中写道："自去年秋冬以来，由于天气极度寒冷，好像浑身都有病。特别是眼病，一见光、一刮风就流泪，且眼底疼痛。左臂抬都抬不起来，亏得是左臂，要是右臂的话，就无法干活了。腿脚行走，也愈加缓慢，夫人薛氏也不断犯病。在此背景下，三次向朝廷上札子请求改知洪州，众位宰执害怕朝臣的议论，不敢答应，那意思就是宁让我不便，也不能因为我给朝廷添乱子，奈何奈何！请求解除知开封府的职务、不去洪州也不可以。痛苦呀痛苦，不能在信中多写。"①在给吴育的信中写道："左眼睑上生一疮，牵连得右眼也疼，且疼痛难忍，整日整日得疼。"②夏天，欧阳修在致知郓州赵概的信中又一次谈及自己的病情："今年夏天又遇到罕见的酷暑，青壮年都感到苦不堪受，对于早衰多病的老人而言，可想而知。又忽得哮喘病，喘起来简直有要死的感觉，无奈何请了十天的假，刚上了几天班，病又犯了，只好再次告假，卧床休息，情绪也难以控制。"③酒是万万不能喝了，听到王素每天能喝十几杯酒，只能羡慕。欧阳修对家人戏言道："近日人脆，事需过访。"④意思是身体愈加脆弱，闹不好需要早早预料后事。

年节过后，欧阳修接连向朝廷上了三道札子，要求辞去权知开封府的职务，出知家乡所在地的洪州。二月初三，朝廷终于同意免去欧阳修权知开封府的职务，改为给事中、同提举在京诸司库物，欧阳修好像从牢笼中被释放一样。

到了秋天，随着天气转凉，欧阳修的病情逐渐好转。《新唐书》的编纂，基本上完成。又多次向朝廷提出知洪州的请求。

嘉祐三年（1058）四月十五日，庆历五年（1045）的参知政事吴育去世，享年五十五岁。庆历新政期间，吴育也是改革派的主要人物，吴育的弟弟吴充与欧阳修是儿女亲家，按照宋代的礼仪，吴育与欧阳修也以亲家相称，他的墓志铭，自然也由欧阳

---

① （宋）欧阳修著，李逸安点校：《欧阳修全集》卷一四六。
② （宋）欧阳修著，李逸安点校：《欧阳修全集》卷一四五。
③ （宋）欧阳修著，李逸安点校：《欧阳修全集》卷一四六。
④ （宋）欧阳修著，李逸安点校：《欧阳修全集》卷一四八。

修来做。①

同年八月二十一日,仁宗天圣五年(1027)科考状元王尧臣因病去世,享年五十六岁。嘉祐四年(1059)八月,安葬王尧臣之前,欧阳修为其写了墓志铭。②

吴育和王尧臣,都是人品、才能俱佳的能臣。这二人的英年早逝,既是国家的损失,也是家族的悲哀。作为朋友,为他俩作墓志铭,是欧阳修义不容辞的责任和义务。但是,实事求是地说,这对于身患多种疾病的欧阳修而言,是个艰巨的任务。③

欧阳修日益糟糕的身体状况,官场的险恶,吴育和王尧臣的英年早逝,是他滋生生命悲凉意识的重要原因,也是他与韩绛等人于嘉祐四年(1059)相约于五十八岁提前致仕的原因。

庆历新政失败后,北宋政府高层基本上达成默契,即使范仲淹、欧阳修等贬官复职且升迁之后,大家只在一些枝节问题上做文章,谁也不谈体制的变革问题。嘉祐元年(1056)、二年(1057),欧阳修两次上疏请求仁宗早日解决皇储问题,却与其他大臣的上疏一样,如泥牛入海。国本问题久拖不决,使欧阳修对宋的国运忧心忡忡。

在嘉祐四年(1059)的《论史官日历状》④中,欧阳修以国史为例,指出近年以来史官制度中存在着大量严重问题。大宋国史的编修,以宰相监修、翰林学士修撰,不可谓不重视。但是近年以来,实际上是认认真真地在走过场,国史的撰写过于简略,大量的重要事情被遗漏。其原因在于史官只是根据有关部门上交的材料来撰写,不敢写上自己的所见所闻。时政记本来应该全面记录皇帝的言行、大臣的重要奏议。但是,都不记录。本来这类史书写好之后,不应该由在位的君主阅读,可修

---

① (宋)欧阳修著,洪本健校笺:《欧阳修诗文集校笺》(中),居士集卷三十二。

② (宋)欧阳修著,洪本健校笺:《欧阳修诗文集校笺》(中),居士集卷三十二。

③ 2011年正月,受某部门的委托,需要整理一百多幅魏晋南北朝时期的墓志铭,上年腊月十二,母亲去世,所以晚上整理墓志铭时期,墓志铭中那些悲凉的语句,常常让我泪流不断。

④ (宋)欧阳修著,李逸安点校:《欧阳修全集》卷一一一。

好之后，却要进副本让其阅读，导致史官即使想写一些东西也不敢写。史官投入大量精力于很久以前历史的编写，无暇顾及刚刚过去的历史的撰写，这样下去，史官永远没有做称职史官的机会。因此，欧阳修建议必须改变这种局面，记载官员升迁，要写明他升迁前的政绩；官员被贬，要写明被贬的具体原因，这样才能起到扬善抑恶的作用。

实际上，大宋由于"三冗"问题导致的各方面问题都很严重。五十三岁的欧阳修鉴于庆历新政失败的教训，再也不敢考虑用体制方面的变革去解决危机，只是考虑如何修修补补。韩琦也是此种想法，富弼更是沦为彻底的保守派。

国运如此，欧阳修感到了深秋般的悲凉，但也无可奈何。

三、《卖油翁》浅析

(一)《卖油翁》的撰写及影响的扩大

《卖油翁》这则短文，最初载入欧阳修的《笔说》，后又反复修改，载入《归田录》。1916 年，林景亮在编辑《评注古文读本》时，选中了欧阳修的《卖油翁》。从此，熟能生巧的卖油翁形象，进入了一代代少年儿童的启蒙读物中。

其实，《卖油翁》一文并不是在宣传熟能生巧的故事，而是包含着非常复杂的微言大义。

先将该文摘录如下：

> 陈康肃公尧咨善射，当世无双，公亦以此自矜。尝射于家圃，有卖油翁释担而立，睨之，久而不去。见其发矢十中八九，但微颔之。
>
> 康肃问曰："汝亦知射乎？吾射不亦精乎？"翁曰："无他，但手熟尔。"康肃忿然曰："尔安敢轻吾射！"翁曰："以我酌油知之。"乃取一葫芦置于地，以钱覆

其口，徐以杓酌油沥之，自钱孔入，而钱不湿。因曰："我亦无他，唯手熟尔。"康肃笑而遣之。

此与庄生所谓解牛斫轮者何异？

唐代文人中的尚武习俗还比较浓厚，这在岑参、高适等边塞派诗人的作品中可以窥见一二。五代时期，战乱频仍，文武兼备的人才更容易脱颖而出。赵宋建国后，武将出身的赵匡胤也喜欢文武兼备的大臣。从宋太宗统治的中期开始，赵宋"仰文抑武"的祖宗家法开始走向高潮。

陈尧咨中状元的时期正好是真宗继位的第三年。作为来自四川的新科状元，他从小就非常喜欢射箭，射箭的技术颇高。陈尧咨踏入仕途后，显得颇为另类，仍然喜欢射箭。

陈尧咨的历史形象在南宋李焘编纂的《续资治通鉴长编》和元末脱脱主编的《元史》中都以不良的面目出现。前书记载他惩治豪强的手段非常残忍，一副酷吏的模样。后者记载他知永兴军期间，对同僚甚至高于自己的同僚盛气凌人。

欧阳修比陈尧咨整整晚一代。嘉祐二年（1057）欧阳修知贡举，得到了苏轼、苏辙、曾巩等大才，更令人惊奇的是，新科状元章衡同时是个射箭高手。章衡后出使辽国期间，和擅长射箭的契丹人比射，不相上下，契丹人大为惊奇，对章衡的招待，也优于其他宋朝使节。

所以，欧阳修写《卖油翁》的根本目的，是要提醒章衡这样的士人，陈尧咨射箭的绝技和卖油翁倒油的超水准，在"仰文抑武"的大宋，都是雕虫小技，陈尧咨更不是学习的榜样，应该像他和范仲淹、韩琦一样，以天下为己任，学习治国平天下的"大道"，这样才能青史留名。

殊不知一味"仰文抑武"的赵宋，虽然成功地防范了武将势力的膨胀带来的内在的风险，但却削弱了综合国力中军事方面的软实力，埋下了被北方游牧民族以强大的军事实力灭亡的祸根。这却是作为文人的欧阳修所认识不到的。

（二）陈尧咨与欧阳晔之间的是是非非

陈尧咨是宋真宗咸平三年（1000）的科考状元，与"一门三进士"的欧阳氏兄弟是科考同年，宋代士大夫大多非常重视和维护这种同年关系。

陈尧咨担任江陵府知府时，欧阳晔是江陵府的掌书记①。陈尧咨有高官显宦的背景，哥哥陈尧叟是宋太宗端拱二年（989）的科考状元，另外一个哥哥陈尧佐是同年进士，都曾经担任过宰执②。连欧阳晔这样的同年，陈尧咨也不放在眼里，完全不考虑当时同年关系应该互相关照的潜规则。欧阳晔对陈尧咨的这种做法非常讨厌。一次，陈尧咨用自己的私钱冒充官钱购买黄金，让属下的一个吏员拿着帖子让其他官员签字，欧阳晔叱问那个吏员并说道："官府购买黄金，必须有正规的文书！"拒绝在帖子上签名。陈尧咨虽然心里痛恨欧阳晔，但也不敢公开为难，于是勾结荆湖北路的转运使③，让欧阳晔到鄂州（治今湖北省武汉市）辖下偏僻的崇阳县（今湖北省崇阳县）做官。崇阳属于典型的刁民众多的难治地区，欧阳晔到任后，很快处理了百余起历史遗留积案，大得民心，其中一件最复杂的案件是王明与李通这对同母异父的兄弟争夺财产案。欧阳晔仔细查看以往的案宗并询问所有当事人后，很快找到了此案的关键所在，迫使李通将应该属于王明的财产归还王明，王明的生计问题得以解决，李通也心服口服。

欧阳晔和陈尧咨这对科举同年之间的不愉快往事，欧阳晔生前一定告诉了侄子欧阳修。于是欧阳修根据陈尧咨的一件往事写了一篇小文《卖油翁》，编入《归田录》，表面上是把陈尧咨这个射箭高手的射技与"庖丁解牛"相提并论，赞其熟能生巧，实际上在宣传赵宋"仰文抑武"的祖宗家法，背后估计还有叔父欧阳晔与陈尧咨那桩成年往事的因素考虑。

---

①　负责文牍、奏记，备顾问的幕僚。

②　宋代宰相与执政官的统称，执政官包括副宰相和枢密院的枢密使、枢密副使。

③　路是宋代地方最高一级的行政机构。转运使负责该路的财政、司法和监督大权。江陵府和鄂州当时都归荆湖北路管辖。

第三节　笔耕不辍的欧阳修

欧阳修一生勤奋,除做官外,在文学、史学、经学、金石学等方面都有惊人的成就,这与其超人的、持之以恒的努力绝对分不开。他曾经对谢绛说道:"余平生所作文章,多在三上,马上、枕上、厕上。"①后世文人记载,欧阳修的写作习惯是"作文既毕,贴之墙壁,坐卧观之,改正尽善,方出以示人"。朱熹评《醉翁亭记》一文中写道:"欧公文字亦多是修改到妙处。……初说滁州四面有山凡数十字,末后改定,只曰'环滁皆山也',五字而已。"

孙莘老曾经问欧阳修怎样才能写出好文章,欧阳修回答道:"没有诀窍,勤读书勤写文章,自然就会有生花妙笔。许多人光盼望写一篇妙文,然后名满天下,又不愿多读书,岂有此理。文章的毛病,不用等别人来指出,写得多了,自己就感觉出来了。"②

宋代文人之间有时候喜欢开玩笑。潘永因《宋稗类钞》卷五记载一件事,欧阳修向刘敞询问唐代的一个典故,刘敞详细作答后,回家对家人说道:"好个欧九!极有文采,可惜读书太少。"苏轼听说后说道:"如果确实这样,吾辈更不敢说自己读过

---

① （宋）欧阳修著,李逸安点校:《欧阳修全集》卷一二七。

② （宋）苏轼著,《记欧阳公论文》曾枣庄、刘琳主编《全宋文》（第44册）,卷一九七一,第937页。

多少书了。"①事实上,刘敞比欧阳修小十二岁,又一向尊敬欧阳修,即使面对家人,开这种玩笑的可能性也几乎没有。

欧阳修文章写好后,不仅自己反复修改,还非常注意听取他人的修改意见。熙宁三年(1070)十月,欧阳修写完《岘山亭记》,让章惇看。章惇读到"元凯(西晋著名军事家杜预的字)铭功于二石,一置兹山,一投汉水",对欧阳修说道:"'一置兹山,一投汉水'亦可,然终是突兀,不如改为'一置兹山之上,一投汉水之渊'。"②欧阳修听后,觉得这种修改很好,最终按照章惇的意见做了修改。

欧阳修写文章、修改文章都非常严谨。晚年,他编选自己的文集《居士集》,一篇文章的弃或取,往往考虑几十遍;有的文章,甚至考虑一整天,也难以做出决定。有一夜适逢大寒节气,一年中最冷的时候,欧阳修烛下看书到夜半时分,薛夫人看到后,心疼地走过来说道:"大寒天气,正是养生关键的时候,您年纪也大了,应该早睡,为什么不爱惜自己的身体呢? 况且是自己以前的作品,用得着反复修改吗? 难道是害怕朋友们发现毛病,所以慎之又慎吗?"欧阳修听后慢慢说道:"我岂止害怕朋友笑话,也怕后人笑话呀!"③

————————

① (宋)欧阳修著,洪本健校笺:《欧阳修诗文集校笺》(下),外集卷十九。欧九是欧阳修在家族兄弟中的排行。

② 王铚著,朱杰人点校:《默记》卷下,中华书局,1981 年版。

③ 马端临:《文献通考》卷六十一《经籍考》,中华书局,1986 年版。

在齐太史简　在晋董狐笔

——史学成就

　　宋代统治者非常重视史学在社会发展中的作用，宋朝成为中国古代史学史上官史、私史都很发达的时期。

　　欧阳修独自编纂了《新五代史》，又主持编纂了《新唐书》。二书都被列入二十四史，为中国古代史学的发展做出了杰出的贡献。

第一节　《旧五代史》的编纂

一、《旧五代史》的编纂过程、优点及缺陷

（一）编纂过程

赵宋建国后，很重视吸取历史的经验教训。鉴于五代时期政权更替频繁、武人擅权的乱况，所以，十分注意总结此段历史的教训。

宋太祖开宝六年（973）四月二十五日，诏令参知政事薛居正主持编纂《梁唐晋汉周书》（也即后来改称的《旧五代史》）①。但是，真正参与编纂的史官是卢多逊等七人。当时赵宋建国刚刚十三年，南唐、北汉、吴越三个割据势力所控制的区域还未纳入大宋的版图，但是政治局势基本稳定，具备了为前代修史的前提。

五代从时间上而言，只经历了五十三年，是历史上典型的乱世，本质上是唐朝

---

① 　后世为了和欧阳修独自编纂的《五代史记》相区分，才有了《旧五代史》（也称薛史）和《新五代史》（又称欧史）的称呼。为了行文方便，本书中大多场合采用《旧五代史》和《新五代史》。

后期藩镇割据局面的延续。赵匡胤此时诏令修《梁唐晋汉周书》,可见作为五代后期历史亲历者的他,对五代乱世教训的重视。如何吸取历史的教训,使赵宋避免成为第六个短命的王朝,是统治集团特别是宋太祖赵匡胤,于陈桥兵变之后,时刻考虑且在制度设计上不断完善的问题。

开宝七年(974)闰十月,经过了一年半的时间,《旧五代史》修撰成书,目录两卷,正文一百五十卷。

包括薛居正在内参与编撰《旧五代史》的史官,大多都是五代时期特别是五代中后期历史的亲历者,对这段历史,有切身的感受。五代虽然是乱世,但也不是乱得没有一点章法,五代时期的史官制度仍然在正常运转,档案和文献保存比较完备,历朝实录的纂修也没有停止,不能不说是历史的奇迹。

(二)优点

由于上述两方面主客观因素的影响,《旧五代史》的编纂质量还算不错,主要有如下优点:

1. 材料真实,可信度较高。司马光在主持编纂《资治通鉴》时,对同一历史事件的评判,历史事实过程大多采用《旧五代史》的记载,评价则采用《新五代史》的观点①。司马光这样做的原因自然很清楚,不必赘述。

2. 记载全面。虽然书名为《五代史》,但就地域范围而言,该书的记载也以五个中原王朝的历史为中心,但是,契丹国(辽国)、吐蕃、回鹘、于阗等我国北方、东北、西北、西南地区各少数民族政权的历史,以及新罗国(今朝鲜半岛)、占城(今越南境内)等周边政权的历史,也都有记载。政治、经济、军事、文化等方面的大事,记载完备。

3. 叙述客观。《旧五代史》虽然也有不少粉饰的记录,但是,整体而言,多数人物和历史事件的记载,持论还是比较客观的。

4. 证据充分。一部正史,对于一些重大历史事件的记载应该尽可能地引用一

---

① (宋)黎靖德:《朱子语类》卷一三四《历代一》,凤凰出版社,2013 年版。

些原始的诏令、实录等。《旧五代史》的《周书·世宗本纪》部分，完整记录了后周世宗显德二年（955）颁布的有关毁掉佛寺的诏令，长达八百多字，《新五代史》只用了二十一个字，"甲戌，大毁佛寺，禁民亲无侍养而为僧尼及私自度者"①，二者对比，即使欧阳修同时代的人想了解周世宗毁佛事件的来龙去脉，如果不去查阅《旧五代史》及其他书籍中的记载，也会一头雾水。

（三）缺陷

1. 神化色彩。《旧五代史》一书中，延续了此前许多史书中对重要人物的出生神化的传统。即使像朱温这样的人物，记载其出生时刻的天象也充满了神化色彩。今人听起来荒诞不经的话语，编纂《旧五代史》的史家都能恭恭敬敬地记入史书。《旧五代史》一书中，延续了此前许多史书中对帝王将相的出生进行神化的传统。比如朱温这样的人物，记载其出生时刻的天象也充满了神化色彩。"（朱温）生于砀山县（今安徽省砀山县）午沟里。是夕，所居庐舍之上有赤气上腾。乡邻望见后，皆惊奔而来，曰：'朱家火发矣！'及至，则庐舍俨然，邻居告诉众人朱家刚刚生了第三个男孩，大家都感到很惊奇。朱温兄弟三人，都还未成年时父亲就去世了，母亲刘氏带着三个孩子到萧县（今安徽省萧县）人刘崇家做佣人。……刘崇因为朱温懒惰，常常用棍子打他。只有刘崇的母亲可怜他，在朱温成年的那天，还亲自为他举办简单的成年礼，并且告诫家人说：'朱三非常人也，汝辈当善待之。'家人问其故，答曰：'我尝见其熟寐之时，化为一赤蛇。'"②火、赤气、赤蛇都是《旧五代史》及以前史书中记载帝王诞生前后异常天象时常用的、老套的符号。

再看后唐庄宗李存勖出生前的记载。生母曹皇后"尝梦神人，黑衣拥扇，夹侍左右。载诞之辰，紫气出于窗户"③。后唐明宗李嗣源，母亲怀孕时，一次，未能按时吃饭，突然听到腹中小儿说道："大家至矣，速宜进食。"④母亲听后，赶紧起来，亲自

---

① （宋）欧阳修撰，徐无党注：《新五代史·周本纪第十二·世宗》，中华书局，2015年版。
② （宋）薛居正等：《旧五代史》卷一，《太祖本纪第一》。
③ （宋）薛居正等：《旧五代史》卷二十七，《唐书三·庄宗本纪第一》。
④ （宋）薛居正等：《旧五代史》卷二十七，《唐书十·明宗本纪第一》。

做饭吃。今人听起来荒诞不经的话语,编纂《旧五代史》的史家都能恭恭敬敬地记入史书。

2. 本纪部分内容过于繁杂

关于本纪部分内容方面的评判,以北宋哲宗时期的进士王阇之的批评最有代表性:"五代十四帝,只五十三年,本纪达六十卷,太过繁杂。叙事集中于本纪,列传基本上只写人物的履历。前后无序,美恶失实,殊无足取"①,评价基本上是全盘否定。当然,这种全盘否定的做法,也不客观。

对比《旧唐书》本纪,更可以看出《旧五代史》本纪部分内容的繁杂,唐朝共二十个皇帝、二百九十年的历史,本纪有二十卷。欧阳修编纂的《新五代史》,本纪部分只有十二卷。

今天所看到的《旧五代史》,是清朝人整理过的,而《旧五代史》的本来面目到底如何,目前还无法知道。

3.《旧五代史》坎坷的命运

欧阳修《新五代史》修成后,在后世远较《旧五代史》的影响大,《旧五代史》的命运,可谓凄惨之至。北宋仁宗在位时期,大规模校刻从《史记》到《新唐书》的十六本史书,唯独没有校刻《旧五代史》,其主要原因估计还是由于《旧五代史》的意识形态价值远不如《新五代史》,再加上欧阳修的社会影响及《新五代史》的可读性远胜《旧五代史》;熙宁五年(1072)闰七月二十三日,欧阳修去世后不久,宋神宗诏令国子监刊印、发行欧阳修的《新五代史》,从此,新、旧五代史并行于世;南宋时,《旧五代史》的传播范围及影响已经很小;金朝章宗泰和七年(1207)十一月,诏令新颁布的关于学校教育的学令中,删除薛居正的《旧五代史》,只用欧阳修的《新五代史》,以致到元、明二朝,文人学士在其文章或著作中,已经很少有人引用该书中记载的内容,传本也就日渐稀少。

《旧五代史》原本元、明以后非常少见,但并非完全销声匿迹,明朝永乐年间修

---

① （宋）王阇之撰,吕友仁点校:《渑水燕谈录·卷六·文儒》,中华书局 1981 年版。

《永乐大典》，其中收录了《旧五代史》部分内容。明英宗正统年间(1436—1449)编纂的《文渊阁书目》卷五"宇"字号记载第三橱尚有十部《旧五代史》。

明末清初的民间也有藏书家收藏《旧五代史》。明末福建连江陈氏世善堂、清初浙江余姚黄宗羲续钞堂都在其藏书目录中列有该书。乾隆年间修《四库全书》，未能征集到《旧五代史》的原本，四库馆臣从《永乐大典》中辑出了关于《旧五代史》的内容，然后编纂成书，《旧五代史》才侥幸搭上了二十四史的末班车，成了二十四史中唯一的一部辑佚书。

必须强调的是，今天所看到的《旧五代史》，是清朝人整理过的，而《旧五代史》原初的面目到底如何，目前还无法知道。

第二节　《新五代史》的编纂

一、《新五代史》编纂的背景

　　赵宋完成国家大部分地区的统一后，实力大大增强，对国家制度的建设随之也空前重视，对官僚、士大夫的操守也提出了更高的要求，相应地对唐朝亡国的教训及五代乱世的教训，也更加重视。

　　在上述背景下，上自皇帝下至臣僚对薛居正主持编纂的《旧五代史》和后晋刘昫主持编纂的《旧唐书》日益不满，要求重修的呼声日益高涨。仁宗天圣五年（1027）二月，知宁州杨及献上他编纂的《五代史》①，但此书没有传下来，具体情况也不得而知。从《续资治通鉴长编》该条文的记载看来，仁宗大致看了一下该书，说道：“五代乱世，没有可以借鉴的东西。”在场的宰相王曾赶忙补充说道：“虽然如此，

---

① （宋）李焘：《续资治通鉴长编》卷一〇五，天圣五年二月丙申。

但是乱世也有可以借鉴的地方。"①庆历初期(约 1041—1043),翰林学士盛度建议重修《唐书》后,参知政事宋庠建议同时重修《五代史》,他评价《旧五代史》说道:"虽粗成卷帙,但漏略的重要内容不少,义例无次,前后矛盾之处不少。本纪部分的内容几乎都是照抄实录,传记几乎都是照抄墓志铭,几乎不见史官的观点,和《唐书》比较起来,问题更大。"②而当时秘阁收藏的五代的实录和十国的史料都较完备,编修一部新的《五代史》的客观条件基本具备,翰林学士盛度推荐担任刑部员外郎的弟弟宋祁和翰林学士李淑承担编纂任务。

现存欧阳修文集中,对《旧五代史》的批评少有具体之处,只是认为该书丧失了史书"惩恶扬善"的基本功能。

这个问题必须放到北宋立国后重塑意识形态的大背景下进行考察。从东汉末期开始,儒家所极力倡导的"三纲""五常"③的价值规范开始遭到严重破坏。魏晋南北朝时期,佛教兴盛,儒学衰微。唐代由于李姓是国姓,为了巩固以皇帝为代表的专制统治,又人为地大力抬高道教的地位。唐代中期,由韩愈、柳宗元发端,儒学复兴运动开始兴起。但是,安史之乱平定之后到五代时期,由于战乱的影响,上层建筑长时期处于崩溃的状态,"君为臣纲"的弱化最为严重,导致大量官僚士大夫的行为严重功利化,少有操守或操守全无,而其中一些很有影响力的官僚、士人,他们的心态和选择,常常对社会有巨大的引领作用。

且以冯道为例进行分析。冯道,字可道,号长乐老,瀛州景城(今河北省沧州市西北)人,五代时期著名宰相,历经五代时期十代君王,世称"十朝元老"。

冯道早年曾效力于燕王刘守光,后历仕后唐、后晋、后汉、后周四朝,先后效力于后唐庄宗、明宗、闵帝、末帝,后晋高祖、出帝,后汉高祖、隐帝,后周太祖、世宗十位皇帝,其间还向辽太宗称臣。

① (宋)李焘:《续资治通鉴长编》卷一〇五,天圣五年二月丙申。

② (宋)欧阳修著,徐无党注:《新五代史》新点校本,点校本《新五代史》修订前言第 3 页,中华书局 2015 年版。

③ "三纲"指君为臣纲、父为子纲、夫为妻纲,"五常"指仁、义、礼、智、信。

当然,冯道在事亲济民、提携贤良等方面,也有值得称道的地方。他的这种忠节观,是当时流行的政治观念。所以,冯道在当时社会上层人的心目中,不仅不是反面人物,反而是很正面的形象。《旧五代史》对冯道做出了如下评价:"(冯)道历任四朝,三入中书,在相位二十余年,以持重镇俗为己任,未尝以片简扰于诸侯,平生甚廉俭""道之履行,郁有古人之风;道之宇量,深得大臣之礼。然而事四朝,相六帝,可得为忠乎! 夫一女二夫,人之不幸,况于再三者哉!"①

赵宋王朝建立后,如果继续听任这种观念流行,赵宋可能成为第六个短命的王朝,这样不仅不利于赵宋家天下的长久,放到中国历史的长河来看,朝代的频繁更迭,也不利于整个中华民族的发展。

有鉴于此,北宋建立后,统治阶级特别重视在意识形态领域重新树立忠君爱国思想的重要地位,采用多种方式对臣民进行此方面的教育,爱国主义思想逐渐深入人心,并一直渗透到社会的底层。

对于冯道的评价,欧阳修等史学家站在新的忠君观念的角度,对冯道做出了完全不同于以前的评价。欧阳修在《新五代史》中写道:"予读冯道《长乐老叙》,见其自述以为荣,其可谓无廉耻者矣,则天下国家可从而知也。"②司马光更斥其为"奸臣之尤"。

因此,编纂一部蕴含新的指导思想的《新五代史》,成为呼之欲出的事情。欧阳修则以天下为己任,主动承担起了编纂《新五代史》的重任。

---

① (宋)薛居正等:《旧五代史》卷一二六。
② (宋)欧阳修著,徐无党注:《新五代史》新点校本,卷五十四《杂传第四十二》。

二、《新五代史》的编纂过程

（一）欧阳修史学修养的养成

从欧阳修在随州参加科举考试时，在考卷上《左氏失之诬论》一文中写的警句可以看出，他对孔子编订的《春秋》和左丘明的《左传》都较为熟悉，有着较好的文献学的功底，并对孔夫子的"春秋笔法"也比较欣赏。

但是，欧阳修开始由喜欢文学创作到留心史学著作的编纂，应该始于洛阳生活的时期。钱惟演曾经对谢绛说道："以我的观察，你们几个前程远大，将来都是台阁的人选，是栋梁之材，不能仅仅迷恋于诗文之中，必须多看史书，那里面包含着无穷的治国理民的智慧，而且现在就要动手，把所见所闻写下来，也练一下文笔。"欧阳修和尹洙二人后来对史书编纂产生浓厚的兴趣，应该和钱惟演的引导分不开。

从此之后，欧阳修投入了更多精力于史书的阅读。对欧阳修修史影响最大的史书是《春秋》和《史记》二书。"春秋笔法"和司马迁优美的文笔对欧阳修影响很大。他对司马迁评价非常高，尤其喜欢《史记》的"列传"部分。欧阳修在写于皇祐二年（1050）的《桑怿传》中写道："我非常喜欢为人作传，尤其喜欢读司马迁写的列传，他所写的都是慷慨悲歌之士，士大夫都喜欢读，想学他的笔法。奇怪今日像司马迁这样好笔法的史家为何这么少？我甚至怀疑古代未必有司马迁笔下那么让人惊心动魄的人物，等到我了解了桑怿的英勇事迹后，才知道司马迁笔下的壮士，委实存在。不知道我所写的《桑怿传》，能否也让人读后感叹不已，爱不释手？"①

立功、立德、立言，是为三不朽，也是欧阳修所生活的时代，有抱负、有理想的士大夫的追求。然而，对一般的士大夫来说，立德或立功的机会委实太少。所以，只

---

① （宋）欧阳修著，洪本校笺：《欧阳修诗文集校笺》（下），《外集卷》十五，第 1748 页。

能朝着立言的目标努力，凭着一己之力或多人的合力，留下一部或几部流传青史的书籍，也可以上对得起列祖列宗，下对得起子子孙孙了。

（二）欧阳修和尹洙合作编修《新五代史》的失败

景祐元年（1034），欧阳修和尹洙这对好友同时担任馆阁校勘，三馆秘阁有非常多的藏书，二人都参与了《崇文总目》①一书的编修，由于欧阳修在此过程中做出的贡献较大，而尹洙的贡献较小，所以元人所修《宋史·艺文志》记载王尧臣、欧阳修合编《崇文总目》六十六卷②。

欧阳修和尹洙于景祐二年（1035）开始分工编写《十国志》，因为该书编好后要上交朝廷，所以本着宁繁勿简的原则，尽量编的卷数多一些，也显示二人尽心费力。

《十国志》编成之后，二人感觉到薛居正主编的《旧五代史》缺陷较多，所以准备合编正史《新五代史》，正史的要求自然要高得多，二人随后也陆续写成了一部分。随后因为范仲淹"结党"一事，二人都被贬官，但是，到贬官之地后，围绕该书的编写，二人依然不断写信联系。欧阳修在景祐四年（1037）正月给尹洙的信中写道："尽宜删削，存其大要，至如细小之事，虽有可纪，非干大体，自可存之小说，不足以累正史。"③

信中欧阳修又和尹洙再次商议《新五代史》的体例问题，"不分五史，而通为纪传"④，也即五个朝代的历史，统一以本纪和列传的体例书写。

庆历五年（1045），欧阳修权知真定府（治今河北省正定市），尹洙知潞州（治今山西省长治市），两地相距不太远，欧阳修由于好久没有收到过尹洙的来信，也无法继续商议《新五代史》的撰写问题。

---

① 《崇文总目》类似清朝乾隆年间所修的《四库全书》，分经、史、子、集四类，从太祖到南宋宁宗，在前代的基础上不断续修。

② （元）脱脱等：《宋史》卷二〇四。

③ （宋）欧阳修著，洪本健校笺：《欧阳修诗文集校笺》（下），外集卷十七。此处小说二字，非指今人所写的小说，而是宋代文人喜欢写的笔记小说。

④ （宋）欧阳修著，洪本健校笺：《欧阳修诗文集校笺》（下），外集卷十七。

但是,后来尹洙单独写了一本《五代春秋》①,只有四千多字,也即梁、唐、晋、汉、周各个皇帝的本纪,笔法非常简练。② 而尹洙写了四千多字后,因为公使钱一事,再次被贬官,心情一直很压抑,庆历七年(1047)去世,年仅四十七岁。二人的合作终止。

(三)欧阳修单独编纂《新五代史》

1.编纂过程。宝元元年(1038),欧阳修为乾德县县令时,翰林学士李淑向他索看《新五代史》的草稿,欧阳修以"编写刚刚开始,首尾颠倒,目录都还没有编排"③等理由谢绝。当时《新五代史》的写作也确实处于这个阶段,李淑也不是他信得过的朋友。尤其自己尚处于贬官时期,更要小心从事。书中还有不少借古讽今的议论,传出去后,更容易给政敌留下靶子。更何况仁宗刚刚让他任乾德县县令,明显发出了他还有东山再起机会的信息。

欧阳修在编纂《新五代史》的过程中,还是不断与梅尧臣、刘敞等朋友及徐无党、王回等弟子就一些问题交换意见,听取众人的建议。

书稿初稿写好后,欧阳修认为肯定还需要认真地、反复地修改,因此只将书稿寄给蔡襄和梅尧臣二位好友看,希望他们看后能够提出宝贵的修改意见。

欧阳修编纂《新五代史》,主要的写作时间,应该是在贬谪夷陵、滁州及母亲郑氏去世后守丧期间,五年多一点的时间。皇祐五年(1053)冬天,《新五代史》初稿七十四卷结稿,十八年的心血,初步结成正果。

直到欧阳修去世前,《新五代史》并没有彻底定稿。欧阳修去世半个月后,朝廷中的有识之士害怕书稿出现无法预计的差错,于是朝廷下诏让其家属将书稿上交朝廷,熙宁十年(1077)五月,刻板付梓,后藏于秘阁。

2.春秋笔法与微言大义。传世本《新五代史》,除了正文以外,还有不少注解。这些注解,本质上也是《新五代史》的重要组成部分。

---

① (宋)王辟之撰,吕友仁点校:《渑水燕谈录·卷六·文儒》,中华书局,1981年版。
② (宋)尹洙著,时国强校注:《尹洙集编年校注》,中华书局,2019年版。
③ (宋)欧阳修著,洪本健校笺:《欧阳修诗文集校笺》(下),外集卷十八。

注解的作者是谁,从南宋至今即有两种观点:一种观点认为是欧阳修在编写《新五代史》的过程中,生怕旁人不理解其书中的微言大义,亲自为之作注,阐发义例,托名弟子徐无党行于世。这种观点以清朝中期著名学者俞正燮为代表。另一种观点认为是欧阳修和徐无党共同商议后所定,由徐无党执笔并署名,这种观点也为今日大多学者所接受。笔者通过对《新五代史》的多次仔细阅读和对相关史料的研究,也同意此种观点。

徐无党,宋婺州永康(今属浙江省永康市)人,仁宗皇祐年间进士及第,早年即跟随欧阳修学习写古文和诗词,欧阳修称赞他才华如水涌出山。

由于《新五代史》中经常使用"春秋笔法",所以有些地方需要对此做出注解。否则对五代历史和"春秋笔法"不太熟悉的读者,很容易遇到阅读障碍。

为了让不熟悉《新五代史》的读者了解一下"春秋笔法"的含义与特点,特举例说明。

正文:(乾化二年)六月,疾革,郢王友珪反。戊寅,皇帝崩。

注:反,自下而谋上,恶逆之大者也。……反非一朝一夕,不能得其日,故反者皆不日。

不书崩处,以异于得其终者……以不得其死,故不书葬。

朱温生于乱世,青少年时期就是十足的流氓,赌博、酗酒、淫乱,早已经成为他日常生活的重要组成部分。到了晚年,猜忌心达到极点,导致众叛亲离,在与晋的争夺中,屡屡失败,进而精神日益空虚,苦闷颓废。为了发泄胸中的郁闷,一面大肆屠杀,一面纵欲、发泄兽性。他的淫乱无耻,即使在古代的帝王中,也极其罕见。

河南尹、魏王张全义,为朱温稳定洛阳一带局势、征集军需做出很大贡献。一次朱温兵败以后,回到洛阳,住在张全义的会节园避暑。十几天的时间内,强迫张全义的妻子、女儿陪他睡觉。张全义的儿子们气愤难忍,要杀死朱温,被张全义制止①。

朱温对于自己的儿媳妇们,也是一个也不放过,逐个淫乱。这些儿子们(不管是嫡子还是养子)也是无耻透顶,竟然把妻子作为争权夺利的工具。养子朱友文的妻子最受朱温宠爱,朱温于是准备将他立为皇储。亲子郢王朱友珪看在眼里,气在心头。乾化二年(912)六月,朱温兵败后回到汴梁,命悬一线,准备将朱友文招来,交代后事。朱友珪媳妇张氏知道后,派人告诉了远在洛阳的朱友珪。朱友珪买通朱温身边的禁军将校,杀死朱温,于洛阳称帝。又派同胞兄弟朱友贞赶赴汴梁,杀死朱友文。

因为是儿子朱友珪派兵杀了朱温,是以下犯上的行为,因此要给朱友珪加一个"反"的罪名。

朱温不是正常死亡,所以不像写正常死亡的皇帝的历史,不写崩于哪个宫殿,也不写葬在什么地方。与此相反的可参考对于后周太祖的记载,记载了他于显德元年正月壬辰日"崩于滋德殿"②。

> 显德六年六月癸巳日,周世宗去世后,癸卯,范质为大行皇帝山陵使,翰林学士窦俨为礼仪使,兵部尚书张昭为卤簿使,御史中丞边归谠为仪仗使,宣徽南院使、判开封府事昝居润为桥道顿递使。秋七月丁未,户部尚书李涛为山陵副使,度支郎中卢亿为判官。……冬十一月壬寅,葬睿武孝文皇帝于庆陵③。

由于周世宗去世时才三十九岁,所以去世之后,才开始花了近四个月修筑陵墓,十一月安葬。山陵使、礼仪使、卤簿使、顿递使等是负责陵墓修筑和安葬事物的

---

① （宋）欧阳修著,徐无党注:《新五代史》新点校本,卷四十五,《杂传第三十三》,第558页。

② （宋）欧阳修著,徐无党注:《新五代史》新点校本,卷十一,《周本纪第十一》,第135页。

③ 皇陵位于郑州新郑市城北约18公里的郭店镇附近,由于周世宗一生俭朴,所以皇陵是全国廉政教育基地。

各方面官员的称呼。从驾崩到安葬,每个环节都写得非常详细,这就是史书对正常死亡的皇帝后事的记录标准。

一个字或几个关键字的有无,都包含着"微言大义",这就是"春秋笔法"。

3. 议论。欧阳发在谈及父亲欧阳修编纂《新五代史》的编写体例时写道:"其于《五代史》,尤所留心,褒贬善恶,为法精密,发论必以'呜呼',曰'此乱世之书也'。"①

许多列传的开头或结尾都有一段评论,用来表示欧阳修对所记史实的感叹,绝大多数以"呜呼"开始,以"哀哉""可不戒哉""可不慎哉"等结尾。

这些议论性文字是欧阳修真实感情的流露。而读者在阅读史书时,最喜欢读的还是反映历史主要人物活动的列传部分。有血有肉的书写,加上坦诚直率的评论,很容易让读者读完此文后,引发共鸣,这也是司马迁在《史记》中用过的笔法。

《死事传》,是欧阳修首创的史书体例。在《死事传》的开头,欧阳修写道:"呜呼甚哉!自开平讫于显德,终始五十三年,而天下五代。士之不幸而生其时,欲全其节而不二者,固鲜矣。于此之时,责士以死与必去,则天下为无士矣。然其习俗,遂以苟生不去为当然。至于儒者,以仁义忠信为学,享人之禄,任人之国者,不顾其存亡,皆恬然以苟生为得,非徒不知愧,而反以其得为荣者,可胜数哉!故吾于死事之臣,有所取焉。君子之于人也,乐成其美而不求其备,况死者人之所难乎?吾于五代,得全节之士三人而已。其初无卓然之节,而终以死人之事者,得十有五人焉,而战没者不得与也。然吾取王清、史彦超者,其有旨哉!其有旨哉!"②

在《新五代史》的《死节传》中,欧阳修通过严格的挑选,选写了王彦章、裴约、刘仁赡三个人。当然,欧阳修也深知,生于乱世的士人,能够像王彦章等三人一样的死节之士,委实太少;如果都用死节的严格标准来要求乱世的士大夫,天下无士矣!

但是,也不能因为是乱世,就抛弃了儒家仁义忠信的理想和追求。以苟且偷生

---

① (宋)欧阳修著,李逸安点校:《欧阳修全集》附录卷二,欧阳发《先公事迹》,第2628页。

② (宋)欧阳修著,徐无党注:《新五代史》新点校本,卷三十三,《死事传第二十一》,第403页。

为当然,不以为耻、反以为荣,乱世中的五代,这样的士人太多了。

《唐六臣传》第二十二,记载的是唐代晚期的朋党之祸及在后梁的余音,在该传的末尾,欧阳修就朋党之祸大发感慨。

"呜呼!始为朋党之论者谁欤?甚乎作俑者也,真可谓不仁之人哉!……当汉之亡也,先以朋党禁锢天下贤人君子,而立其朝者,皆小人也,然后汉从而亡。及唐之亡也,又先以朋党尽杀朝廷之士,而其余存者,皆庸懦不肖倾险之人也,然后唐从而亡。夫欲空人之国而去其君子者,必进朋党之说;欲孤人主之势而蔽其耳目者,必进朋党之说;欲夺国而与人者,必进朋党之说。……故其亲戚故旧,谓之朋党可也;交游执友,谓之朋党可也;宦学相同,谓之朋党可也;门生故吏,谓之朋党可也。……呜呼,朋党之说,人主可不察哉!《传》曰'一言可以丧邦'者,其是之谓与!可不鉴哉!可不戒哉!"①

欧阳修的仕宦生涯中,几次被政敌扣上"朋党"的大帽子,因而被贬官,饱尝政治欺凌之苦。庆历新政的关键时期,保守派又一次以结党营私的罪名,攻击以范仲淹为首的改革派。欧阳修写了《朋党论》一文予以反驳。仁宗将欧阳修的这篇宏文发给朝臣,让朝臣们在朝堂上进行讨论,以改革派居多的朝臣自然是拍案叫好。最深莫过帝王心,一片叫好声过后,仁宗皇帝倒吸一口凉气。一听"朋党"二字,他就高度警惕,就吓昏了头脑,更不会去仔细辨析二者的区别,反而愈益相信保守派的诬蔑之词。

欧阳修的此番感慨,不仅是对汉、唐朋党之祸的沉痛反思,更是对自己及同道者受迫害后的呐喊,也是对大宋国运的担忧。

4.《新五代史》的评价问题。欧阳修对此书甚感满意,但他也深知其中或有许多篇章和评论易引发争论与事端。尤其是体例方面,和薛居正等编撰的《旧五代史》比起来,虽然有些创新,但是缺少了历法、五行、礼、乐、食货、刑法、选举、职官、郡县等志。和他参与编写的《新唐书》比较起来,缺的更多,少了仪卫、车服、历法、

---

① （宋）欧阳修著,徐无党注:《新五代史》新点校本,卷三十五,《唐六臣传》,第430—431页。

地理、选举、百官、艺文、刑法、食货等志,内容基本上限定在宽泛的政治领域。作为一个时代的历史,自然不够全面,厚度和宽度都远远不够。当然,如果以欧阳修一人之力,把这些方面的内容全编进去,肯定不行。

实事求是来说,欧阳修虽是北宋仁宗年间的文坛领袖,道德感非常强,不过以史学家而言,严谨性则不够,而历史条件的限制,更强化了这一缺陷。《新五代史》面世后,自吴缜《五代史纂误》以降,历代为其挑错者不胜枚举。

正因如此,除了十国部分,《新五代史》在史料上的增补有限,多据《旧五代史》改写,不过这些改写多有不符合史文本意的地方,甚至不乏张冠李戴之处。

史学家刘攽认为欧阳修没有完全继承先秦史家"善恶必书"的优良传统,他举了《新五代史》没有为韩通作传的例子。

韩通,并州太原人,后周时为检校太尉、同平章事,充侍卫亲军马步军副都指挥使。陈桥兵变的消息传到东京后,正在早朝的韩通作为在场的级别最高的军事长官,连忙跑出朝廷,骑上拴在外边的战马,准备组织军队抗击兵变的部队。路遇赵匡胤手下的军校王彦升。王彦升策马追赶韩通,将韩通杀死,随后又杀了其全家。赵匡胤后来知道此事后,严词责备王彦升,后又下诏追赠韩通为中书令,并以礼收葬。

赵匡胤这样做的目的,自然还是从儒家忠的观念出发,认为韩通的行为较之陶穀等人,值得敬佩。但是,赵匡胤对韩通又有畏惧的一面。当初二人都是周世宗的心腹爱将,地位相等,而自己却黄袍加身,欺负孤儿寡母。如果过度表扬韩通,反而会置自己于非常难堪的局面。欧阳修自然非常了解赵匡胤的这种心理,所以索性不写,以免节外生枝。

陶穀,后周重臣,翰林学士。陈桥兵变后,赵匡胤要在东京举行所谓的"禅让"①仪式,刚要找人去写"禅让"诏书,在场的陶穀赶忙从怀中掏出几张叠得整齐的纸,

---

① 原始社会后期部族联盟的首领由众氏族部落推举担任,后称为禅让制,相传尧舜禹三代传承都是通过此种制度实现权位的更替。

然后说道:"我来之前已经在家写好了。"①赵匡胤虽然用了他写的"禅让"诏书,但骨子里看不起他,鄙视他这种无耻透顶的行为。

陈寅恪虽批评欧阳修仅停留在"道德"层面上立论,未能探求具体事件的来龙去脉和历史渊源,但对欧阳修所编《新五代史》还是持正面的肯定的立场。"欧阳永叔少学韩昌黎之文,晚撰《五代史记》,作《义儿》《冯道》诸传,贬斥势利,尊崇气节,遂一匡五代之浇漓,返之淳正。故天水一朝之文化,竟为我民族遗留之瑰宝。"②

《新五代史》的风行,主要由于欧阳修的社会影响要远远大于薛居正,再加上《古文观止》等书的宣传③。其中《伶官传序》一篇还曾入选过中学课本。

《新五代史》面世后,有人将其与《旧五代史》进行比较,自然是赞扬者多,批评者少。当时仅有吴缜的《五代史纂误》一书对其提出批评。这种现象的出现,自然和欧阳修当时的社会地位及知名度有关,更重要的则是《新五代史》一书所倡导的意识形态,和北宋及其以后的历代统治者保持了高度一致。

5.《新五代史》是否贬低钱惟演。欧阳修政敌的后人杜撰说,欧阳修于洛阳生活时期,即使在新婚蜜月,仍然公开和艺伎在一起,过着放荡的生活,钱惟演劝欧阳修注意点,但是,欧阳修却怀恨在心,在写《新五代史·吴越世家》部分内容时,痛毁吴越国的历史,又在《归田录》中记载了钱惟演的几件事,皆非美谈。

如果仔细阅读《新五代史·吴越世家》的最后一部分内容,会发觉欧阳修的确对吴越国历史的评价不客观,贬低的成分多一些。但原因并非上文所述。不管是在《新唐书》还是在《新五代史》中,欧阳修都高举道德的皮鞭,对割据类政权及其主要人物,大多予以鞭笞;对于和他关系很好的钱惟演祖上的历史,也没有格外开恩。

---

① （元）脱脱等:《宋史》卷二六九《陶穀传》。

② 陈寅恪:《寒柳堂集·赠蒋秉南序》,上海古籍出版社 1980 年版。

③ 《古文观止》是清代吴楚材、吴调侯于康熙三十三年(1694)选定的古代散文选本。该书是清朝康熙年间选编的一部供学塾使用的文学读本,是为学生编的教材,康熙三十四年(1695)正式镌版印刷。该书中仅欧阳修的文章就收录了十三篇,包括《朋党论》《纵囚论》《释秘演诗集序》《梅圣俞诗集序》《送杨寘序》《五代史伶官传序》《五代史宦官传序》《丰乐亭记》《醉翁亭记》《秋声赋》《相州昼锦堂记》《祭石曼卿文》《泷冈阡表》。

第三节 《旧唐书》的编纂

一、《旧唐书》的编纂过程、优点与缺陷

(一)《旧唐书》的编纂过程

从五代后梁末期龙德元年(921)开始,就有人开始了关于唐代历史史料的收集工作。后唐时期,又有人为此书的修撰做了不少准备工作。

后晋高祖石敬瑭天福六年(941),正式开始编修,因为需要避讳与"瑭"字同音的字,《旧唐书》一开始叫《李氏书》。晋出帝开运二年(945),该书修成,历时四年多。这对存在了将近三百年的大唐帝国的历史而言,编纂时间还是要短得多。

《旧唐书》原来由宰相、翰林学士赵莹监修,他在选用人员、史料的收集和体例的确定上,提出了不少建议和规划,还主持补纂了缺失的部分实录。后来的宰相桑维翰、刘昫也相继担任监修,但在具体的编纂过程中,出力最多的是张昭远、贾纬等史官。但《旧唐书》修成时,恰好是刘昫监修,由他奏上,所以题刘昫撰。

（二）优点

《旧唐书》作者生活的时代，距离唐代很近，有机会接触到大量唐代史料，特别是唐代前期的史料。如温大雅撰写的《大唐创业起居记》。该书成于高祖李渊武德年间（618—626）、李世民即位之前，所以该书关于唐朝开创时期历史的记载，比《旧唐书》《新唐书》《资治通鉴》的记载都要客观得多，史料价值自然也较高。

如吴兢撰写的《贞观政要》，约编写于唐玄宗开元八年（720），主要记载唐太宗李世民与魏徵、房玄龄、杜如晦等的问答、大臣的诤议和奏疏，以及政治上的措施，对研究唐朝初期的政治有重要史料价值。

（三）缺陷

编纂《旧唐书》的史官，无论是和前代的司马迁、班固相比，还是和后代的欧阳修、司马光比较起来，其编纂史学著作的素质和修养都要差得多，又撰写于五代乱世年间，所以缺陷不少。自宋朝开始，就有学者不断指出其缺陷所在。

1. 缺乏创新。编写《旧唐书》的史官，由于对唐代历史缺乏整体的、深刻的研究，所以，认识都是支离破碎、不成系统的，更没有抱着史官的神圣使命感去修书，所以在体例上只会沿袭，不会创新，更不会像班固那样根据形势的变化去掉世家，也不会像魏收那样创立《释老志》。

中晚唐的宦官专权是该段历史的重要特征，穆宗以下各位皇帝，都由宦官拥立。关于新旧交接的过程，仍是囿于局势的影响，记载时讳莫如深，一律写成前君遗诏立某人为继承人，后君继位于前君灵柩之前，连宦官的影子都没有，好像和宦官没有丝毫关系。如果是高明的史家，估计会创立《宦官列传》，活画出唐代中晚期宦官的真实面目，以便为后代统治者吸取教训。

2. 敷衍成书。《旧唐书》成书时间较短，大量拼凑唐代史料。书中不少地方用了"今上""我"等字眼，明显是抄袭唐代国史或实录中的旧文。"今上"本来指唐代史官撰述时的在位皇帝，"我"则指唐朝。论赞中常出现"臣"字，本是唐代史官当时的称谓。

编写一部大型的史书，犹如做一套考究的服装，面对一大堆的材料，如何取舍与剪裁,如何保持体例的完整、文字的优美与流畅等,都必须在编写之前做出总体的设计。在编纂的过程中,又要根据出现的问题,实时做出一些微调。在这方面,《旧唐书》关于唐朝后期内容的编写,远不如前期。穆宗之后的本纪内容烦琐冗杂,历志、经籍志的叙述仅至玄宗时代。列传中对唐代末期重要人物缺漏较多,还存在着一人两传、一文复见等现象。这些都说明《旧唐书》的质量比较粗糙。

3. 记事互相矛盾。该缺陷尤其表现在唐朝后期历史的记载中。且以唐僖宗乾符到中和年间(874—885)有关郓州天平军的相关记载来举例说明。唐僖宗乾符三年(876)冬天,任命张裼为郓州刺史、天平军节度观察等使①,而《韩简传》又记载此期郓州刺史为曹全晟②。

---

① 刘昫:《旧唐书》卷一七八。
② 刘昫:《旧唐书》卷一八一。

第四节　《新唐书》的编纂

一、编纂的历史背景

从宋仁宗庆历元年(1041)开始,仁宗及朝臣张方平、范仲淹、韩琦、欧阳修等越来越注意从唐朝历史的兴衰中吸取经验教训。这是因为经过百年的发展之后,赵宋王朝内外交困的局面越来越严重,冗官、冗兵、冗费导致的积贫积弱的局面成为不得不解决的问题,尤其是辽国和西夏带来的边患问题,更让仁宗和大多朝臣食不甘味、夜不成眠。而唐朝的衰落正是从东北地区的边患开始的。

因此,必须撰写一部新的关于唐代历史的书,充分发挥史书能让乱臣贼子看后或听后为之丧胆、不敢继续为非的功能。

二、《新唐书》编纂的过程

庆历四年（1044），宰相贾昌朝建议重修《唐书》。仁宗下诏史馆人员，开始搜集、整理资料。第二年五月、闰五月，仁宗连续两次下诏组成书局，由王尧臣、宋祁[①]等六人为刊修官，曾公亮、范镇、宋敏求等六人为编修官，贾昌朝为提举官。但是，最初的几年，人员变动较大，陆续有人因为官职变动或其他原因离开书局。到皇祐元年（1049），刊修官队伍只剩下了宋祁一人，仁宗于是将他的官职由同刊修副职改为刊修正职，主持《唐书》的编修。而编修官的队伍此后变动也较大，不断有人因为各种原因离开，第二年只剩下范镇、宋敏求二人。后贾昌朝又推荐王畴加入，四个人于是集中精力于列传部分的厘订和修补工作。皇祐三年（1051），宋祁又因故出知亳州（今安徽省亳州市），出京之前，宋祁对倾注了六年心血的《唐书》编纂工作仍是颇为牵挂。鉴于编纂过程中编修官之间常常因为一些问题争得面红耳赤，既影响工作，又影响感情，于是提出由宰相监修国史的主张，既可以体现朝廷对此工作的重视，出现争执不下的情形时，也可以凭借自己的权威做出裁决。仁宗虽然没有马上接受宋祁的建议，却责令宋祁在亳州任上，继续主持《唐书》的编纂工作。于是，宋祁带着未完的书稿到亳州，"出入内外尝以稿自随"[②]。和平时期宋代地方官员大多有大量的闲暇时间，宋祁把这些闲暇时间大多用在了《唐书》的编纂上。此间，编修官又增加了吕夏卿、刘羲叟，提举官则由丁度取代了贾昌朝，宋祁又由亳州调到了定州。

至和元年（1054）六月，仁宗诏令宋祁、范镇速上所修《唐书》。宋祁答复说：

---

① 宋庠、宋祁兄弟同年参加科举考试，殿试时，本来宋祁第一，宋庠第三。刘太后知道后，以不符合兄弟伦理为由，将宋庠擢为第一，而置宋祁第十。宋祁曾任知制诰、翰林学士等职。

② 脱脱等：《宋史》二八四，《宋祁传》。

"计今秋可了列传,若(本)纪、志犹需来春乃成。"①实际上,宋祁对仁宗说了谎话,一直到嘉祐三年(1058),宋祁才将一百五十卷列传写完。而本纪、志、表三方面的内容,他根本就没有能力完成,后来由范镇和吕夏卿二位史家负责编纂。但本纪仍然无人来编纂,更重要的是,全书无人来担任主编。

(一)欧阳修主持编修

提举官变为刘沆后,经刘沆提议,仁宗同意欧阳修参与编纂《唐书》。该年八月,刘沆由参知政事升为宰相,他又建议让欧阳修也做《唐书》的刊修官。仁宗接受了他的建议,于是《唐书》的主编便变成了欧阳修和宋祁二人。欧阳修则很快将自己的好友梅尧臣也拉进了编修官的队伍。从此两位主编加上范镇、宋敏求、吕夏卿、刘羲叟、王畴、梅尧臣六位编修官的修史团队,一直共同工作到修《唐书》工作完成。

刘沆之所以在《唐书》编纂工作进展缓慢的情况下推荐欧阳修担任刊修官,是因为他对欧阳修的能力非常了解,认为他足以担当起刊修官的重任。欧阳修从景祐元年(1034)七月开始,以馆阁校勘的身份参与编辑三馆秘阁藏书(即《崇文总目》),开始对目录学和史学产生了浓厚的兴趣,且欧阳修独自编纂的《新五代史》也基本上完成。欧阳修从庆历五年(1045)开始,又对金石学产生了浓厚的兴趣,而其兴趣又不同于前人之好奇、收藏、鉴赏、炫耀。他是通过对金石文字的辨识,来纠正史书上的一些错误记载。而欧阳修的诗、文、词,已经使他成为当时当之无愧的文坛领袖。欧阳修不管在朝廷还是在地方做官时的放胆直言及对民生的关怀,更使他名满天下,虽然不断遭到他人的陷害和污蔑,并没有挫败他的锐气。总而言之,作为一个优秀史家所应该具备的史学、史才、史识、史胆,他都具备。

不过,欧阳修、宋祁两位主编,欧阳修一直待在京城,宋祁则一直在外做官,自然由欧阳修承担了各方面的协调工作。欧阳修自己则承担了最为繁重、最难以把握的本纪部分和志、表部分内容的编修。

---

① 中华书局 1975 年 2 月版《新唐书》重印本出版说明。

欧阳修进入书局后,《唐书》编纂工作有了较快的进展,嘉祐四年(1059)和五年(1060)上半年,是欧阳修编纂《唐书》最为忙碌的时期。

(二)宋祁做事时的豪奢感

当然,宋祁也染上了不少官员当时的奢靡之风,仁宗天圣二年(1024)的科考状元宋庠,是宋祁的哥哥。他做了宰相之后,深夜还在官邸读书,弟弟宋祁则通宵歌舞作乐。宋庠知道后,大为不满,第二天派人给宋祁传话说:"告诉学士,整日穷奢极欲,还记得咱们寒窗苦读时,就咸菜喝稀饭的日子吗?"宋祁听了传话后,当着传话人的面,就哈哈大笑,对来人说道:"替我回复相公,当年就咸菜喝稀饭,不就是为了今天的享受吗?"典型地表现出既得利益集团的形象。

宋祁在编修《唐书》的过程中,非常讲究仪式感,宴席结束,回到府上后,到书房里面,点起两支硕大的大红蜡烛。如果是冬天的话,再烧起两大铜炉炭火,两边站着好几个美女,有的负责磨墨,有的负责裁纸,隔着窗户望去,像神仙一样。远近皆知宋相公在修《唐书》,一项非常神圣的、官家亲自交付的大工程。

三、《新唐书》的创新

(一)体例的创新

欧阳修是很有创新思维与创新能力的人,所以在他的积极努力下,《新唐书》增加了以往史书所没有的《仪卫志》《选举志》和《兵志》。

《仪卫志》记载唐代皇帝、太皇太后、皇太后、皇后等出行时的所有仪式及使用的物品,显示皇帝的威严和慎重。

《选举志》记载的是唐代科举制的情况,增设《选举制》,实际上反映了宋代对科举的重视。

《兵志》反映的唐代军队的制度情况,尤其记载了唐代开创的"府兵制"的情况。

本质上反映了北宋在面临辽和西夏压力的背景下,欧阳修等人对军队建设的重视。赵宋为何在军力的布置上,一度实行"守内虚外"和"强干弱枝"的政策,实际上鉴于唐朝灭亡的教训,"及府兵法坏而方镇盛,武夫悍将虽无事时,据要险,专方面,既有其土地,又有其人民,又有其甲兵,又有其财赋,以布列天下。然则方镇不得不强,京师不得不弱,故曰措置之势使然者,以此也"①。

(二)《五行志》中的创新

《汉书》《后汉书》等史书,每每于《五行志》中记载大量的谶纬神学、荒诞不经的东西,且看《汉书》中的一例记载:

> 景帝三年(前154)十一月,有白颈乌与黑乌群斗楚国吕县,白颈不胜,堕泗水中,死者数千。刘向以为近白黑祥也。时楚王戊暴逆无道,刑辱申公,与吴王谋反。乌群斗者,师战之象也。白颈者小,明小者败也。堕于水者,将死水地。王戊不寤,遂举兵应吴,与汉大战,兵败而走,至于丹徒,为越人所斩,堕死于水之效也。京房《易传》曰:"逆亲亲,厥妖白黑乌斗于国。"

> 昭帝元凤(前80)元年,有乌与鹊斗燕王宫中池上,乌堕池死,近黑祥也。时燕王旦谋为乱,遂不改寤,伏辜而死。楚、燕皆骨肉籓臣,以骄怨而谋逆,俱有乌鹊斗死之祥,行同而占合,此天人之明表也。燕一乌鹊斗于宫中而黑者死,楚以万数斗于野外而白者死,象燕阴谋未发,独王自杀于宫,故一乌水色者死,楚炕阳举兵,军师大败于野,故众乌金色者死,天道精微之效也。京房《易传》曰:"专征劫杀,厥妖乌鹊斗。"

孔子在其整理的《春秋》一书中,遇到灾异,秉笔直书灾异的状况,至于灾异的成因,则如《论语》所言"子不语怪力乱神"。欧阳修在孔子学说的基础上,将灾异与君王治理的得失联系起来,"盖王者之有天下也,顺天地以治人,而取材于万物以足

---

① (宋)欧阳修、宋祁撰:《新唐书》卷五十《兵志》。

用。若政得其道，而取不过度，则天地顺成，万物茂盛，而民以安乐，谓之至治。若政失其道，用物伤夭，民被其害而愁苦，则天地之气沴，三光错行，阴阳寒暑失节，以为水旱、蝗螟、风雹、雷火、山崩、水溢、泉竭、雪霜不时、雨非其物，或发为氛雾、虹蜺、光怪之类，此天地灾异之大者，皆生于乱政"①。欧阳修在《鬼车》一诗中甚至写道："吉凶在人不在物，一蛇两头反为祥。"②

将灾异的成因主要归因于人间的乱政，才能使统治者面对大的灾荒，首先自我深刻反省，检讨自己是否怠政、苛政、乱政。如果有此种情况，赶快采取相应的救灾措施，救民于水火。这实际上也是先秦儒家，自周公开始，历经孔子、孟子，就一直倡导的民本思想的体现，较之谶纬神学鼓吹的"怪力乱神"成因，无疑要进步得多。

四、欧阳修的谦虚与让功

嘉祐五年（1060）七月，因为编纂《新唐书》的功劳，朝廷又任命欧阳修担任礼部侍郎，欧阳修连续两次上札子表示不接受此恩赏。他在札子中写道："臣也深知，因为《唐书》编纂完成，所有的史官，均有恩赏。但是，臣与其他修书官不同，宋祁、范镇到局，各十七年，王畴十五年，宋敏求、吕夏卿、刘羲叟各十年以上。列传一百五十卷，均是宋祁一面刊修。占了全书内容的三分之二。范镇、王畴、吕夏卿、刘羲叟从初置局便开始收集、整理材料，功劳最多。臣置局十年后，书快修成的时候，才进入书局，编纂本纪、志六十卷，工作的时间不多，用功也最少。现在和他们一样受赏，臣实愧心。"③

欧阳修如此谦虚，如此贬低自己的功劳，实际上"从文字风格上看，本纪十卷和

---

①　（宋）欧阳修、宋祁撰：《新唐书》卷三十四《五行一》。

②　（宋）欧阳修著，洪本健校笺：《欧阳修诗文集校笺》（上）《居士集》卷九。

③　（宋）欧阳修著，李逸安点校：《欧阳修全集》卷九一。

赞,志、表的序,以及选举志、仪卫志等,无疑出自欧阳修之手。特别是他所写的赞、序,集中反映了他的历史观,有些内容几乎是直接从他的政论文章里照搬过来的"①。

而欧阳修在编纂《新唐书》一书中的认真精神,在其与朋友王道损的一封信中可以看出:"《唐书》刚刚编纂完毕,起初以为终于可以休息一下,但是想到一字之误,遂传四方,所以必须亲自校对,其辛苦之情形,甚于书未编成之时。"②

《新唐书》修成之后,朝廷担心欧阳修所修部分与宋祁所修部分体例不一,影响书的质量和声誉,于是诏令欧阳修按照自己的体例做出修改。欧阳修答应了,但是对家人说道:"宋相公是我的前辈,必须尊敬他,况且各人所见不同,岂可悉如己意,于是一无所易。"③《新唐书》因此保留了两种不同的书写体例、两种风格。

关于《新唐书》刊修官的题名,朝廷根据此前朝代官修史书的传统,确定只有欧阳修一人,一来欧阳修官职最高,二来欧阳修贡献最大,于欧阳修而言,可谓实至名归的事情。但是欧阳修坚持把宋祁也定为刊修官。他说道:"宋相公于列传部分的编纂,功深日久,哪能不将他定为刊修官,夺取他的功劳?"④于是《新唐书》中《本纪》《志》《表》部分写的是欧阳修所编纂,《列传》部分写的是宋祁撰写。

宰相宋庠知道此事后,说道:"自古以来文人相轻,此事前所未有。"⑤

清朝著名史学家赵翼在《廿二史札记》中盛赞《新唐书》中欧阳修编写的部分:"欧文不唯文笔洁净,直追《史记》,而以《春秋》书法,寓褒贬于纪传之中。"⑥

---

① (宋)欧阳修、宋祁撰:《新唐书》,中华书局,1975 年版点校本出版说明。
② (宋)欧阳修著,李逸安点校:《欧阳修全集》卷一四七。
③ (宋)欧阳修著,李逸安点校:《欧阳修全集》附录卷二。
④ (宋)欧阳修著,李逸安点校:《欧阳修全集》附录卷二。
⑤ (宋)欧阳修著,李逸安点校:《欧阳修全集》附录卷二。
⑥ (清)赵翼:《廿二史札记》卷二十一《欧史书法谨严》,中国书店出版社,1987 年版。

集录金石　千古初无
——开创之功

　　宋代是中国古代金石学研究的辉煌时期，欧阳修则是其中最杰出的代表。

　　不同于其他金石学家只研究器物的形制及上边的图文，欧阳修将金石学的研究同文学、书法学的研究相结合，特别是与史学的研究相结合，纠正史书记载的错误，弥补史学记载的缺漏，促进史学的发展。

第一节　北宋金石学诞生的背景和概况

一、背景

"金石学是一门以古代青铜器的形制、铭文和石刻碑碣为主要研究对象的学科。既是考古学的前身,又是历史文献学、文字学、书法学的拓展,在中国学术史上占有重要地位。"[1]

从安史之乱到赵宋立国,近二百年的岁月中,礼崩乐坏。如祠堂祭祀是家族祭祀的最重要场合,宋仁宗庆历元年(1041)郊祀,为推恩百官,颁敕"听文武官依旧式立家庙",但是经过唐末到五代的长期战乱,唐代家庙的样式和祠堂祭祀的礼仪,即使士大夫之家也不清楚,于是便出现了种种非正规的祠祭礼仪。在此背景下,北宋政府提倡恢复儒家旧有的一套完整的礼制,于是对古物的收集、整理和研究遂出现热潮。金石文献资料受到士大夫们的重视,他们希望从对金石学的研究中,找回先

---

[1]　程民生:《中华文明中的汴京元素》,人民出版社,2018年版。

秦儒家更加被人信服的原始礼仪。

　　相对于从汉到唐有家学渊源的士大夫，欧阳修等无此背景的士大夫，虽然缺乏家学的积淀，但也没有家学的束缚，疑古惑经的怀疑精神更加大胆、浓厚。对传世文献，他们普遍敢于怀疑，而金石文献的严肃性、庄重性和可信度逐渐为学者所接受，经过研究之后得出的客观成果，可为重建礼制提供借鉴，从而使金石文献由收藏把玩的器物，变为学术研究的对象和经世致用的工具。

二、概况

　　"金石"一词的最早提出者是曾巩，金石学的源头，可以追溯到汉朝。今日中国学术界一般认为，其真正的开端，应该是在北宋真宗时期，地点是都城汴京，且很快成为一门学问，非常兴盛。近代国学大师王国维认为清代的金石学虽然发达，但一切均以宋代为模式，并没有什么突破，有的方面，反而不如北宋。

　　刘敞是宋代金石学的开山之人。宋仁宗嘉祐五年（1060），担任知制诰①的刘敞出知永兴军（治今陕西省西安市）。西安作为一个有悠久建都史的古城，以各种形式出土的先秦古物很多。但这些古物，只是以古董的形式买卖于古物市场，成为各类古物收藏者、买卖者手中收藏或升值的宝贝。有一次，刘敞到古物市场转悠，一下子被这些青铜器上的花纹和文字所吸引。经过仔细的研究后，他发现这些文字可以弥补、纠正古代史书上一些缺失或错误的记载。嘉祐八年（1063）八月，他回到汴京任职后，撰写了《先秦古器记》一卷，可惜此书未能传下来。

　　宋代金石学名人多达 300 家，共有金石著述 140 余种问世，较著名者有赵明诚《金石录》、李公麟及所撰《考古图》、吕大临及所撰《考古图》、薛尚功《历代钟鼎彝

---

①　负责起草朝廷各方面文告的官员。

器款识法帖》、黄伯思《东观余论》、洪适《隶释》等。但最重要的代表人物是欧阳修。

　　较之赵明诚等重视研究金石器物的形状,欧阳修更重视这些器物上的文字和纹饰。由于欧阳修收藏的大多是拓片而不是器物,所以花费的钱财较少,同时也使得收集、保存及携带的工作较器物收藏更趋简便,得到的却是对研究而言非常有价值的东西。欧阳修曾经说道:"自予集录古文,时人稍稍知为可贵,自此古碑渐见收采也。"①再加上欧阳修史学家的身份,使他的金石学研究能够和史学研究结合起来,相得益彰。

　　欧阳修与刘敞可谓闪耀于北宋金石学学术星空的双子星座。相较而言,欧阳修的成就更加辉煌。刘子健认为其系统收集、研究金石学为全世界最早。②

----

① (宋)欧阳修著,李逸安点校:《欧阳修全集》卷一三五。
② 刘子健:《欧阳修的治学与从政》,台湾新文丰出版公司,1985 年版。

第二节　欧阳修收集古物及拓片的过程

一、启蒙时期的深刻影响

　　欧阳修第一次接触碑帖拓片,始于随州生活时期。幼年时期开始学写毛笔字,叔父欧阳晔费尽心思托人高价买来虞世南《孔子庙堂碑》的拓片,让他看着临摹。圆融遒利、外柔内刚的虞世南的笔法,不但引发了少年欧阳修浓厚的兴趣,而且也让他对碑帖拓片有了初步的认识。从欧阳修后来的记录看来,此碑当时保存完好。

　　虞世南,字伯施,会稽余姚(今浙江省余姚市)人,南朝陈永定二年(558)生,去世于唐贞观十二年(638),官至秘书监。其书法与欧阳询齐名,并称"欧虞",或称其与欧阳询、褚遂良、薛稷为"初唐书法四大家"。褚遂良等写书法必须有良笔美墨,而虞世南对笔和墨的要求不拘一格①。

---

　　①　(后晋)刘昫等撰:《旧唐书》卷八十四。

虞世南去世后,唐太宗说道:"虞世南死了,从此之后没有人能与朕讨论书法了。"①唐太宗在写给魏王李泰的诏书中写道:"虞世南与我,犹如一体,拾遗补阙,一天也离不开,实为当代名臣,人伦楷模。现在他死了,石渠、东观中再无最优秀的人了!"唐太宗写完一首述古今兴亡的诗后,长叹说:"钟子期死后,姜伯牙不再鼓琴。朕此诗,给谁看呀?"②随后敕令起居郎褚遂良,到虞世南的坟墓前,焚烧了此诗。多年之后,唐太宗还是常常梦到虞世南极言直谏的场面。

《孔子庙堂碑》是虞世南最著名的代表作,为其六十九岁高龄时所写。原碑立于唐贞观七年(633),碑高280厘米,宽110厘米,楷书35行,每行64四字,碑额篆书阴文"孔子庙堂之碑"六字,碑文记载唐高祖武德五年(622),封孔子二十三世孙孔德伦为褒圣侯及修缮孔庙之事。

此碑笔法平实端庄,笔势舒展,用笔含蓄朴素,气息宁静浑穆,一派平和、中正气象,是初唐碑刻中的杰作,也是历代金石学家和书法家公认的虞书妙品。据传此碑刻成之后,车马涌集碑下,捶拓之人每天都有。

黄庭坚有诗赞曰:"虞书庙堂贞观刻,千两黄金那购得。"从黄庭坚诗句看来,欧阳修临摹、收藏的该碑拓片,极有可能是唐贞观七年(633)的。

欧阳修幼年就开始临摹虞世南的书法,欧阳晔也会给他讲虞世南的生平事迹。虞世南的人品和书法打动了欧阳修,他也成为欧阳修心中的楷模之一。

二、早期的零星收集阶段

欧阳修的集古历程起自庆历五年(1045),止于嘉祐八年(1063),共十八年的时

---

① （后晋）刘昫等撰:《旧唐书》卷一一八。
② （宋）欧阳修、宋祁:《新唐书》卷一〇二。

间。其实,这只是他系统而集中的收集时间,零散的收集早在庆历五年之前已开始,嘉祐八年之后仍在继续。整个集古活动贯穿其生命历程几乎三分之二的岁月,持续时间之长、投入精力之多可想而知。

天圣四年(1026),欧阳修赴东京参加礼部主持的科举考试,取道唐州(治今河南省泌阳县)境内的湖阳北上,在湖阳路边见到了立于东汉桓帝永寿四年(158)的《樊常侍碑》。欧阳修赶忙下马,仔细阅读,"徘徊碑下者久之"①。尽管当时没有做拓片的工具,但是对于石碑,欧阳修已经表现出了浓厚的兴趣。三十年后,欧阳修才得到了该碑的拓片。

在洛阳担任留守推官时期,欧阳修和梅尧臣等朋友常常一起到嵩山去游玩。嵩山上碑刻甚多。有一次他们看到了唐朝诗人韩覃撰文的《幽林思碑》②,时间为武则天在位时期。欧阳修当时买了这通碑的拓片,主要是因为其"辞藻皆不俗"。欧阳修当时正处于诗歌创作的第一个高峰期,还没有从金石学的角度去考虑,这应该是欧阳修收录的第一幅拓片。

景祐元年(1034),欧阳修担任馆阁校勘期间,朝廷下诏收录全国各地古碑上的文字,收录来的古碑和拓片就放在馆阁。这对欧阳修而言,自然是一次大开眼界的机会。知滁州期间看到的唐朝李阳冰的《庶子泉铭》③碑,其拓片就是这次看到的。

景祐三年(1036)五月,欧阳修贬官夷陵,由东京前往夷陵途中,船过荆门,欧阳修在此停留。此地有一名泉叫惠泉,泉旁有一唐代的石碑,碑上有沈传师和李德裕的唱和诗。欧阳修感觉其诗辞藻优美,由于当时没有做拓片的工具,所以只是记录下来。④ 在夷陵期间,欧阳修与友人泛舟黄牛峡。到达神女庙,见到刻有李吉甫等人诗的石碑⑤,辞藻很美,于是也记录下来。

---

① (宋)欧阳修著,李逸安点校:《欧阳修全集》卷一三五。
② (宋)欧阳修著,李逸安点校:《欧阳修全集》卷一三九。
③ (宋)欧阳修著,李逸安点校:《欧阳修全集》卷一三九。
④ (宋)欧阳修著,李逸安点校:《欧阳修全集》卷一四三。
⑤ (宋)欧阳修著,李逸安点校:《欧阳修全集》卷一四一。

宝元元年(1038)三月到宝元二年(1039)六月,欧阳修担任乾德县县令,一次登县城附近的一座山,发现了唐代的《独孤府君碑》,李邕撰文,书法家萧诚书丹。欧阳修在书中写道:"萧诚书丹的碑刻,全国多处都有,但是只有这幅碑上的书法最漂亮。"①欧阳修对碑刻内容的认识,开始由重视辞藻优美,转而开始注重书法的优美。这个碑有点特殊,有四面,但是只有一面的刻字清晰、完整,有一面比较模糊,另外两面的字则彻底看不清楚了,所以,欧阳修收藏的该碑的拓片,自然也有一面不太清楚。

欧阳修在乾德时期,还得到过西晋武帝司马炎泰始四年(268)的《南乡太守颂》②碑的拓片。

三、集中的收录阶段

这一阶段始于欧阳修任职河北都转运按察使时期。

薛稷是唐朝著名的书画家,与褚遂良、欧阳询、虞世南并列"初唐四大书法家",代表作是《信行禅师碑》。他也善于绘画,长于人物、佛像、树石、花鸟,精于画鹤,有《啄苔鹤图》等作品传世。

薛稷的书法拓片,欧阳修收录的颇多。但是,同一时间写的东西,传世的薛稷墨迹却与拓片互有不同。颜真卿、柳公权的书法刻石,字体也常常出现不同的现象,有人一看见这种墨迹或者拓片,就说某一张是假的。欧阳修认为这种认识太浅薄,其原因是由于模刻人的手艺差别很大。一日,欧阳修与蔡襄鉴别杨褒家所藏的薛稷的书法。蔡襄和欧阳修一致认为不是真迹。欧阳修由此感叹道:"凡世人于事

① (宋)欧阳修著,李逸安点校:《欧阳修全集》卷一三九。
② (宋)欧阳修著,李逸安点校:《欧阳修全集》卷一三七。

不可一概,有知而好者,有好而不知者,有不好而不知者,有不好而能知者。"杨褒属于典型的喜欢但不懂鉴别的人。欧阳修进而说道:"画之为物,尤难识其精粗真伪,一句话肯定说不清楚。得到一幅名画的人,各自按照自己的意思,来欣赏这幅画,但是,他所欣赏的地方,未必是作画者的本意。"欧阳修又拿梅尧臣的诗来作更深一步的说明:"梅圣俞作诗,独以我为知音。我也认为举世之人,知梅诗者,没有能超过我的。我曾经问他自认为最得意的诗句,他朗诵了数句,却都不是我最欣赏的。"①

　　嘉祐七年(1062),欧阳修编成《集古录》一书,共一千卷,其实以后还有添加。欧阳修邀请好友蔡襄为该书作序。在写给蔡襄的信中,欧阳修讲述自己十八年岁月中,不管经历了多少人生的波折,却未尝一日忘记寻找、收藏、研究金石,一千卷的《集古录》,既是滴滴汗水的结晶,也是独特的宝贵的财富。如此痴迷地从事这种极少数人喜欢的事,在有些人看来,委实可笑,但是,明白的人读了此书之后,自然会明白作者的志向所在。即使是生平讨厌的佛、道二家的东西,他也大量收录,因为它们有书法艺术的价值。

　　欧阳修又自谦地说,《集古录》一书文辞鄙陋,不足以自传,如果能够借蔡襄相公的大名,赐写一篇序言,一定可以流传于世。

　　蔡襄愉快地为老友写了序言,其中写道:"欧阳公集古之勤达十八年,书达十八卷,囊括的地域方圆数千里,时间达千百年,圣贤的功业,乱臣贼子的事迹,于传世史书之外,证明伪谬。虽然经过了千辛万苦,但收获之多,是拥有大量珍珠美玉的人所不可比拟的。以他文坛领袖的地位及其广博的兴趣,书籍付梓之后,自然会永远流传,哪里用得着我的序言来扬名呢? 倒是我的小序,借着欧阳公的大名得以流传,委实万幸,岂敢推辞?"②

---

① (宋)欧阳修著,李逸安点校:《欧阳修全集》卷一三八,第2195—2196页。
② (宋)欧阳修著,洪本健校笺:《欧阳修诗文集校笺》(下),外集卷十九。

第三节　欧阳修收集古物及拓片的标准

一、可以正史书记载之谬误

欧阳修在主持编修《新唐书》,独自编修《新五代史》的过程中,收藏、鉴赏、研究金石学的工作也在同时进行,编辑过程中每每以金石上的记载来纠正《史记》《汉书》《旧唐书》《旧五代史》等史书记载的谬误,这部分内容在《集古录》中占的比例最大。

欧阳修在从事金石的收集研究过程中,不断遭到他人的冷嘲热讽,认为他不安心政事、玩物丧志,也没有意思。每每听到这种批评,欧阳修也不做辩解。他知道三观不同的人,辩解也无用,徒费口舌。

刻于东汉桓帝延熹三年(160)的《孙叔敖碑》之拓片,非常少见。欧阳修费了二十年的时间,才搞到此碑的拓片。由此拓片,欧阳修才知道孙叔敖名饶,字叔敖,司马迁的《史记》和其他书中,直接写成孙叔敖。欧阳修为此感叹道:"自立碑之后,没有见过此碑或拓片的人,有多少人知道孙叔敖的名呢? 说我收集古物无用,妥当吗?"

立于唐德宗贞元二年(786)的《汾阳王庙碑》,是记载唐代名将郭子仪事迹的碑刻,关于郭子仪早年战功的记载,《旧唐书》不见记载。而欧阳修"于《新五代史》为李克用求沙陀种类,卒不见其本末"[1],而根据这个碑刻,则发现了一些新线索。

欧阳修家收藏的韩愈的《昌黎集》,号称是当时传世的《昌黎集》最好的版本。欧阳修每每以有韩愈文章的碑刻来校正自己所收藏的《昌黎集》,如刻于唐穆宗长庆元年(821)的《黄陵庙碑》,"不同者二十余事"[2]。遇到这种情况,欧阳修大都以碑刻的记载为准。

二、书法

欧阳修的书法在中国古代书法史上算不上名家,但是,他通过和大书法家蔡襄及其他书法名家的频繁接触,对书法的鉴赏水准,却称得上绝对的行家里手。

自唐代李阳冰之后,最有名的小篆书法家就是生活于五代后汉、后周及北宋初期的郭忠恕。欧阳修认为他的楷书也非常精到。《集古录》中收藏有郭忠恕的《小字说文字源》和《阴符经》两幅作品,都是楷书。

同时期的书法名家,《集古录》收的还有徐铉、徐楷、王文秉的作品。

---

① (宋)欧阳修著,李逸安点校:《欧阳修全集》卷一四一。五代后唐、后晋、后汉的建立者,都是沙陀族。
② (宋)欧阳修著,李逸安点校:《欧阳修全集》卷一四一。

三、辞藻优美

欧阳修是唐宋八大散文家之一，又是杰出的诗人和词人，所以辞藻优美的碑刻，很难逃过欧阳修的法眼。立于天宝四载(745)的《裴夫人志》(在长安附近的万年县)和亳州法相寺的《矮槐文》，都是因为"辞藻潇洒"①而被欧阳修收录，而《裴夫人志》的作者却无从知晓。由此可以看出，欧阳修追求的是文学水准而不是作者的名头大小。

四、道德判断价值

欧阳修所写的《集古录》，绝非一部单纯的收藏、鉴别、研究金石的著作，与他所修的《新五代史》一样，也是一部史书。所以，有些收藏，虽然文字、文采两方面都没有价值，但是具有惩恶扬善的功能，也要记录下来。

立于唐僖宗中和四年(884)的《王重荣德政碑》，在欧阳修看来，最具标本价值。德政碑本是百姓为口碑、政绩都不错的官员立的纪念碑，可王重荣作为唐末割据势力的代表，虽然有破黄巢等功劳，但后来却成为国家大患。欧阳修写收录此碑的目的："让后世知道求名莫如自修，善誉不能掩恶。王重荣也想垂美名于千载，而其罪恶终暴于后世，毁誉善恶，不可颠倒。"②

---

① （宋）欧阳修著，李逸安点校：《欧阳修全集》卷一四三。
② （宋）欧阳修著，李逸安点校：《欧阳修全集》卷一四三。

五、独到价值

《五代时人署字》①一条记载，北京大名府有一户人家把五代时帝王将相在各处石碑上的签名拓下来集录成册，流传后世。欧阳修认为有独到的史料价值，将其合为一卷，收录进书。

仁宗嘉祐后期（1061—1063），官府于宿州（今安徽省宿州市）附近开挖汴渠，于泥沙中发现了《周伯著碑》，"其文字古怪，而磨灭无首尾，了不可读"，仅可见到"渤海君玄孙，季景长子也"十个字，也不知道周伯著为何时何处人，其事迹也不可考，文辞莫晓，字画也不工。欧阳修因其古怪而收录，自嘲是"好古之弊也"②。

太常博士黄孝立是福建人，他给欧阳修带来了一幅拓片，并解释了拓片的来历。福州永泰县观音院后边的山上，顽石众多，其上有好像人用指头蘸着泥浆画成的文字，根据石头的形状，循环分布，如车轮一样，无法看出首尾。黄孝立又补充说道："我在广州，曾经看到当地人用少数民族祭祀的方式祭天，日夕焚香，用金粉在纸上写字，号为天篆，和这一样，但是不晓得什么意思。"有人用道家的符篆来解释，认为是"勤道守三一，中有不死术"，但是不知道这一解释对否。③ 欧阳修也感到很奇怪，以《福州永泰县无名篆》的题目写入《集古录》。

刻于唐玄宗开元二十九年（741）的《石壁寺铁弥勒像颂碑》④，位于太原府交城县，乃太原府参军房璘妻高氏所书。欧阳修第一次见到妇人所写的书法拓片，且文理通顺，字体挺秀，于是将其记入《集古录》。《集古录》中还记载了高氏的另外一幅

---

① （宋）欧阳修著，李逸安点校：《欧阳修全集》卷一四三。
② （宋）欧阳修著，李逸安点校：《欧阳修全集》卷一四三。
③ 2018 年 3 月，永泰县村民在此地发现了此类石头，目前未能全部破译，疑是原始社会时期的壁画。
④ （宋）欧阳修著，李逸安点校：《欧阳修全集》卷一三九。

书法作品《安公美政颂》①，但是欧阳修与蔡襄经过反复研究，认为不像女性的书法，而且高氏的这两幅作品，风格迥然不同，欧阳修也无法做出确切的解释。他期待读者看书后，自己辨别。这也是该书中唯一的关于女性书法家的记载。

---

① （宋）欧阳修著，李逸安点校：《欧阳修全集》卷一三九。

第四节   欧阳修收藏、研究金石的乐趣

一、独乐乐

嘉祐七年（1062），欧阳修终于收集齐了传世的《十八家法帖》。他高兴地写道："吾有《集古录》一千卷，晚年又得此法帖，归老之计足矣。寓心于此，其乐可涯。"①时年五十六岁的欧阳修，认为自己足可以提前致仕，归老林下，过自由自在的生活了。

收藏、研究金石，已经是欧阳修工作之余的一种享受，也是其学术事业的一部分，欧阳修在写于英宗治平元年（1064）的东汉《张公庙碑》的条文后写道："写于闰五月九日。时日先奏事于垂拱殿，结束之后，又被召赴延和殿议事，查看回谢契丹使节的礼物。"②晚饭后，马上开始研究、书写，忙得不亦乐乎。

---

① （宋）欧阳修著，李逸安点校：《欧阳修全集》卷一四三。
② （宋）欧阳修著，李逸安点校：《欧阳修全集》卷一三八。

治平元年(1064)夏至,欧阳修写完唐玄宗天宝元年(742)《郑预注多心经》条文后,特别写道:"大热,玩此以忘暑,因书。"当然,此处的"玩"字,非玩耍之意,而是欧阳修经常喜欢用的一些戏谑用语,把欣赏、研究拓片作为人生一大乐事。

收藏到心仪的古物或拓片,对欧阳修而言,自然是莫大的享受,"汉隶刻石存于今者少,唯余以集录之勤,所得为独多",但是,"然类多残缺不全,盖其难得而可喜者,其零落之余,尤为可惜也"①。

治平三年(1066)初秋一日的中午,欧阳修研究完唐代的《明禅师碑》后,在条文后写道:"秋暑困甚,览之醒然。"再困再热的天气,也挡不住六十岁的欧阳修对金石学研究的痴迷。

熙宁四年(1071),时年六十五岁的欧阳修又写到研究的心得,"老年病目,不能读书,又艰于执笔。唯此与《集古录》可以把玩,而不欲屡阅者,留为归颍销日之乐也"。欧阳修实在有趣,他认为快乐都不可以一下子享受完,要留一点,等待将来致仕后到颍州再慢慢享受,否则就太没有意思了。欧阳修进而又写道:"喜欢的东西,只有永远处于不足的状态,才能其乐无穷。倘或为此到劳神费力的状态,就会产生厌倦的情绪,那就适得其反了。当然内心的快乐必须有对外物的追求,正如韩退之的名言,山林之乐与城郭之乐没有本质区别。有道之人看了我这段话后,又要嘲笑我了。"②

二、与人乐乐

欧阳修闲暇时,也请朋友一起欣赏他的收藏宝物。

---

① (宋)欧阳修著,李逸安点校:《欧阳修全集》卷一三五。
② (宋)欧阳修著,李逸安点校:《欧阳修全集》卷一四三。

刘敞在《公是集》中记载至和元年（1054）岁末，欧阳修在家宴请他和韩维等朋友，边喝酒边欣赏古物的场面，"永叔出所收古文碑碣及龙头铜枪示客，以张宴兴也"①。韩维也在一首诗中留下了同样的记载："翰林文章伯，好古名一世。家无金璧储，所宝书与器。北堂冬日明，有朋联骑至。新樽布几案，二鼎屹先置。大鼎葛所铭，小鼎泽而粹。坐恐至神物，光怪发非次。群贤刻金石，墨本来四裔。纷穰罢卷轴，指摘辨分隶。其中石赞藏，家法非一二。精庄与飘逸，两自有余意。"②几位情投意合的友人，边喝酒，边欣赏古物，边听欧阳修讲古物的来历及含义，其间免不了有人和欧阳修争辩，难怪韩维发出"兴来辄长歌，欢至遂沉醉"③。

欧阳修有时还将一些拓片送给同样爱好的朋友。知滁州期间得到唐朝李阳冰《庶子泉铭》④碑侧面十几个字的拓片后，由于很少有人见到过，欧阳修又让人多做了两幅拓片，送给梅尧臣和苏舜钦，并赋诗一首，叙述发现的经过及感想。⑤

梅尧臣有一首诗题名为《观永叔集古录》，内容如下：

古碑手集一千卷，河北关西得最多。

莫怕他时费人力，他时自有锦蒙驰⑥。

梅尧臣的另一首长诗题名为《读永叔集古录目》⑦，鲜明地指出了欧阳修持之以恒地从事金石学研究的意义：

古史书不足，磨璞镌美辞，

① （宋）欧阳修著，洪本健校笺：《欧阳修诗文集校笺》（上），居士集卷五注（一）。
② （宋）韩维：《南阳集》卷四，台湾商务印书馆影印版，1976年版。
③ （宋）欧阳修著，洪本健校笺：《欧阳修诗文集校笺》（上），居士集卷五注（一）。
④ （宋）欧阳修著，李逸安点校：《欧阳修全集》卷一三九。
⑤ （宋）欧阳修著，李逸安点校：《欧阳修全集》卷五十三。
⑥ （宋）梅尧臣著，朱东润校注：《梅尧臣集编年校注》卷十八。
⑦ （宋）梅尧臣著，朱东润校注：《梅尧臣集编年校注》卷二十七。

　　周宣石鼓文已缺,秦政峄山字苦瘗,

　　西汉都无半画在,黄初而上犹得窥,

　　下及隋唐莫可数,奇言伟迹恐所遗。

　　信都力黏大小轴,集十为秩仍第之,

　　随目证讹甲癸推,青编是非皆究知。

　　有益於古今不疑,碑虽灭绝事弗移,

　　后人览录尚若披,信都用意无穷期。

　　天灰地烬乃终毕,信都信都名愈出。

三、痛心

　　立于唐代宗大历十四年(779)的《张敬因碑》,由著名书法家颜真卿撰文并书丹。碑在许州临颍县一农户的田地中。庆历初期,知道此碑刻价值的人常常去做拓片。农户担心这样下去,被踩坏的禾苗会越来越多,干脆用锤子把碑敲成了几块。当时,欧阳修知滁州,听说此事后,为之震惊,急忙派人去找,得到了七块残碑,上边的文字已经不能缀合成文,只有碑主的一点信息,“君讳敬因,南阳人也。乃祖乃父曰澄、曰运”。欧阳修感叹“其字画尤奇,甚可惜也”,“世所奇重,此尤可珍赏也”①。

---

① （宋)欧阳修著,李逸安点校:《欧阳修全集》卷一四〇。

四、忧患意识

欧阳修长期沉溺于对自三代到宋初书法精品的欣赏和研究,对比之后,对当时的书法现状很不满意。

欧阳修经常与蔡襄一起讨论书法。他俩一致认为:"书法之盛,莫过于唐。书法之废,莫过于今……今世的书法家,屈指可数的也就三四人,不是不能写,是不重视书法的重要性。"[1]欧阳修甚至认为战乱时期的五代在书法上也有值得称道的书法家,"五代干戈之际,学校废,可谓君子们所追求的道义消亡之时,然而还有郭忠恕这样杰出的书法家"[2],还有王文秉这样"士之艺有至于斯者"[3]。大宋建国百年有余,天下太平,儒学兴盛,"独于书法之学,几乎中断"[4],"今士大夫务以远大自高,认为书法不值得学习,大多仅仅会写毛笔字,偶尔有几个书法名家,世人也不知道去尊重他们"[5]。面对这种局面,学者们不应该扪心自愧、不应该好好努力吗?欧阳修与蔡襄在讨论书法之时,每每发出这样的感叹。

五、保护

欧阳修在收集、欣赏、研究金石时,还注意对金石的保护。

---

① (宋)欧阳修著,李逸安点校:《欧阳修全集》卷一三九。
② (宋)欧阳修著,李逸安点校:《欧阳修全集》卷一四三。
③ (宋)欧阳修著,李逸安点校:《欧阳修全集》卷一四三。
④ (宋)欧阳修著,李逸安点校:《欧阳修全集》卷一四三。
⑤ (宋)欧阳修著,李逸安点校:《欧阳修全集》卷一四二。

    欧阳修为河北转运使期间,看见一块石碑斜躺在真定府的府衙之外,一半露出地面,一半埋于土中,也不知多少官员或士人看到过,谁也没有当回事。但欧阳修凭着金石学家的敏感,马上让人把碑全部刨出来。用水冲干净上边的泥土后,欧阳修俯下身仔细辨认,才知道是唐高宗永淳二年(683)刻立的《陶云德政碑》。① 后欧阳修让人把碑立于真定府院内的走廊上。

    立于东汉光和六年(183)的《朱龟碑》②,在亳州境内的荒郊野外,欧阳修看了拓片后,才知道朱龟官至御史中丞这样的高官,《后汉书》等史书却没有记载。于是在英宗治平四年(1067)知亳州期间,命人将该碑移到亳州州学院内。

---

① (宋)欧阳修著,李逸安点校:《欧阳修全集》卷一三八。唐代恒州辖区约相当于北宋真定府辖区。
② (宋)欧阳修著,李逸安点校:《欧阳修全集》卷一三六。

第五节　众人拾柴火焰高

　　欧阳修能够成为宋代最有成就的金石学家,和朋友们的大力帮助绝对分不开。如果仅凭一己之力,物力、财力都达不到,且个人的学识也有限。在欧阳修所写的《集古录》一书中,明确提到为其收录金石、研究金石做出贡献的人物就包括如下二十余人,实际上远不止这个数目。

一、刘敞

　　刘敞不仅是北宋金石学研究的开创者,还是著名的史学家、经学家、散文家,他对欧阳修的帮助很大且很专业。

　　(一)商洛鼎铭①

　　刘敞释读其文。内中有"唯十有四月既死霸"一句,刘敞和蔡襄都未能解释清楚其含义。欧阳修抱着"知之为知之,不知为不知"的态度,如实记录下当时释读的

————————————

① (宋)欧阳修著,李逸安点校:《欧阳修全集》卷一三四。

结果。

（二）叔高父煮簋铭

刘敞在永兴军得到此簋后,将其盖子上和腹内的铭文拓片送给欧阳修,并解释其用途,认为是三代的一种礼器。宋以前的古书上有此记载,但没有人见过,现在通过实物,可以纠正古书上的错误。

此前宋代祭祀时,有些人根据古书的记载,制作了想象中的簋,外方内圆,像一个桶,盖子刻成龟形。而刘敞得到的簋,外方内圆,能容四升水,远远望去像一个乌龟,有头有尾有足有腹有甲。欧阳修得到拓片后,和蔡襄一起研究此器物及上边的铭文,并感叹道:"君子之于学,贵乎多见而博闻。"①

（三）伯冏之敦和张仲器铭

刘敞不仅送给了欧阳修许多古器物的拓片,还送古器实物给他,伯冏之敦和张仲器铭两件宝物,刘敞得之于永兴军,后送给了欧阳修。

由于欧阳修对三代典籍非常熟悉,他马上想起《诗经》《尚书》中有关于此二人的记载,《诗经·六月》有"侯谁在矣,张仲孝友"两句诗,张仲是周宣王②时期的人;伯冏是周穆王时期的人。

张仲器铭上边有五十一个字,欧阳修释读出了四十一个字,剩下无法释读的字,他期待博学之士去释读。

欧阳修释读完之后,感叹道:"太史公司马迁《史记》一书,共和以后的年代才开始详细记录。因为古书中有相关记载,共和以前的年代,太史公本着谨慎的治史态度,没有记录。现在我们得到了周穆王时期的古器。周穆王生活的年代在共和以前五世,太久远了。难道张仲作此器物时,就是期待它将来落入刘原父和我手中吗? 因此,君子追求道义,必须有长远的眼光。古器于人,也有幸与不幸的道理。

---

① （宋)欧阳修著,李逸安点校:《欧阳修全集》卷一三四。

② 周朝第 11 任国君,公元前 827 年到公元前 728 年在位,在位时间长达 46 年。其父为残暴的周厉王,其子为荒淫无道的周幽王,宣王统治的前期国家一度出现中兴的局面。

如果它出土的时间不一样或遇到的人不一样,它的命运自然也不一样。"①

（四）林华宫行灯、莲勺宫铜博山炉与谷口铜甬铭

欧阳修得到此三物的拓片之前,还没有得到过西汉器物的拓片,"求之久而不获,每以为恨"②。嘉祐年间,刘敞知永兴军,得到这三个西汉的器物后,做成拓片,送给了欧阳修,大大满足了欧阳修的心愿。

二、杨南仲

杨南仲是太常博士,在国子监负责讲授书法。他的书法以小篆见长,著有《石经》七十五卷③。欧阳修在研究夏、商、周三代古器物上的文字时,有疑问的地方一定向杨南仲和章友直请教。欧阳修《集古录》成书后,二位朋友相继去世,从此之后,再也找不到能够释读三代文字的人,而三代的古器物欧阳修再也没有遇到过。

（一）韩城鼎铭④

杨南仲释读其文,与欧阳修的释读有不同之处,欧阳修将二人的释读都记录下来。

（二）绥和林钟、宝盉、宝敦⑤

这三种古器物上的铭文全由杨南仲释读。由于器物经过年深日久的土埋、水淹的侵蚀,有些字已经看不清楚,杨南仲也难以辨认。

---

① （宋）欧阳修著,李逸安点校:《欧阳修全集》卷一三四。公元前 841 年,国人不满周厉王的残暴统治,以武力赶跑了他,国家的大政由周公和召公共同执掌,历史上称为周召共和,该年也是中国历史上有确切纪年的开始。

② （宋）欧阳修著,李逸安点校:《欧阳修全集》卷一三四,第 2086—2087 页。

③ （元）脱脱等:《宋史》卷二〇二,《艺文一》,第 5076 页。

④ （宋）欧阳修著,李逸安点校:《欧阳修全集》卷一三四,第 2066 页。

⑤ （宋）欧阳修著,李逸安点校:《欧阳修全集》卷一三四,第 2071 页。

（三）王文秉小篆千字文

欧阳修认为南唐王文秉的篆书水平远远超过声名显赫的徐铉。而王文秉的作品,只有欧阳修屡屡得到。此本为杨南仲所赠。

在这方面,杨南仲对欧阳修的帮助也很大。

三、蔡襄

蔡襄是当时最知名的书法家,欧阳修对书法的鉴赏等能力的提高,得之于蔡襄最多。

（一）《后汉秦君碑》在南阳

碑上的字已经完全看不清,唯独碑首上的大字清晰可见。仁宗皇祐三年(1051),蔡襄看到后,一眼就看出了它的价值,于是把碑首上的字做成拓片,送给欧阳修,且在拓片上写了"势力劲健可爱"①六个大字。

（二）《有道先生叶公碑》

李邕撰文并书丹,欧阳修虽然收藏李邕书丹的拓片不少,但只有这一幅最好。蔡襄在送给欧阳修该拓片的同时,告诉欧阳修,在李邕众多的书法作品中,这幅水平最高。

四、韩琦

《蔡有邻卢舍那珉像碑》是一座关于佛教的碑,唐玄宗开元十六年(728)刻石,

---

① （宋）欧阳修著,李逸安点校:《欧阳修全集》卷一三六,第2134页。

该碑在定州(今河北省定州市)。庆历年间(1041—1048),韩琦知定州期间,派人做拓片送给欧阳修。由于是韩琦所送,欧阳修在记录、分析这幅拓片的内容后特别写道:"我从事金石收集、研究的过程中,如果没有众多君子的热心帮助,绝对收集不到这么多东西。"①

欧阳修于皇祐二年(1050)给韩琦的一封信中写道:"前在颍州,所送碑文拓片甚多,今又派人送来《宋公碑》拓片两幅,此外还有《张迪碑》和《八关斋记》的拓片。"②韩琦对欧阳修的帮助非常大,只不过欧阳修《金石录》一书中具体写到的地方要少。

五、宋祁

周穆王刻石③,在河北西路赞皇县(今河北省赞皇县)城南十三公里的壇山上,只有"吉日癸巳"四个字。《穆天子传》一书记载,周穆王登赞皇以望临城,置壇此山。后代于是把此山叫作壇山,"吉日癸巳"的意思就是"癸巳"这一天是黄道吉日。但是欧阳修查了一下《穆天子传》一书中的记载,只记载穆天子登山的行为,没有刻石的记载,四个字的笔画也奇怪,因此,欧阳修表示怀疑。

庆历年间(1041—1048),宋祁知真定府(治今河北省正定县),派人去壇山把这四个字拓下来,准备送拓片给欧阳修。岂料所派之人是一员武将,他命工匠带着工具把这四个字从岩石上凿了下来,拉到了府衙。宋祁看后,哭笑不得,为了保护这四个字,只好把石刻安放在了府衙的墙壁上,知道此事的人为此深为可惜,估计欧阳修虽然得到了拓片,内心也很痛惜。放在今天,武将的做法,是典型的破坏文物

---

① (宋)欧阳修著,李逸安点校:《欧阳修全集》卷一三九,第 2215 页。

② (宋)欧阳修著,李逸安点校:《欧阳修全集》卷一四四。

③ (宋)欧阳修著,李逸安点校:《欧阳修全集》卷一三四。

的行为。

六、文同　陆经

文同也曾经担任秘阁校理,其老家是四川人。他游历长安时,买到了两个秦代的铜制的度量器具,上边有文字。他拿来让欧阳修看,欧阳修做成了拓片。欧阳修后又于朋友陆经家见到了一个秦代的铜板,上边的文字和文同手中的一个度量器具上的文字完全一样,欧阳修自然也做了拓片。后,欧阳修对照颜之推《颜氏家训》中的记载,对秦代的度量制度进行了研究①。

七、江休复

秦代泰山刻石中有秦二世的诏书,由宰相、书法家李斯先写成篆字,再由石工镌刻。宋时尚存几十个字②。江休复贬官奉符(今山东省泰安市),曾经登山前往石刻所在的地方,亲自考察,后让人做了拓片,送给欧阳修。

---

① （宋）欧阳修著,李逸安点校:《欧阳修全集》卷一三四。
② （宋）欧阳修著,李逸安点校:《欧阳修全集》卷一三四。

八、施昌言

　　庆历年间(1041—1048),时为陕西都转运使的枢密直学士施昌言,在陕西发现了东汉灵帝光和元年(178)刻的《崤阮君神祠碑》①。碑文磨灭得很不清楚,施昌言让人把面加水弄成糊状,糊上去,凝固之后再把面抠下来,这才看清了一部分笔画,然后做成拓片,送给欧阳修。

九、杨畋

　　杨畋是天章阁待制,平生以研究隶书、学习隶书为乐。

　　欧阳修任职河北路都转运按察使期间,杨畋告诉他在常山的东汉《稿长蔡君颂碑》②(立于灵帝光和元年,公元178年),是他发现的汉代碑刻中隶书风格最完美的。欧阳修对于隶书不太了解,听了之后,赶紧派人去做了拓片。

---

① (宋)欧阳修著,李逸安点校:《欧阳修全集》卷一三六。
② (宋)欧阳修著,李逸安点校:《欧阳修全集》卷一三六。

十、高绅

东晋穆帝永和四年(348)的《乐毅论》碑①。《乐毅论》是三国时期魏国夏侯玄撰写的一篇文章。文中论述的是战国时代燕国名将乐毅及其征讨各国之事。传言王羲之用小楷写了该文并刻成石碑,这也是王羲之作品唯一刻石的记载。

欧阳修所得的这个拓片来自高绅学士家。高绅去世后,家人一开始不知道石碑的价值及保护的重要性。所以经常有人到他家去做拓片,甚至卖拓片牟利。其家人知道后,把碑藏了起来,轻易不再让人做拓片。但是,高绅去世后,子弟们因为经济原因,把碑当给有钱的富商,富商家发生火灾,碑毁于火灾。欧阳修深为可惜。该拓片后边有"甚妙"二字,是梅尧臣所写。应该是欧阳修和梅尧臣一起鉴定、欣赏、研究后,梅尧臣情不自禁所写。

十一、李丕绪

李丕绪是长安人,世家贵族的后代,喜欢收藏碑文。

晋《七贤帖》②,是有竹林七贤之称的嵇康等人的书法作品。该拓片欧阳修得之于李丕绪家。由于竹林七贤的作品很少有传世的,欧阳修也难以辨别其真假,所以在记录中持保留态度。可见欧阳修在金石学的研究中,秉持科学研究的谨慎精神。

---

① (宋)欧阳修著,李逸安点校:《欧阳修全集》卷一三七。
② (宋)欧阳修著,李逸安点校:《欧阳修全集》卷一三七,第2165页。

李丕绪后又送给欧阳修唐代《玄度十体书》①的拓片。由于该碑刻的拓片苏氏（疑是苏轼,笔者注）也送给欧阳修一幅,两幅拓片的文字有少许差别,所以欧阳修把它们都录入《集古录》,让看书的人自己去辨别。由此可以看出,欧阳修在学术研究上秉持不专断的精神。

十二、杨褒

仁宗皇祐、至和之交（1053—1054）,欧阳修赴江西老家安葬母亲郑氏和胥氏、杨氏两位夫人的灵柩,回东京途中在扬州小住。皇帝的内侍黄元吉,拿着唐玄宗李隆基的《鹡鸰颂》②拓本让欧阳修看,欧阳修"把玩久之",却并没有向他开口索取,也没有说购买,估计源于欧阳修对内侍一贯鄙视的心态。二十年后,欧阳修获此拓片于国子博士杨褒。又三年后,欧阳修知青州,始知此碑在故相王曾家。

十三、裴造

裴造是殿中丞③,爱好收藏古物,家中所藏《黄庭经》拓片,已经传了好几代。当他获悉欧阳修正在写《集古录》时,毫不犹豫地送给了欧阳修,并且说道:"与其藏于

① （宋）欧阳修著,李逸安点校:《欧阳修全集》卷一四二,第2292页。
② （宋）欧阳修著,李逸安点校:《欧阳修全集》卷一三九,第2218页。《鹡鸰颂》,纸本,纵26厘米,横192厘米。行书,40行,计337字。现藏台北故宫博物院。
③ 无具体事物的闲散官员。

家,不如见之于欧阳公的《集古录》,可以传之不朽也。"①裴造的这种收藏观念及境界,很值得称道。

十四、刘苣和张昇

刘苣送给欧阳修立于唐宣宗大中十年(856)的《修兖州文宣王庙碑》②拓片。皇祐元年(1049),欧阳修由扬州移官颍州。船过濠州,张昇送给他立于大中年间的《濠州劝民栽桑敕碑》③的拓片。通过前一拓片,欧阳修知道了唐代中书门下"牒"的原样;通过后一拓片,欧阳修知道了唐代"敕"的原样,这才知道唐代平章事不是签署"敕"的官员。宋初的官员,见到中书门下的"牒",便呼为"敕",完全搞混淆了。

十五、张景儒

欧阳修于仁宗皇祐年间得到了柳公权所书的《阴符经序》拓片,蔡襄认为是他所见到柳公权书法中最精美的一幅。欧阳修于是开始了寻找与之配套的《阴符经》碑刻所在,但是许多人都认为它已经不存于世。欧阳修冥冥之中却认为它还存在,苦苦寻找了十年,也未能找到丝毫踪迹。英宗治平三年(1066),素不相识的镌工张景儒知道此事后,把《阴符经》的拓片送给了欧阳修的属下。欧阳修一看,惊喜万

① (宋)欧阳修著,李逸安点校:《欧阳修全集》卷一四三,第2311页。
② (宋)欧阳修著,李逸安点校:《欧阳修全集》卷一四二,第2298页。
③ (宋)欧阳修著,李逸安点校:《欧阳修全集》卷一四二,第2298—2299页。

分,赶紧把原文记录下来,并为此感叹道:"信乎,余所谓物常聚于所好也。"①

十六、许元

庆历年间,天章阁待制许元为江淮发运使,因为主持修筑长江大堤,在江水中发现了刻于唐宪宗元和四年(809)的石碑,上边有唐代僧人灵澈的两句诗:"相逢尽道休官去,林下何曾见一人。"②他赶紧让人做好拓片寄给了欧阳修。

十七、李建中

刻于唐代宗大历六年(771)的《大唐中兴颂》石碑,位于永州的山崖上。因为是颜真卿所写,后人做拓片的太多,导致碑也被损坏。欧阳修从西京留台御史李建中家得到了四十多年前的拓本,可谓尤为难得③。

十八、谢景初

东汉宗资墓前的两个石兽的胳膊上,一个刻有"天禄"二字,另一个刻有"辟邪"

---

① (宋)欧阳修著,李逸安点校:《欧阳修全集》卷一四二。
② (宋)欧阳修著,李逸安点校:《欧阳修全集》卷一四一。
③ (宋)欧阳修著,李逸安点校:《欧阳修全集》卷一四〇。

二字,墓在南阳邓州界内。欧阳修年轻时多次往来这一带,在路边见到,并仔细看过。欧阳修后来正式开始集录金石后,想得到这四个字的拓片,屡次求人帮忙也未能搞到。洛阳时期的好友谢绛的儿子谢景初,后安家于邓州,他知道后,为欧阳修搞到了拓片。但是欧阳修看了拓片之后,发觉"字划讹缺"[1],不像自己以前看到时完整。

刻于东汉顺帝永和四年(139)的《张平子墓铭》[2],分为两截,一截在南阳(指今河南省邓州市),一截在向城(今地址不详,疑也在邓州界内)。天圣年间,知南阳县赵球,因为修建县署,挖出一块石头,发现上边有字,原来是《张平子墓铭》,于是把它砌于县衙的墙壁上。但是,该墓铭内容不完整,至"凡百君子"而止。谢景初后来得到了《张平子墓铭》在向城的拓片,该拓片内容正好是"凡百君子"以后的内容。欧阳修把两个拓片缀合到一起,内容才基本完整,只有最后四个字缺失。欧阳修认为是当时人有意这样做,但是为何这样做,却无法解释。

十九、刘仲章

欧阳修得到了东汉熹平年间立于乐昌县的《桂阳周府君碑》[3]的拓片,但是由于碑上的字磨灭不清,只能辨认出碑主周氏字君光,名却不知道。后国子监直讲刘仲章送给了欧阳修他收藏的该碑正反两面的拓片,较之欧阳修手中的拓片,要清楚一些。原来刘仲章曾经做过乐昌县的县令,他又给欧阳修讲了一些此碑的来历,这才知道碑主名憬。

---

① (宋)欧阳修著,李逸安点校:《欧阳修全集》卷一三六。
② (宋)欧阳修著,李逸安点校:《欧阳修全集》卷一三四。
③ (宋)欧阳修著,李逸安点校:《欧阳修全集》卷一三六。

二十、裴如晦

欧阳修《金石录》一书中,完整地记录下裴如晦于治平元年(1064)十二月十四日写给他的一封短信,其内容即是讨论有关金石的问题:

> "余曾经说过,周、秦、东汉往往有刻有文字的器物传世,独独没有发现西汉的。有人说在华州见到有挖出来的瓦上有汉武帝元光年间的文字,于是急忙派人去购买,买来后才发现是有人造假。有朋友告诉我,您也以未能发现汉代器物上的文字为收录金石一大遗憾。后余知丹阳,一位姓苏的卖铜足燕尾灯的古物,上边刻有黄龙元年(西汉宣帝年号,公元前49年)所造的文字,余于是做成拓片,准备寄给相公和其他友人,让大家辨别一下,以录入《集古录》,但是家中突遇丧事,未能寄出。昨夜翻阅旧物,突然发现,赶紧给您寄去。"①

欧阳修收到后,经过仔细辨别,认为是西汉的器物。

熙宁五年(1072)四月,欧阳修在修改《集古录》一书时,又一次仔细看这幅拓片,于是在裴如晦这封短信后写道:"后三年,余知亳州,裴如晦因病去世于东京。次年,刘敞去世于南京(今河南省商丘市)。二人都尚在壮年,而我独岿然而存。"②

睹物思人,欧阳修又一次流下了老泪。

---

① (宋)欧阳修著,李逸安点校:《欧阳修全集》卷一三四,第2087页。
② (宋)欧阳修著,李逸安点校:《欧阳修全集》卷一三四,第2087—2089页。

二十一、王洙

王洙,字原叔,应天宋城(今河南省商丘市)人,进士出身,图纬、方技、阴阳、五行、算数、音律、诂训、篆隶之学,无所不通。

欧阳修做乾德县令期间,发现了一块立于东汉灵帝熹平三年(174)的石碑,碑上有一个字,谁也不认识,许慎《说文解字》一书也没有收录。欧阳修于是给在东京做官的王洙写信,让他帮忙做出解读①。

清代钱曾认为"欧阳修《集古录》一书,随得随录,没有编排顺序,宋代的刻本就是这样。今人按照时代顺序进行了编排,完全失去了欧阳修原书的意思"②。

笔者认为钱曾的分析是正确的。从现存《集古录》的内容来看,该书最晚一条记录是熙宁五年(1072)四月。该年闰七月二十三日,欧阳修去世,自然不会有按照时间顺序编辑的迹象。

---

① (宋)欧阳修著,洪本健校笺:《欧阳修诗文集校笺》(下),外集卷十八,第1813—1814页。
② 洪本健编:《欧阳修资料汇编》(中册),第722—723页,中华书局1995年版。

第八讲

国必须有史　家不可无谱

—— 族谱编撰成就

谱牒自汉代诞生后，魏晋南北朝及隋唐时期，在国家政治生活中，扮演着重要的角色，但是只有豪门贵族才有谱牒。经过安史之乱和唐末农民起义的打击，以及五代时期的战乱，豪门贵族大多烟消云散，谱牒大多荡然无存。

北宋时期，庶族地主的势力不断兴起。为适应新的形势的需要，欧阳修和苏洵各自创立了新的家谱制作体例，这种体例一直持续到民国结束。

第一节　宋代以前家谱的重要性及政治属性

　　族谱又称家谱、家乘。唐朝以前修家谱主要有两个功能，一是政府选官的需要，在门阀士族占统治地位的时代，家谱可以看出门第的高低。二是婚配的需要，门当户对的婚姻，必须互相看一下家谱才能初步确定对方家族的门第高低。所以家谱的编纂，是官方行为，由官府组织编纂，还要排定各姓的位次，而且只有世家大族才有修家谱的资格。

　　唐朝建立后，为了加强中央集权，继续隋朝的政策，压抑魏晋南北朝时期世家大族的特权。唐太宗即位后，收集全国世家大族的谱牒，命大臣高士廉等编纂新的氏族志①。贞观十二年(638)，《大唐氏族志》(100 卷)修成，包括二百九十三姓，一千六百五十一家，太行山以东的世家大族崔、卢、李、郑位居第一等，包含皇家血统的陇西李氏反而不在第一等。唐太宗看后非常不满意，责令修改。修改之后皇族李氏列为第一等(上上)，外戚②列为第二等(上中)，山东崔氏降为第三等(上下)。这种变化，显然是为了加强中央集权，凸显皇家的无尚威权。然而，唐代世家大族地位的彻底衰落，则是由于唐末农民大起义的沉重打击。

---

① 此处氏族不是原始社会氏族社会的含义，而是指世家大族。
② 包括皇帝母亲的娘家和皇后的娘家。

第二节　宋代重修家谱的重要性和必要性

　　由于安史之乱之后及五代时期长期战争的破坏,春秋诸侯国国君的后代,在欧阳修生活的年代之前,"长期不绝其世谱,而唐朝昌盛时期,公卿家法存于今者"①,只有宰相杜衍一家。他家处理吉凶、祭祀、斋戒事情时,一切照着家谱记载的规矩来。而其他家族,由于无所凭依,只好一切从简,自然没有那种应有的仪式感、庄严感。

　　对宗族祖先的祭祀,也即祖先崇拜,其渊源可以追溯到原始社会时期,在中国古代宗族社会中占有重要地位。人们相信,后人可以从祖先那里得到抚慰和恩庇,祖先虽然故去,但是仍然在左右着他们的命运。如果不是"绝户",祖先得不到子孙的祭祀,灵魂就不会安生,就给家庭带来各种不祥甚至灾难。定期的宗族祭祀,也成为维系宗族存在、繁衍、壮大的重要纽带之一,也是增强宗族凝聚力的重要工具之一,也是维护社会稳定的重要力量。

　　祠堂祭祀是家族祭祀的最重要场合,韩琦非常重视祠堂祭祀所应该遵循的礼仪程序。宋仁宗庆历元年(1041)郊祀,为推恩百官,颁敕"听文武官依旧式立家

---

　　① 　(宋)欧阳修著,洪本健校笺:《欧阳修诗文集校笺》(上),居士集卷三十一,《太子太师致仕杜祁公墓志铭》。

庙"，但是经过唐末到五代的长期战乱，唐代家庙的样式和祠堂祭祀的礼仪，即使士大夫之家也不清楚，于是便出现了种种非正规的祠祭礼仪，"故公卿大夫之家，岁时祠飨，皆因循便俗，不能少近古制"。虽然后来朝廷下诏礼部的官员处理这事，但是一直到熙宁三年(1070)，近三十年的时间过去了，却未能拿出统一的意见。

族谱学不能仅仅从家谱的角度来分析并评价，必须放到中国古代家族社会的大背景进行考察，与家族墓地、祠堂、祭祀的仪式、族规、家法、乡约、国家法律等许多因素联系起来进行分析，"古代汉族之所以能够在法律并不很细致的情况下，会有一个相对比较稳定的秩序，有一个大体的认同的共识……当国家和政府的力量强大的时候，宗族、亲族是对抗和抵消国家控制力量的一个社会空间，好像一个隔离层一样，防止着国家力量对个人生活的直接控制。而当国家力量一旦削弱，它就会作为民间社会，补充国家对秩序的控制，维持生活秩序"①。

欧阳修和苏洵是宋代谱牒学的开创者。在中国古代，一个人去世，并不意味着从此完全消失，还将以另外两种形式继续存在，一是被写进家谱，成为家族历史记录的一员；另一方面在家族的祠堂里有一个牌位，接受后代家族成员于固定时日的祭祀和膜拜。国人常说"香火"，指的就是死后祠堂里和坟墓上有人祭祀，祭祀时要点上"香火"。

家谱就是一个家族的历史记录，把一批人及其后代的历史一代一代地记下来，哪怕只记下他(她)的名字、性别和出身年月，像一棵千年古树一样，每一个枝条、每一片树叶，即使烂了、朽了，化成了泥土，他们的源头都是这棵树。

---

① 葛兆光:《古代中国文化讲义》，复旦大学出版社，2018年版。

第三节　欧阳修对家谱重要性的认识

东汉太尉刘宽碑立于洛阳,时间为东汉灵帝中平二年(185)。

刘宽曾官至太尉。刘宽年轻时乘牛车外出,有人丢了牛,认为刘宽之牛车的牛就是自己丢失的牛,于是拦住刘宽,解下缰绳,把牛拉走了,刘宽也不阻拦,徒步回家。刚回到家,那人找到了自己的牛,知道认错了,就把牛送到刘宽家,叩头谢罪并说道:"惭愧惭愧,我愿意承担法律责任。"刘宽听后说道:"牛有长得相似的,谁能不作错事。劳您把牛送回来,何罪之有?"①此事一时传为美谈。

唐高宗咸亨元年(670),刘宽的裔孙刘爽看到碑由于年深日久,倒于乱草丛生的荒野,非常难过,便组织家族的后人,把碑又立了起来,举行了庄重的祭祀活动,又另外立了一块碑,把刘宽家族自汉代以来的世系刻在上边。

欧阳修看了相关的拓片后感叹道:"呜呼!汉代到唐朝士大夫世家的谱牒,尽管历经战乱,但像刘爽家族一样,能把自中平至咸亨四百余年的世系,记载得如此详细,真是奇迹。自黄帝以来,子孙封国受姓,历尧、舜、禹三代,数千年间,《诗经》和《尚书》所纪,皆有次序,难道这不是谱牒的源流吗?传之百世没有断绝呀!为何

①　(南朝宋)范晔撰,(唐)李贤等注,中华书局编辑部点校:《后汉书》卷二十五,中华书局,1965年版。

会出现这种奇迹呢？这是因为古代的士人把家族的世系看得很重，否则士生于世，自己家族的谱系都不知道，人禽之别何以体现？那些仅仅知道自己父亲及祖父、高祖的士人，不应该学习吗！

"唐代士大夫家族的谱牒，尤其完备，士大夫家族以此炫耀自己的门第。当然，其弊端在唐代也不少，或者记载的不属实，或者婚姻只讲门第，以此让对方出高额的聘礼，君子们已经意识到这个问题的严重性。然而士大夫以礼修身，追求成就一番事业，唯恐家族的荣耀中止，也是因为有谱牒的原因。唐末五代已来，历经大规模的战乱，至于今日，谱牒之学几乎消亡，即使名臣巨族，也很少有家谱。所有礼仪场合，一切从简，岂止家谱而已哉！"这是嘉祐八年（1063）七月二十九日，欧阳修看完该碑后所发的大段感慨。

欧阳修在修自己的家谱及指导他人编修家谱时，碑志是重要的参考资料。但是，欧阳修再三强调，碑志上记载的墓主的事迹不真实的居多，避讳之处太多。欧阳修认为碑志上的内容只有世系、子孙、官封、名字，较为靠谱[①]。

从安史之乱爆发到平定，继之以藩镇割据，接下来的五代十国，一直到赵宋建国，将近一个半世纪，差不多六代人。为了躲避战乱，大量北方人或逃往西南，或逃往江南地区，被迫抛弃田园，而豪门大族的家谱，也大多丢失或难以及时延续。欧阳修和苏洵重修家谱的倡导和率先垂范，本质上是为历经战乱从而失去血缘脉络的家族重塑系统。

为了创造适合赵宋时代的家谱，欧阳修尽可能寻找尚存的前代家谱，作为参考。皇祐二年（1050）夏天，他通过朋友王回找到了唐代颜氏家族的家谱。尽管天气非常炎热，欧阳修还是抓紧时间阅读，收获不小。他在给王回的信中写道："唐代以前，战乱也不少，但是世家大族的家谱却没有断绝。从五代至今，家谱几乎不见。其原因和士大夫的使命感缺失有很大关系，也和此期礼俗一味追求简单有关系。要制作一部好的家谱，即使家族人人努力，也都做不到，况且在经过长期的战乱后，

---

① （宋）欧阳修著，李逸安点校：《欧阳修全集》卷一四二。

能够得到前代的家谱,只有您这样好学深思的人才能得到。"①

欧阳修告诉王回,家谱还不能马上归还,有些问题还需要王回抽空来家,二人一起探讨。

---

① （宋）欧阳修著,洪本健校笺:《欧阳修诗文集校笺》(下),外集卷十九。

第四节 欧阳氏家谱的主要内容

欧阳氏族谱在欧阳修首创时期,包括序言、谱图、附录三部分,经过后代族谱家的不断发展与完善,最终定型后的家谱,一般包括十三方面的内容。

第一,序文。序文一般邀请当代知名的文人书写。

欧阳修在《欧阳氏谱图序》中将欧阳氏的祖先一直追到夏禹时期。笔者认为这种模式的记载,大多都没有确切的依据,只能说是一种传统的记忆方式,加强了家谱的厚重感和荣耀感。自少康封其庶子于会稽,其职责就是祭祀大禹的陵墓,传二十世到允常①,允常的儿子叫勾践,即卧薪尝胆的越王勾践,勾践去世后,儿子鼫與继承王位,鼫與传五代后,到无疆为越王时,其国被楚威王灭掉。其家族的后人四散于江南和海滨,但其封地都在楚国境内。有封于一个叫欧阳亭地方的,爵号为欧阳亭侯,其地点在北宋湖州乌程欧阳山的南面,后代子孙遂以欧阳为氏。

汉高祖刘邦灭秦建汉后,实行郡县制与分封制并存的地方行政体制。无疆的七世孙欧阳摇被封为越王;欧阳亭侯的后代在汉代有做涿郡(今北京市)太守的,这

---

① 古代一般以二十五岁到三十岁作为一代。今日中国民间有"穷大辈"一说,年龄大致相同的一代人,富裕家庭后代成家早,贫穷家庭后代成家晚,这样三代人之后,一个家族里,就出现年龄很大的人喊年龄很小的人为爷爷的现象。

一支欧阳氏得以北迁,其中一支居于冀州之渤海,另一支居于青州之千乘,居于千乘的始祖叫欧阳生,字和伯,为汉代欧阳氏最有成就的人,子孙世代为国子博士,以研究儒家经典出名。居住于渤海的,到西晋时候,方有显达之人,即欧阳建,字坚石。

欧阳坚遇害后,其兄子欧阳质带领家族剩余人口南逃,一直逃到长沙,欧阳氏家族又迁回南方;其名人包括陈朝的欧阳頠,唐朝的欧阳询、欧阳通父子;居于长沙的欧阳氏,在宋代仍然以渤海作为郡望①。

第二,凡例。又称谱例,主要说明族谱的编纂原则和体例。包括编纂族谱的指导思想、体例、篇章结构、材料选用的考订、编修规则等具有纲领性的内容。

第三,目录。即如今图书的目录,不再作详细解释。

第四,世系、世表。包括该宗族的基本组织。世表是对宗族成员字号、学历(进士及后世的举人)、为官经历、生卒年、年龄、葬地、配偶等的记载,根据小宗谱编纂原则编成。相当于每个宗族成员的档案,只不过重要人物的世系写得详细、内容多,一般人物则记述简略,仅仅让人知道属于该宗族即可。

小宗谱的族谱编纂方式,是欧阳修的首创。此前流传了很长时间的大宗谱的编纂方式,由于谱系牵涉的时间太长、代际太多、人员太多,许多记载都无法考证其真假,很容易出现明显的错误。而且编写这样的族谱,费时费力不说,单是物质方面的成本就很高。

小宗谱的编纂方式,大大缩短了族谱编纂的时间,以主持编纂者本人作为时间的中心点,上下各涉及五代人,上五代包括高祖、曾祖、祖父、父亲、本人;下五代包括本人、儿子、孙子、重孙、曾孙。

这样对于主持族谱编纂的人来说,族谱中的许多记载基本上都可以通过各种途径进行考证,使族谱的可靠性得以提高。即使有家族外的人看了,也不会提出大的非议。编修的成本也较低,时间也较短。

---

① (宋)欧阳修著,李逸安点校:《欧阳修全集》,《居士外集》卷二十四。

第五,源流、宗派。表示该宗族在同姓诸多家族中的地位及与同姓其他家族的联系,以及该家族在社会上的地位。

第六,诰敕、像赞。诰敕包括历代帝王对该家族有很大历史影响的人物所颁布的表彰性文字,必须放在最前边,这是家族历史上最大的荣耀,也是该族谱最大的闪光点。

家族重要人物一般都留有画像,有的着家居服,有的着朝服。像赞则是该家族重要人物去世后,历代著名官员及士大夫瞻仰其画像后,所写的赞语,内容自然是赞美其高尚的节操及丰功伟业。

欧阳修曾经于治平四年(1067),为韩琦的父亲、曾经做过泉州知府的韩国华写过像赞①,内容如下:

> 气刚而毅,望之可畏。气粹而仁,近之可亲。有韫于中,必见于外。庶几仿佛,写之图绘。唯其盛德,不可形容。公德之丰,后世之隆。谁为公子,丞相卫公。

欧阳修去世后,先后有宋代李端叔、晁悦之,元代欧阳玄为其写像赞,李端叔所写像赞内容如下:

> 贤哉文忠,直道大节。知进知退,既明且哲。陆贽议论,韩愈文章,李杜诗歌,公无不长。当时大儒,邦家之光。
>
> 霜空无云,秋天澄雾。昭然政通,何荣钟簴?俨然望之,希世一遇,万折方春,逢坡益注②。

---

① (宋)欧阳修著,洪本健校笺:《欧阳修诗文集校笺》(下),外集卷八。韩琦治平年间封卫国公。
② (宋)欧阳修著,李逸安点校:《欧阳修全集》,附录卷四。

清高宗皇帝于乾隆十七年（1752），在侍郎裘日修从滁州带来的欧阳修画像上题诗一首①，全诗内容如下：

> 是谁三鬣俨图绪，太守风流忆治滁。题咏名高宋人物，操弦韵轶古樵渔。醉翁乐非山林也，遗像逸真水如月。使节新从酿泉过，依然乡井下风余。

乾隆皇帝的诗，虽然如他所写的上万首诗一样，没有一首能在诗歌史上留下烙印，但本诗还是表达了对欧阳修治理滁州的肯定。

第七，别传、墓志。古代为人作传，编入家谱的称"家传"，写进史书的叫"史传"，均可称作"本传"。本传以外的传记或对本传的补充记载叫别传。

家族重要人物去世后，一般都要请当时重要的官员或士大夫写墓志铭，且文采要好。墓志铭刻于青石后埋入墓道，但是墓志铭的原稿必须保存且在编纂或重修家谱时编入族谱，这也是家族的荣耀。

第八，祠堂记。一个家族必须有自己的祠堂，作为祭祀及家族成员商议重要事情的场所，而且要有堂号。堂号，又名郡望堂号，以该姓发祥地或有重要影响的地方命名。如欧阳氏的"渤海堂""六一堂"。又名掌故堂，即以有影响的祖先的功名、道德文章作为堂号。如弘农杨氏的"四知堂"和相州韩氏的"昼锦堂"。

第九，家规、宗约。常言道国有国法、家有家规。中国古代宗法制社会，每个家族在自己的族谱里都规定了详细的家规、宗约，要求家族所有成员必须遵守，否则按照惩罚性条款进行处罚，直至开除出宗族。但家规、宗约的前提是不得违反国家的法律。

第十，家训、家范。中国传统文化的主流是儒家的学说，儒家格物、致知、静心、修身、齐家、治国、平天下的逻辑，是要求在不断求知、人格完善的基础上，首先管理好自己的家族、家庭，然后才能治国平天下，做出让家族荣耀、光耀门楣的事业。

---

① （宋）欧阳修著，李逸安点校：《欧阳修全集》，附录卷四。

家训、家范是族谱中非常重要的内容,要求家族的每个成员不论在社会上的职务高低、在家族中的影响大小,在日常生活中都必须遵守。

欧阳修于自己所修族谱中,留下了十六字家训:"以忠事君,以孝事亲,以廉立吏,以学立身。"①

第十一,义田记、义庄记。尽管欧阳修慷慨解囊帮助朋友的记载很多,但限于资料,目前没有发现欧阳修捐钱在老家购买义田、建立义庄的记载。关于范仲淹家族此方面历史的记载,史料却非常丰富,可以作为参考②。

范仲淹拿出自己节余的钱财,在苏州的长洲、吴县购置良田十多顷,建立义庄,将义庄每年出租土地所得的租米,分给远祖以下各房③宗族,按照人口数量分给衣食以及用于婚丧嫁娶的费用;由各房中挑选一名子弟掌管分配事宜。此后,在范仲淹后辈的不断努力下,义田、义庄的规模不断扩大。

此外,还建有义宅,供范氏家族聚族而居。建有义塾,供家族子弟在此接受启蒙教育。范仲淹及其后代为义庄立下了详细的管理规矩,范氏义庄一直维持到民国时期。

第十二,墓记、墓图。家族坟墓是家族在另一个世界的聚居地。如果有很大影响的官员子孙埋葬于家族墓地,则坟墓面积大,且墓前立有高大的神道碑及其他附属设施,神道碑由知名的士大夫撰写,由著名的书法家书丹,由著名的刻工篆刻。欧阳修的神道碑即由苏辙撰写④。有的神道碑还有皇帝撰写的碑额,如韩琦的神道碑额即由神宗所写。

但是,家族墓地也会面临种种人为和自然的威胁。人为的破坏如战争、仇敌及盗贼的破坏;自然的破坏包括水灾、火灾、地震等。所以,后代必须清楚地写下墓记、画出墓图,写明家族墓地的坐落位置、朝向、面积、安葬的家族成员每个人墓地

---

① 洪本健:《欧阳修资料汇编》(下),第 1252 页。
② 可看拙著《范仲淹十讲》中的分析。
③ 房一般指一个家族中,兄弟分家后,每家可以称为一房。
④ (宋)欧阳修著,李逸安点校:《欧阳修全集》附录卷三,第 2706—2715 页。

的位置等,包括风水先生为家族选择墓地时所说的风水的走向及以后必须注意的问题。

一旦发现家族墓地被破坏,首先必须查明原因,然后按照墓记、墓图及时恢复原状,举行祭祀,告慰受惊的列祖列宗,谢罪并表达后人的歉意。

大规模的战乱和大规模的水灾过后,墓地有时候会毁得荡然无存。遇到这种特殊的情况,一旦战乱结束或灾害结束,每一个家族成年成员,都有责任和义务按照墓记、墓图尽可能早地恢复家族墓地的原状。

第十三,艺文、著作。艺文指载入后世所言二十四史《艺文志》目录中的著作。家族里若有像欧阳修、苏轼这样的士大夫,其所有的著作的名称和简介及名人的评价自然要记入家谱,这同样是光宗耀祖的重要象征。其著作更要放入祠堂,让列祖列宗"观瞻",让当代及后代子孙引以为傲,这也是促使他们前进的动力。

清代著名史学家钱大昕对欧阳修、苏洵编纂的族谱评价很高:"自宋以后,私人修撰的族谱,不用再上交朝廷审阅,但是,假冒名人之后,或将不相干的名人列入族谱,不可胜数。唯独欧阳、苏氏二家之谱,义例谨言,为后世修族谱者广泛取法。"①

当然,欧阳修所编修的族谱,也出现了不应该有的问题。宋元之际的著名学者周密即指出该方面的问题:"欧阳询生活于唐初,到黄巢时期,将近三百年,只有五代人;欧阳琼生活于唐朝末年,到宋仁宗时期,近一百四十五年,却有十六代人生活的记录。"②

率先发现此问题的是生活于南宋的欧阳修家族后人欧阳守道。他对此问题进行了如下分析:"文忠游宦四方,长期未在老家生活,只在安葬母亲郑氏及两位夫人时,才在老家住了近两个月,因为忙于葬事,也未能顾得上仔细询问家族中了解情况的人,最后又让他的好友吕夏卿来考证。吕夏卿虽然非常博学,但他怎么会详细知道欧阳氏家族的世系呢?"③欧阳守道的分析,很有道理。

---

① 洪本健:《欧阳修资料汇编》(下),第1144页。

② (宋)周密:《齐东野语》卷十一。

③ (宋)欧阳守道:《巽斋文集》卷十九,文渊阁四库全书版。

见贤思齐 举才若渴

——欧阳修与朋友间的交往

　　欧阳修兴趣广泛，吟诗作赋、弹琴弈棋、收藏喝酒、游山玩水，性格中又有爱热闹、喜交游的特征，往往"日暮还家，客已盈室，寝食殆废，习以为常"①。所以，欧阳修一生朋友众多。

---

① （宋）欧阳修著，李逸安点校：《欧阳修全集》卷一五二，《与蔡省副三通》（其一）。

第一节　人生知己范仲淹

　　同时代的人论及欧阳修的影响力,曾拿孔子作比拟。如陈舜俞在《贺欧阳枢密启》一文中写道:"师墙九仞,诸生就列于四科。"①借孔门四科人才荟萃的盛况来形容"欧门"。欧阳修有时候也以学习孔子自许,对后生晚辈极力荐引。宋仁宗嘉祐年间(1056—1063),人才如井喷,其中欧阳修的功劳最大。

　　欧阳修不像有些高官显宦,等着小辈后学登门拜访,而是主动出击,为国觅才,为国育才,为国荐才。朱弁《曲洧旧闻》一书记载:"欧阳修做翰林学士期间,随时带着空头门状数十张在身,听到贤士大夫称道某人后,马上打听他的居所,然后写在门状上,主动前去拜访,果如所言,则予以延誉,从未以自己翰林学士的头衔来炫耀。曾经访刘羲叟于陋巷之中,刘时为布衣,连姓名都没有几个人知道。"②欧阳修主持编写《新唐书》期间,又推荐他参与此修史工程,负责编修《律历》《天文》《五行志》部分的内容。

　　宋代举荐人才的举主,若被举荐的人做官犯罪后,需要承担举荐不当的责任,所以有的官员不愿举荐他人。欧阳修在这方面却无所顾忌。在《举丁宝臣状》中,

_____

　　①　曾枣庄、刘琳主编:《全宋文》第七十册卷一五三六。孔门四科包括:第一德行,以颜渊为代表;第二言语,以子贡为代表;第三政事,以冉有为代表;第四文学,以子游为代表。
　　②　朱弁著,孔凡礼点校:《曲洧旧闻》卷三,中华书局,1985年版。

欧阳修写道:"如后犯入己赃,臣甘当同罪。"①对落难夷陵时期对自己照顾有加的好友丁宝臣,欧阳修如此积极地举荐。对后生小子吕惠卿,欧阳修居然也让他享受与丁宝臣同等的待遇。据叶盛记载:"吕惠卿未显达时,欧阳修认为他的潜力,学者们很少能比得上,先是将他介绍给好多朋友,后又以端雅之士的高评推荐给朝廷,说道:"后有不如,甘与同罪。"②

一、欧阳修冒昧书责范仲淹

天圣十年(1032)四月,范仲淹刚刚被召回东京,朝廷还没有公布他的任职情况,西京退休的高官和文人学士就认为,以范仲淹的脾气、性格和能力,朝廷对他的使用,不是朝官就是谏官。最后的任命果如他们所料,范仲淹成为右司谏。

西京退休高官和文人学士对范仲淹的评价和期望,欧阳修肯定不止一次听到,使他对范仲淹更加仰慕、更加佩服。想到二人有相似的家世,欧阳修认为,如果能结识范仲淹,双方一定有很多的共同语言。而范仲淹一旦能够身居高位,一定是一个正直的官员,对自己也定会赏识。况且年轻的欧阳修,已经在当时的文坛,开始崭露头角。

但是,范仲淹上任两个月后,却未显示出其作为谏官应该有的作为,宛如一片雪花,落入静静的流水中,一点动静也没有。年轻气盛的欧阳修,再也按捺不住。于是,明道二年(1033)五月,欧阳修冒昧地给范仲淹写了一封信,信中写道:"右司谏虽然只是小小的七品官,但是,天下之得失、朝野之公议,寄希望于此。因此,心怀天下的士大夫,如果没有做宰相的机会,就做一名称职的谏官。天子说是,谏官

---

① (宋)欧阳修著,李逸安点校:《欧阳修全集》卷一一二。
② 叶盛著,魏中评点校:《水东日记》卷七,中华书局,1980 年版。

说不是,天子说必须这样做,谏官说一定不能这样做,立于殿堂,与天子争是非曲直,这是谏官的神圣职责。官员失职,要被有司责罚。但是,谏官失职,要受君子们的非议,且要载入典籍,流传百世,永不泯灭,岂能没有敬畏感。没有才识、没有胆魄的人,是不能做谏官的。官家召相公进京,就是希望相公能够仗义执言,也成就官家成为一世明君的梦想。因此,相公应该赶快有所动作,让对您寄予厚望的士大夫们不要失望。"

欧阳修的信写得很恳切,也很直白。范仲淹收到后是否回复,史料中没有记载,但是从此之后,范仲淹与欧阳修成为忘年之交。

西京退休高官和文人学士的眼光没有看错,欧阳修也太着急了一些,限于古代的交通条件,东京和洛阳之间的信息沟通还是比较慢。范仲淹没有辜负他们的希望,同年四月,在反对杨太后欲继刘太后之后继续垂帘听政的问题上;十二月,在仁宗欲废除郭皇后的大是大非问题上,范仲淹都尽显其谏官风采。

二、宋夏战场和而不同

欧阳修担任馆阁校勘后,与在东京任职的范仲淹有了更多的见面机会,双方也有了更深的了解。在景祐三年(1036)的党争中,欧阳修坚决地站在了范仲淹阵营一边,同呼吸、共患难,向守旧派开火。

康定元年(1040)三月,范仲淹到西北战场后,感到需要几个得力朋友前来助阵,于是奏请朝廷让欧阳修担任掌书记一职,但是欧阳修婉言谢绝了。

国难当头,一向忠君爱国的好友欧阳修为何会拒绝范仲淹的请求?在《答陕西安抚使龙图辞辟命书》中,欧阳修写道:"修无所能,只是从小喜欢摆弄文字,为世俗之人所喜欢。这种本事,十足雕虫小技,根本对不起范先生的荐举。参与军事谋划,料敌制胜,筹划粮草,自然有幕僚官来处理。而掌书记一职,所管理的事情实在太简单,自可不必让我这样的人去处理。因此,修才以照顾老母之理由来婉辞。况且掌书记一职,经常要写一些四六之文。修当年为了考进士,也练过不少此类文章。但自中进士之后,就再也没有写过此类东西。"①

欧阳修后来在写给梅尧臣的信中,才真正道出了婉辞的原因:"(此举)不是为了孝敬老人,况且从军和敬老并不相碍。也不是害怕别人说他们是朋党,朋党一词只是世俗所见,我们哪有结党的行为呀?只是掌书记一职,实在不合修意。"欧阳修认为掌书记一职,不足以体现自己的能力,这才是他婉拒的真正理由。

看来范仲淹对于好友欧阳修的了解,还是不够全面、深刻。

欧阳修虽然未去宋夏战场,但是,他一直关注着战场形势的变化。在一封回复范仲淹的信中,他写道:"见相公到西北之后,幕府之中,人员委实不少。古今中外成大事者,必须有国士与之同患难。在上之人,对于属下之士,能够有深刻了解的,太难太难。而贫贱之士,以身许国,也很不容易。欲让他们以死尽忠,必须了解他们,关心他们,否则的话,谁也不会一心为相公所用。现在相公身边豪迈之士不少,就看如何使用了。但是,山林草莽之中,还有不少特立独行、慷慨自重的士人,相公如知道,尽量不要遗漏。"②

欧阳修上述几句话,谈到了用人的原则,即"贵在相知",也即儒家弟子们的名言——"士为知己者死"。

三、庆历新政中的得力助手

庆历三年(1043)十月,范仲淹主导的改革开始。欧阳修作为谏官,极力支持改革。此前他就屡屡上奏仁宗,荐举范仲淹、韩琦、富弼等人。关于范仲淹,欧阳修说

①②(宋)欧阳修著,李逸安点校:《欧阳修全集》卷四十七。

他"素有大材",天下之人皆认为他有宰相之才。范仲淹就任枢密副使后,他又上奏仁宗说:"不应该让范仲淹局限在枢府,因为此部门只掌管军事上的事情,应该让他到中书,这是朝廷的根本之地,万事都要总管。"①仁宗接受了他的建议。范仲淹得以升为参知政事,可以直接领导改革。

此时的吕夷简已经成为改革的绊脚石,不清除掉他,改革难以施展。为了给范仲淹主导的改革营造良好的人事环境,欧阳修又向仁宗上呈《论吕夷简札子》,其中写道:"吕夷简身为宰相,却外致四夷入侵,边境不宁;内则百姓贫困,纪纲大坏,二十四年,坏了天下。他安享晚年,却把一个满目疮痍的国家留给陛下。之所以一直没有人敢指责他,是因为他掌权时期,到处安插自己的亲信,把陛下完全蒙蔽了。"②

由于欧阳修等人均将改革的矛头对准吕夷简,仁宗只好罢免了吕夷简的所有职务,庆历新政才得以全面铺开。

改革期间,欧阳修先后上了《原弊》《准诏言事上书》等札子,其基本精神与范仲淹的改革谋划一致。只不过由于范仲淹年长许多,阅历丰富,所以其理论色彩和对弊端的揭露、改革的顶层设计水平都比欧阳修要高得多。

新政期间,守旧派两次拿改革派的次要人物开刀,矛头却都是指向改革派的领袖人物范仲淹。欧阳修两次以谏官的位置优势,配合范仲淹,击退了守旧派的进攻。

一次是陈留桥事件。负责财政的三司使王尧臣是改革派的得力干将,在主政三司期间,以其优越的理财能力,在民不加赋的情况下,使国家的财政状况得以好转。由于他两次反对对民众加税,触犯了守旧派的利益,于是守旧派就拿他开刀,矛头则是指向改革派。

陈留桥是开封府境内的一座桥。真宗在位时期,由于这座桥妨碍交通,于是诏令将该桥拆除后,移往他处。权知开封府吴育又欲改修此桥,三司使王尧臣亲自勘探后,认为该桥改建不久,也没有大的毛病,况且目今国家财力紧张,所以反对改

①②(宋)欧阳修著,李逸安点校:《欧阳修全集》卷九十八。

建。王尧臣和吴育平素也没有矛盾，双方围绕此事发生争执，也是正常不过的事情。但是，吴育是御史王砺科举考试时的举主，王砺知道此事后，制造事端，造谣王尧臣受贿，且派慎钺将行贿人杀害，慎钺的举主就是王尧臣。王砺所说的罪名一旦属实，王尧臣等人即有杀头之罪，改革派众人也将被污名，从而给改革泼脏水。

获悉此情况后，欧阳修在查阅真宗朝档案及走访当事人的情况下，连续上了《奏辨陈留移桥》《论陈留桥事乞黜御史王砺札子》《论王砺中伤善人乞行黜责札子》，将事实的真相搞得清清楚楚。最终仁宗将王砺贬官到外地，守旧派的进攻被粉碎。

由于范仲淹是改革派的领袖人物，守旧派接下来将矛头对准了范仲淹。而所采用的手段，则是拿范仲淹的好友滕宗谅开刀，妄图以此把范仲淹拉进来。

滕宗谅，与范仲淹为同年进士，范仲淹很欣赏他的才华。范仲淹到西北战场后，又荐举他为刑部员外郎、直集贤院、知泾州，后又知庆州。葛怀敏军败定川寨后，诸州震恐，滕宗谅时知泾州，环顾城中兵少力寡，于是急忙募集民众数千人穿上军人服装，登上城墙，虚张声势，又派侦察人员随时掌握附近战场的形势，并随时通报附近的州县。范仲淹率领环州和庆州的军队前来支援，天寒地冻，连续十几天雨雪不止，士气愈加低落，滕宗谅于是拿出"公使钱"买酒买肉，犒劳将士，激励士气。又把定川寨战役中阵亡者的名单刻在佛寺的石碑上，举行公祭仪式，告慰死者，又用丰厚的钱和物资慰问死难者的家属。这些做法，保证了泾州及附近地区局势的稳定，可谓无可非议。

治庆州期间，为了使周边一些羌戎部落首领不为元昊所用，孤立西夏，趁着这些部落首领来庆州拜见的机会，滕宗谅又拿"公使钱"及物品，赠予他们。这些做法，也收到了很不错的效果，使羌戎部落成为北宋抗击西夏军队南下的支持力量。而且滕宗谅的这些做法，也在职责允许的范围内。

庆历三年（1043），先是监察御史梁坚劾奏滕宗谅在知泾州期间，违规花公使钱十六万贯。这个数目实在太大，如果确切的话，滕宗谅实为巨贪，应该被杀头。仁宗知道后，勃然大怒，派中使前去调查此事，调查的结果是梁坚将按月发放的军费十五万贯也算进来,显见其险恶用心。时为参知政事的范仲淹,也以见证人的身份,为滕宗谅辩护。这事最终以滕宗谅降一官,知虢州(今河南省三门峡市)了事。

但是,梁坚死后,保守派又派太常博士燕度出马,再次就此事进行调查。燕度到了邠州后,大肆株连无辜,严刑逼供,搞得人人自危,把猛将狄青甚至枢密副使韩琦也牵扯进来,因为他们在战场期间,也必然有使用公使钱的行为。范仲淹见状,连忙劝谏仁宗制止燕度的胡作非为。但是,由于朝臣们为了避朋党之嫌,无人响应范仲淹的主张,导致此事继续恶性发酵。见此情景,欧阳修连递两道札子——《论燕度勘滕宗谅事张皇太过札子》和《再论燕度鞫狱枝蔓札子》,指出再这样下去,必将导致北宋在西北的军队军心涣散,战斗力下降,西夏若趁混乱之机,发动更大规模的战争,局势不可收拾。

欧阳修的札子尽管尖锐地指出了可能导致的严重祸端,但是最终仁宗迫于保守派的压力,以滕宗谅又被贬官知岳州(今湖南省岳阳市)了事。

四、撰写范公神道碑惹出的风波

(一)呕心沥血撰写神道碑

皇祐四年(1052)五月二十日,范仲淹去世于徐州,享年六十四岁,后安葬于西京洛阳。欧阳修应范仲淹儿子范纯仁兄弟的请求,撰写《资政殿学士户部侍郎文正范公神道碑》。欧阳修没有想到,为挚友撰写的神道碑竟然演变成当时及后世的一大公案。

众所周知,范仲淹的几个挚友中,兼具文学和史学才华的欧阳修,是最合适的撰写范仲淹神道碑的人选。欧阳修为许多人写过神道碑和墓志铭,逝者家属也以此为荣,这也是范纯仁兄弟请求欧阳修撰写神道碑的原因。

欧阳修接到此请求后,虽然感到为范仲淹撰写神道碑是自己义不容辞的责任,但是,马上意识到撰写此神道碑的艰险。他先和挚友韩琦商议此事,在给韩琦的信中写道:"范公去世,天下叹息。修虽然正处哀苦之中,但义所难辞。不过,实在难以动笔。"①在给好友孙沔的信中,又进一步谈及此事,较之和韩琦的信相比,这封信谈得比较明朗:"哀苦之中,心神不定,实在不适合在此时写神道碑。况且用最合适的文字写出范公的道德与才能,实在太难了。辨别谗言与诽谤,辨别忠与邪,上不损害朝廷的事体,下不避开仇敌的侧目而视,太不容易了。但是,范公知修最深,神道碑的内容,要体现范公辉煌的一生,所以,再难也要使尽修的平生本领来写。当然,我们几个商议着来写,才能写得妥当。"②

一代文学大家、史学家、政治家,为自己熟悉的挚友撰写神道碑,为何被他视为如此头疼的事情呢?

一是欧阳修的母亲郑氏于三月十七日去世,欧阳修正处于丁忧之中,心情可想而知。欧阳修四岁丧父,功成名就之后,也以大孝子著称,报答母亲的养育之恩。母亲去世,刚刚过去两个月,委实不在最佳的写作状态中。

二是神道碑上的文字,不仅要给当时人看,还要传之后世。因此,所写的内容,既要对逝者负责,又要对逝者的亲属和朋友负责,而范仲淹又是声誉高非议也高的人物,且范仲淹和欧阳修都是朝廷的重臣,神道碑上的内容势必牵涉庆历新政等重大事件。这将会不可避免地牵涉对仁宗和其他大臣的评价问题。这是关系到国体的大问题。一旦书写不当,被政治仇敌作牵强附会的解释,不知道又会衍生出多大的问题。因此,用最合适的文字,写出挚友范仲淹波澜壮阔的一生,非常不容易。

欧阳修每每想到此,就摇头、叹气,只好把笔搁下,出去散步,边走边思考。可思考回来后拿起笔,又开始这种周而复始的行为。欧阳修为此几乎患上强迫症,以致在给范纯仁兄弟的信中写道:"敌兵(指改革派昔日的政敌)尚强,须字字与之对垒。"

---

① (宋)欧阳修著,李逸安点校:《欧阳修全集》卷一四四。
② (宋)欧阳修著,李逸安点校:《欧阳修全集》卷一四五。

欧阳修字斟句酌，花了两年的时间，才把这篇神道碑文给磨出来。从他致韩琦的信中可以看出，为了写好神道碑文，他甚至就一些事件，多次查阅朝廷的档案。而韩琦提出的修改意见，他在认真思考后，也予以吸收。

从欧阳修自己对此神道碑文的评价看来，他还是比较满意的。所用的语言，都是不带有倾向性的词语，而且，不给昔日的政敌留下任何可以攻击的地方，字字有出处，句句有证据，随时可以迎击政敌的挑刺。

（二）欧阳修与富弼发生争执

由于富弼负责写范仲淹的墓志铭①，二人就此问题也有过交流。写好之后，互相提出修改意见。

欧阳修认为富弼所写的墓志铭表现出了疾恶如仇的风格，富弼则对欧阳修写的神道碑文的风格有不同意见。他在致欧阳修的信中写道："写文章，必须表现出作者的好恶，使恶者看后，打消继续作恶的念头；使善者看后，明白为善没有顶点，继续为善。岂能像孔夫子整理的《春秋》一样，文字极为简略，寓褒贬于深奥的文字中，让后人去揣摩，以致有些文字，直到现在还没有搞明白。弼常常看到有些人写文章，出处模棱两可。人活在世上，为善很不容易，有些人做了善事，却遭到谗毁，有被贬官者，有一年到头过着穷困生活的，还有被处死甚至株连族人的。执笔写墓志类文字的人，但为自己考虑，不能尽情惩恶扬善，说难听点，就是罪人。弼所写的墓志铭，就是要把范公的善事说尽，把恶人的坏事也说尽，而且不管善事还是恶事，弼都言之有据，不写杜撰之语。弼写的墓志铭传出之后，尽管吕夷简的几个儿子都身居要职，可弼不害怕。"②

很明显，富弼对欧阳修撰写神道碑文的写作风格很不满意。欧阳修为此请人转告挚友富弼，如果一定要照富弼的风格作修改，请另找他人。

---

①　是古代文体的一种，通常分为两部分：前一部分是序文，记叙死者世系、名字、爵位及生平事迹等，称为"志"；后一部分是"铭"，多用韵文，表示对死者的悼念和赞颂。墓志铭要埋入墓中。

②　丁传靖：《宋人轶事汇编》（上），卷八。

（三）范、吕是否一笑泯恩仇

平心而论，欧阳修所作的神道碑文，较之富弼所写的墓志铭，不仅考虑得全面，而且写得也较为全面。比如欧阳修写到了范仲淹和吕夷简之间的矛盾："范公因为吕公而被贬官，朝中大臣，有支持范公的，也有支持吕公的。但是吕公再次做宰相后，范公也很快东山再起。面对西夏的进攻，二公欢然相约，勠力平贼。朝中大臣，对二公的行为，大多表示赞许。"

欧阳修的此段写作，实事求是地说，基本符合历史的原貌。

据司马光《涑水记闻》一书记载：范文正公因为景祐三年（1036）揭吕相公之短，被贬官饶州，后又知越州。康定元年（1040），西北战火燃起，朝廷又恢复范仲淹天章阁待制的职务，知永兴军，后又改为陕西都转运使。许公（指吕夷简）也自大名府重新入朝为宰相，入朝之后，许公即对仁宗说："范仲淹是大贤之才，朝廷既然又重用他，怎么能还让他担任旧职务呢？"仁宗听后，认为吕夷简言之在理，范文正公得以升为龙图阁直学士，陕西经略安抚副使。仁宗认为许公是一个宽厚的长者，天下人也都认为许公不念旧恶。范文正公于是当面向许公表示感谢，并且说道："以前因为公事冒犯相公，没想到相公却又推荐我、重用我。"许公笑了笑说道："夷简在国事面前，岂敢还想着以前的旧事？"显见二人已经和解。

仁宗派范仲淹去西北战场之前，范仲淹主动写信给吕夷简，对自己以前写《百官图》的行为表示歉意，希望以此打动吕夷简，使他能够尽力支持战争，如果宰相不能全力支持战争，后果可想而知。

而吕夷简也投桃报李，后又主动示好范仲淹。庆历四年（1044），范仲淹以参知政事的身份宣抚河东和陕西，退朝路上遇见已经致仕的吕夷简。吕夷简问范仲淹为何离开朝廷，范仲淹说为了应对与西夏的事情。吕夷简听后说道："若为了应对与西夏的事情，目今之时，还是在朝廷更方便。"范仲淹听后感到很愕然，心中一热，感觉到了吕夷简政治经验的老道。

因此，二人和解，既有仁宗的指示，也有二人的努力。

吕夷简去世后，范仲淹写了《祭吕相公文》，高度评价了吕夷简为相时期的政绩,表达了对吕夷简去世的哀痛和怀念。

欧阳修的此种写法,基本上忠于事实,当然,也有非常复杂的现实因素的考虑,吕夷简虽然于庆历四年(1044)去世,但是其政治集团的人物还较多,势力也较大。庆历新政失败后,欧阳修与吕夷简的私人关系也不错。欧阳修这样写,以其自身的考虑,可以使范仲淹家族、吕夷简家族及其集团、欧阳修本人的利益,都能够达到最大化。

但是,欧阳修所写的神道碑,不但不被挚友富弼所接受,更不为范仲淹的亲属接受。在把文字刻石时,他们居然把范、吕释好这段文字删改了,欧阳修气得把这件事告诉了几个朋友,甚至说出神道碑不是自己写的这样的气话。

欧阳修、富弼及范氏兄弟,在此问题上表现出如此大的差异,原因自然由于他们的立场、认识与心结不同。范氏兄弟幼年那种刻骨铭心的经历和体会、伤害和屈辱,使他们永远牢记吕夷简对其父亲的排挤、迫害和欺凌,永远不会原谅吕夷简的行为,这是欧阳修永远体验不到的。

欧阳修在给范仲淹所写的神道碑中写道:"公少有大节,于富贵、贫贱、毁誉、欢戚,不一动其心,而慨然有志于天下。"

欧阳修不愧是范仲淹的人生知己,这个评价非常中肯。

第二节　政治知己韩琦

韩琦(1008—1075),字稚圭,号赣叟,相州安阳(今河南省安阳市)人,因为曾被封魏国公,被尊称为韩魏公。仁宗天圣五年(1027)科考榜眼,北宋杰出的政治家、军事家、文学家。

一、官场盟友

就《欧阳修文集》现存书信数量来说,欧阳修写给韩琦的有四十五封,仅仅比写给梅尧臣的少一封,可见二人来往之密切。但是韩琦《安阳集》中只有一封韩琦给欧阳修的"信宿帖"①,大多未能传下来。欧阳修写给韩琦的这四十五封信,内容大多都是谈政治问题。所以,把二人的关系定位为政治盟友关系比较合适。韩琦是一个非常成熟的政治家,欧阳修则是一个书生型的、不成熟的政治家。

韩琦与欧阳修的书信来往最早可追溯至庆历二年(1042)八月,当时,战争正处

---

① (宋)韩琦著,李之亮、徐正英笺注:《安阳集编年笺注》(下),巴蜀书社,2000年版。

于胶着状态。韩琦正在宋夏战争的前线忙于战事,由于信息不畅通,欧阳修被赵宋朝廷报喜不报忧的信息所迷惑,错误地以为在对西夏的战争中,赵宋正高歌猛进,所以在信中写了不少对韩琦的恭维之词,"千里之外,威誉之声日至京师,如在耳目",渴望"凯歌东来,函首献朝"的盛况早日到来。不知一向讲究实事求是的韩琦接到这封信后,作何感想。

宋夏和议达成之后,韩琦还朝,与范仲淹并为枢密副使。欧阳修为使韩、范得到重用,积极奔走呼吁。庆历新政失败之后,韩、范等革新派被冠以"朋党"之名,纷纷遭贬或自贬之时,欧阳修挺身而出,为他们辩护,结果被贬知滁州。

欧阳修尽管才华横溢,但由于其过于放胆直言的个性,一直不被仁宗赏识,后通过韩琦等人的举荐,才得以被重用。陈师道曾记载:"韩魏公屡次向仁宗推荐欧阳公,而仁宗却不接受。有一天韩魏公又一次向仁宗推荐欧阳公,说了这么一席话:'韩愈,唐朝名士,天下都盼望他做宰相,但是宪宗皇帝坚决不用韩愈。即使韩愈真做了宰相,未必有补于大唐,但是时至今日,后人仍然非议唐宪宗。欧阳修就是今天的韩愈,陛下不重用他,臣恐后人像非议唐宪宗一样非议官家。'"①仁宗听后,终于接受了韩琦的建议。

韩琦性格温和持重,政治经验、手腕都比少有城府的欧阳修要高明得多。二人同朝为政,商议大事,经常发生争执。欧阳修每次都是据理力争,韩琦则是耐心听完欧阳修等人的意见后,一句话或几句话即指出问题的实质及解决问题的最佳方案。因此,二人成为政治知己。欧阳修也非常佩服韩琦,自言"累百欧阳修,不足望韩公"②。

二人政治生涯中密切配合的一件大事是"濮议"问题。

濮安懿王赵允让是英宗的生父,仁宗的兄长,嘉祐四年(1059)十一月去世。英宗继承皇位后,对他的生父和嗣父该如何称呼,以韩琦、欧阳修为核心的执政派和

---

① 陈师道著,李伟国校点:《后山谈丛》卷五,上海古籍出版社,1989 年版。

② (宋)韩琦著,李之亮、徐正英笺注:《安阳集编年笺注》附强至《韩忠献公遗事》。

以司马光为核心的台谏派官员,围绕此问题,展开了激烈的争斗。

英宗继位之后,首先提出应该尊崇濮安懿王的是韩琦和欧阳修,按照礼法,英宗正在为仁宗守丧期间,不该提出该问题。治平二年(1065)四月,丧期结束,英宗于是让朝臣们讨论此问题,台谏派官员率先提出反对意见,他们认为英宗能够继承皇位,完全是由于过继给仁宗为子,尊崇濮安懿王可以,但是不能超越底线,即执政派提出的称呼"皇考",否则就是天有二日、家有二亲,于礼不合。

执政派则认为,英宗过继之后,对亲生父母和仁宗及曹太后都应称为父母,对儒家纲常礼仪非常熟悉的欧阳修更是拿出儒家的经典语句进行反驳:"恩莫重于所生,义莫重于所继。"

这场围绕封建纲常礼仪进行的争论,双方所言各有道理,因为儒家的有些理论,本身即存在互相矛盾之处。所以封建王朝统治阶级内部发生矛盾时,经常发生此类问题。

这场内斗的背后,实质上是英宗和曹太后的斗争。英宗是执政派的后台,曹太后则是台谏派的靠山,前者主张革新,后者主张守旧,最后通过了有利于执政派的折中方案,本质上还是由于执政派实力要大于台谏派的实力。台谏派于是以交接御史制诰、居家待罪的激烈手段提出抗议。韩琦和欧阳修则提出罪若在执政派的话,就尊重台谏派的意见,执政派下台或外出做官。英宗经过艰难的、较长时间的考虑后,将涉事的台谏派撵出朝廷,执政派取得了胜利。

二、《韩公阅古堂》的写作

为了激励自己及边关将士的斗志,提高将士的军事素养,也为了提高四十多年来不识金革的边民的国防意识,韩琦于皇祐元年(1049)知定州期间,修筑了宋代有名的"阅古堂",使之成为当地以军事思想教育为主的一个展览馆。韩琦为此写了

《定州阅古堂记》和《阅古堂诗》，刻在阅古堂前的石碑上。阅古堂也成为韩琦闲暇时候经常流连忘返的地方。

阅古堂是在定州城一个破败亭子的基础上修建而成的。把宋代以前六十个优秀军事将领的事迹，付之于文字，绘之于图画，挂在墙上，供人参观、学习、思考。这六十个将领的姓名，限于史料，我们无法一一考证。从范仲淹的《阅古堂诗》可以看出，他们个个都是"仁与智可尚，忠与义可钦"，是足以教育后人特别是边关将士的楷模。"吾爱古名将，毅若武库森。其重如山安，其静如渊沉。有令凛如霜，有谋密如阴。敌城一朝拔，戎首万里擒"①。通过学习这六十名优秀将领的事迹，可以逐渐提高边关将士的军事素质和政治素质，使他们军事上变得能够有勇有谋，政治上忠于大宋王朝，成为一支政治上和军事上都过得硬的军队。在仰文抑武的大宋，应该说韩琦此举委实高明。韩琦此举，对得起仁宗皇帝的赏识和范仲淹、欧阳修、富弼等友人的鼓励和期望。

阅古堂修成后，韩琦写信告知了好友范仲淹、欧阳修、富弼等人，并附上自己写的《阅古堂记》和《阅古堂诗》，恳请几位老友也能写诗文唱和，以扩大阅古堂的影响。几位老友欣然回寄诗文。从韩琦《定州阅古堂记》和《阅古堂诗》等诗文，以及范仲淹、欧阳修、富弼等唱和韩琦修筑阅古堂所写的有关阅古堂的诗文可以看出，韩琦对阅古堂充满了感情。

欧阳修的《韩公阅古堂》诗，首先赞扬了阅古堂的教化作用和韩琦在定州的政绩，"英英文与武，粲粲图四壁。酒令列诸将，谈锋摧辩客。周旋顾视间，是不为无益。循吏一州守，将军万夫敌"；其次对韩琦充满了期待，"当归庙堂上，有位久虚席。大匠不挥斧，众工随指画。从容任群材，文武各以职"，②希望韩琦能够早日回到朝廷，辅佐仁宗，举荐贤才，在更广阔的舞台上，建立更大的功业。

---

① （宋）范仲淹著，薛正兴校点：《范仲淹全集》上册。
② （宋）欧阳修著，李逸安点校：《欧阳修全集》卷四。

三、《昼锦堂记》的写作

至和二年(1055),韩琦第一次知相州期间,修筑了好几座亭台楼阁,作为官民游乐的场所,又修筑了自己的宅第昼锦堂。韩琦写了好几首关于昼锦堂的诗,其中第一首一再强调修筑昼锦堂的本意,以解除官民的误解①。

古人之富贵,贵归本郡县。譬若衣锦游,白昼自光绚。科第"榜眼"出身的韩琦,自然知道"衣锦夜行"典故的由来,而他把自己的宅第命名为"昼锦堂",显然是对"衣锦夜行"含义的反用。寻常士民以为韩琦来家乡做官是衣锦还乡,其实韩琦的本意完全不在此。韩琦即使抱病在身,养病乡邦,昼夜念叨的仍然是如何报答皇帝的知遇之恩,即使前面有鼎镬之危,也不会改变自己犯颜直谏的秉性。

昼锦堂修筑完成后,韩琦回朝担任枢密使。英宗即位后不久,他此前本就有的精神分裂症急剧恶化,不能处理政事。范仲淹、韩琦、欧阳修等商议后,认为只能由曹太后垂帘听政。在此期间,英宗和曹太后之间由于复杂的原因,发生尖锐的矛盾。韩琦作为顾命大臣,费尽心思妥善处理双方的矛盾,使政权的交接基本上平稳过渡。英宗病好后,曹太后还政于英宗,但是在"濮议"问题上,朝臣中间又发生尖锐的矛盾。侍御史知杂事吕诲直接弹劾韩琦,控告他在五个方面不忠于朝廷,甚至拿他十年前修筑的"昼锦堂"做文章,认为他当时就是炫耀自己的功劳,而今又居功自傲,要挟朝廷,希图得到更大的利益,请求将韩琦逐出朝廷,赴外做官。

韩琦等尽管极力辩解,也难以平息非议。这些怪论当然也传到了相州,不明真相的官民很为韩琦担心。知相州赵元甫于是出了一个主意,由他出面在昼锦堂旁

---

① 邓广铭先生即有误解,他在《岳飞传》一书中写道:"韩琦是在回到自己家乡做官时修建了这所厅堂的,是富贵而归故乡,所以就取名为昼锦。这也表明,韩琦专以自己的富贵向世人夸耀,是多么庸俗的一个人物。"见邓广铭著:《岳飞传》,人民出版社,1983年版。

边立一美石,再由韩琦出面请一个文采极好、社会影响又很大的人撰一美文,对相关问题做出解释,以解除人们的误解,这也是对政敌最大的反驳。韩琦马上想到一代文宗欧阳修最合适,他的社会影响、文章水准及他对韩琦的了解,是没有人能够替代的,且又是韩琦忠实的政治助手。韩琦于是邀请欧阳修撰文。

欧阳修收到邀请,知道这是老友韩琦对自己的莫大信任,也明白此时写文章的重要性及目的所在。他必须全力以赴写好这篇碑文,因为碑文刻石之后,会很快传遍全国,甚至传到辽国等周边国家,流传后世。

《昼锦堂记》全文如下:

仕宦而至将相,富贵而归故乡。此人情之所荣,而今昔之所同也。

盖士方穷时,困厄闾里,庸人竖子,皆得易而侮之。若季子不礼于其嫂,买臣见弃于其妻。一旦高车驷马,旗旄导前,而骑卒拥后,夹道之人,相与骈肩累迹,瞻望咨嗟。而所谓庸夫愚妇者,奔走骇汗,羞愧俯伏,以自悔罪于车尘马足之间。此一介之士,得志于当时,而意气之盛,昔人比之衣锦之荣者也。

唯大丞相魏国公则不然:公,相人也,世有令德,为时名卿。自公少时,已擢高科,登显仕。海内之士,闻下风而望余光者,盖亦有年矣。所谓将相而富贵,皆公所宜素有。非如穷厄之人,侥幸得志于一时,出于庸夫愚妇之不意,以惊骇而夸耀之也。然则高牙大纛,不足为公荣。桓圭衮冕,不足为公贵。唯德被生民,而功施社稷,勒之金石,播之声诗,以耀后世而垂无穷,此公之志,而士亦以此望于公也。岂止夸一时而荣一乡哉!

公在至和中,尝以武康之节,来治于相,乃作昼锦之堂于后圃。既又刻诗于石,以遗相人。其言以快恩仇、矜名誉为可薄,盖不以昔人所夸者为荣,而以为戒。于此见公之视富贵为何如,而其志岂易量哉!故能出入将相,勤劳王家,而夷险一节。至于临大事,决大议,垂绅正笏,不动声色,而措天下于泰山之安:可谓社稷之臣矣!其丰功盛烈,所以铭彝鼎而被弦歌者,乃邦家之光,非闾里之荣也。

余虽不获登公之堂,幸尝窃诵公之诗,乐公之志有成,而喜为天下道也。于是乎书。①

在此文中,欧阳修指出了韩琦与苏秦、朱买臣等的本质区别。苏、朱二人,实乃一介之士,穷酸之后的富贵,只是为了实现一己之梦想,衣锦还乡乃此类人惯常的做法。而宰相韩琦则不然,他是世代名门之后,父亲韩国华曾经是泉州知州,祖上多有高官显宦,他的志向则是"德被生民,功施社稷,勒之金石,播之声诗,传之后世"。两相对比,实乃燕雀与鸿鹄之分。韩琦出将入相,危急关头"垂绅正笏,不动声色,而措天下于泰山之安:可谓社稷之臣矣"。他的丰功伟绩,是大宋的荣耀,且将永被牢记。

范文傅《过庭录》一书记载,韩琦建成昼锦堂后,让欧阳修写一篇《昼锦堂记》以添彩。欧阳修认真地写好后,派人送去。韩琦读后,很喜欢"仕宦至将相,富贵归故乡"这句话。停了几天,欧阳修又派人送来了新稿,说做了一处小的修改,韩琦读后,发现于"仕宦"和"富贵"后边,各添一"而"字。韩琦又按照新稿读了几遍,才明白添了此字后,文义尤其通畅。

欧阳修去世前留下的遗嘱中,请求韩琦为他写墓志铭。之所以这样安排,是因为二人在朝中共事多年,除了相知最深、感情最深的因素外,牵涉一个比较敏感但是在墓志铭中又不得不写的问题,也就是"濮议"问题。当时欧阳修提出来后,遭到举朝臣僚的攻击。其实,这件事最早的提出者是韩琦,欧阳修可谓替韩琦挡箭。

韩琦饱含深情,为欧阳修写了内容超长的墓志铭②,高度评价了欧阳修光辉的一生。

---

① (宋)范仲淹著,薛正兴校点:《范仲淹全集》卷四十。
② (宋)欧阳修著,李逸安点校:《欧阳修全集》附录卷三。

第三节　终身挚友梅尧臣

梅尧臣(1002—1060),字圣俞,宣州宣城(今安徽省宣城市)人,北宋杰出的文学家、诗人。

苏轼一文中记载梅尧臣高高的个子,大耳秀眉,额头时常红红的,一旦喝酒喝高了,就正襟危坐,与人说话则轻声细语①,典型的谦谦君子。

一、互为知音的诗人

梅尧臣一生致力于诗歌的创作,强调诗歌要继承《诗经》和《离骚》的传统,反对内容空洞和堆砌辞藻的西昆体诗歌,主张诗歌应该特别注意反映社会现实和重大的社会政治事件。诗风平淡、含蓄。

梅尧臣担任河南主簿期间,西京留守钱惟演特别欣赏他的诗歌,二人成为忘年之交,互相作诗酬唱,河南府的士人和官员为之倾倒。钱惟演之后的西京留守王曙

①　丁传靖辑:《宋人轶事汇编》(中)。

也非常欣赏梅尧臣的作品。他曾经感叹地说过："两百年来,第一次看到这么好的文章。"①

梅尧臣并没有为他人的赞扬所陶醉,益加精思苦学,不管是吃饭、睡觉前的片刻时间还是游览的时候,都在琢磨、吟咏诗句。有时坐着的时候,突然站起来拿起笔,急忙把想好的诗句写到一张小纸上,放进随身携带的一个袋子中。一次,一个好友对他的举动感到好奇,趁他不备的时候,取出来偷偷看了看,原来都是诗句,或者一联,或者一句。一首诗酝酿成熟时自然就用得上其中的某些句子了。②

当时,从武夫走卒到王公贵戚及儿童野叟,都能说出梅尧臣的大名,即使不懂梅尧臣诗歌含义的人,一旦得到梅尧臣亲笔写的一首诗,也要到处炫耀:"这是当今最贵重的东西,我也得到了。"连宋仁宗也喜欢梅尧臣的诗,侍从官向仁宗推荐梅尧臣到馆阁任职,仁宗当即念了两句梅尧臣的诗:"一见天颜万人喜,却回宫路乐声长。"③原来这是仁宗幸景灵宫的消息传出后,梅尧臣作的一首诗中的两句。梅尧臣的诗歌甚至传到了西南少数民族生活的地方。苏轼在购买的一块织物上,发现有梅尧臣的诗(这种文化衫看来颇有市场)。苏轼把这块织物送给老师欧阳修,欧阳修高兴地用它包住自家的一张宝琴,二者合在一起,被欧阳修视为家中的至宝。

梅尧臣逐渐成为当时最有名的诗人。他的诗歌理论对当时甚至今天的诗歌创作都有指导作用。他曾经说过:"凡是好诗,意境要新,词语要工整,能够突破前代诗人的局限。能把最难写的景色写得像在眼前,能够含蓄地表达所要表达的含义。"④

梅尧臣对两宋时期的诗歌创作,有开创性的贡献。从他开始,宋诗才走出了不同于唐诗的道路。

欧阳修和梅尧臣互为最忠实的诗友,欧阳修一生都是梅尧臣诗歌的崇拜者、欣

---

① (宋)欧阳修著,洪本健校笺:《欧阳修诗文集校笺》(中)卷三十三《梅圣俞墓志铭》。
② 丁传靖辑:《宋人轶事汇编》(中)。
③ 丁传靖辑:《宋人轶事汇编》(中)。
④ (宋)欧阳修著,李逸安点校:《欧阳修全集》卷四十三。

赏者。早在洛阳时期,欧阳修就认为他和梅尧臣的关系,在诗歌方面,犹如俞伯牙和钟子期,梅尧臣认为欧阳修是自己诗歌唯一的知音。梅尧臣离开洛阳之前,欧阳修把他的诗稿要了一份,然后用毛笔全部抄了一遍,抄写得非常认真。

欧阳修评论梅尧臣的诗:"世人多说诗人很少能功成名就,反而多困穷。不是因为诗让人困穷,而是困穷的生活环境才能使诗人去追求作诗的最高境界。"①梅尧臣认为是知己之言。

二、欧阳修和梅尧臣的君子之交

梅尧臣尽管是当时最著名的诗人,但是科考之路对于他而言很不平坦,不是他无能,而是所考试的内容,对于他这样天真的诗人而言,可谓扬短避长,所以屡屡不第。一直到皇祐三年(1051)九月,梅尧臣五十一岁时,仁宗鉴于梅尧臣的大名和大臣们的竭力推荐,梅尧臣才"混"了个赐进士出身。这种身份,实际上是赵宋政权自太祖开始,出于社会安定的考虑,对参加科举考试屡屡不第的士人的一种安慰。

凭着这个出身,梅尧臣才得以成为太常博士,家庭的生活境况得以改善。在此之前,梅尧臣一家的生活,时常需要靠朋友接济。欧阳修给予梅尧臣的呵护,可谓持之以恒的全方位的关照。

皇祐五年(1053)秋天,梅尧臣突患失音症,无法说话,不能与人用语言交流,委实痛苦。欧阳修当时正在老家忙于母亲郑氏和两位夫人胥氏、杨氏的安葬事宜,听到梅尧臣信中所述的病情后,马上回信,告诉了梅尧臣一个治病的偏方:新开的槐花,在刚烧成的瓦片上炒熟,装进衣袋中,闲时就往嘴里放一二粒,咀嚼之后咽下

---

① (宋)欧阳修著,洪本健校笺:《欧阳修诗文集校笺》(中)卷三十三《梅圣俞墓志铭》。

去,让嘴里面一直有花的气味,坚持服一段时间,病自然就好了。①

梅尧臣喜欢喝酒,但是东京的酒价,他却承受不起,"大门多奇酝,一斗市钱千。贫食尚不足,欲饮将何缘"。庆历四年(1044)的腊日快到了,过年转眼也就到了,欧阳修派人送来两大壶酒,"穷腊忽可怪,双壶故人传"。

嘉祐二年(1057),沧州一向姓官员派人送给欧阳修大海鱼做成的鱼干。欧阳修尽管觉得味道不是很好,可还是派人送给梅尧臣一些,让他"聊知异物味"②。

梅尧臣的爱女出嫁,欧阳修派人送来绢二十匹,一部分让梅尧臣给女儿做嫁妆,一部分用于梅尧臣给妻儿们做衣服。梅尧臣曾在《永叔赠绢二十匹》中写道:"瘦儿两胫不赤冻,病妇十指休补缝。"③大冷的冬日,孩子们不用再穿盖不住腿的破裤子,有病在身的刁氏也不用隔三差五给家人缝补不断破裂的衣服。

澄心堂卖的纸是五代后唐李后主李煜时发明的纸,到北宋时期,仍然是纸中极品,非常珍贵。在宋初的江南地区,价格每张需要一百多文铜钱。"江南平定后六十多年,其纸犹有存者。"④至和二年(1055),欧阳修送给梅尧臣两轴,梅尧臣赞扬其"滑如春冰密如茧"⑤。鉴于纸的珍贵,梅尧臣轻易不用。

热在三伏,冷在三九。三九寒天,朝廷派人将厚厚的冰块储藏在深井中,三伏天则发给在东京的高官们,用于避暑。欧阳修得到冰块后,也不忘记盛暑中的梅尧臣一家,派人将冰块送给他们分享。"天子厚于公,不使炽毒欺。公亦厚于我,将恐煎熬随。"⑥

欧阳修对梅尧臣竭尽关怀,无微不至。梅尧臣虽然贫穷,却也是知恩图报之君子,尽其可能,予以回报。

明道二年(1033)春天,梅尧臣知建德县(今浙江省建德市),县里有贩伞的小贩

① (宋)欧阳修著,李逸安点校:《欧阳修全集》卷一四九。

② (宋)欧阳修著,李逸安点校:《欧阳修全集》卷一四九。

③ (宋)梅尧臣著,朱东润校注:《梅尧臣集编年校注》卷二十六。

④ 程民生:《宋代物价研究》,江西人民出版社,2021年版。

⑤ (宋)梅尧臣:《宛陵先生集》卷七《永叔寄澄心堂知二幅》。

⑥ (宋)梅尧臣著,朱东润校注:《梅尧臣集编年校注》卷二十九。

到东京去,梅尧臣知道后,赶紧给欧阳修写了一封信,托他带给欧阳修,顺便又给欧阳修带了鲍鱼干等物。①

欧阳修、梅尧臣二人都具有刚正不阿、遇事敢言的性格特点,在文学创作上有共同的爱好和追求,可谓意气相投。

梅尧臣并非两耳不闻窗外事的诗人。面对辽、夏二国的威胁,梅尧臣也高度关注军事谋略之学,写有《孙子注》十三篇,期待有朝一日,能够效命疆场。欧阳修也向范仲淹极力推荐梅尧臣,但是不知为何,范仲淹一直未能将梅尧臣召入幕府,最终范仲淹反而成了梅尧臣心目中的仇人。

每次科举考试,虽然有数百名的合格者成为进士,但出人头地的却是凤毛麟角。没升到侍从以上地位的官僚,一般来说,只能通过屯田—都官员外郎—职方的过程,晋升到郎中为止。可梅尧臣连郎中的级别都没有达到。

欧阳修和梅尧臣于仁宗天圣九年(1031)相识,至嘉祐五年(1060)梅尧臣去世,在近三十年的交往中,仅梅尧臣所作与欧阳修唱和的诗就达一百三十篇。他寄给欧阳修的书信因为散佚无存,无法统计;但在欧阳修的文集中,则保存了与梅尧臣唱和的六十余首诗歌及四十六封书信。

梅尧臣守母丧结束后回到汴京,欧阳修亲自到码头迎接。梅尧臣见到欧阳修后,热泪盈眶。后梅尧臣作《高车再过谢永叔内翰》一诗,表达了自己发自内心的感谢:"世人重贵不重旧,重旧今见欧阳公。……俯躬拜我礼愈下,驺徒窃语音微通。我公声名压朝右,何厚于此瘦老翁。"②

欧阳修其实也一直在尽全力帮助梅尧臣改变穷苦的状况。嘉祐三年(1058),时年五十六岁的梅尧臣第五个儿子出生。按照宋代的习俗,婴儿满月,要举行沐浴仪式,亲朋好友都来相贺,称"洗儿会",外公外婆要送彩画钱或金银钱果,以及彩缎、珠翠等洗儿用品。众宾客到齐后,煎香汤于银盆内,将洗儿果、彩钱等放入盆

---

① (宋)欧阳修著,李逸安点校:《欧阳修全集》卷一四九。
② 梅尧臣著,朱东润编年校注:《梅尧臣集编年校注》卷二十六。

中,用彩线环绕银盆一周,然后长辈用银钗搅水,接着把婴儿放进盆内,略微洗涤全身,剃掉胎发,遍谢亲朋,仪式结束。

欧阳修当时权知开封府,带着喜酒来参加"洗儿会",并戏作《洗儿歌》一诗,为梅尧臣得子贺喜。全诗如下:

> 月晕五色如虹蜺,深山猛虎夜生儿。
>
> 虎儿可爱光陆离,开眼已有百步威。
>
> 诗翁虽老神骨秀,想见娇婴目与眉。
>
> 木星之精为紫气,照山生玉水生犀。
>
> 儿翁不比他儿翁,三十年名天下知。
>
> 材高位下众所惜,天与此儿聊慰之。
>
> 翁家洗儿众人喜,不惜金钱散闾里。
>
> 宛陵他日见高门,车马煌煌梅氏子。①

由于梅尧臣生于咸平五年(壬寅年,1002),属相为虎,所以说"深山猛虎夜生儿"。"材高位下众所惜",自然是为梅尧臣的不得志抱不平。

嘉祐四年(1059),欧阳修在写给好友王素的信中表示,《唐书》修成后,将全力为梅尧臣安排一个更好的职位。②

仁宗嘉祐五年(1060)春夏之交,东京大疫,担任刑部郎中的朋友江休复染病,梅尧臣去看望病危中的江休复,回来不久也染上疾病。一代诗人染病的消息传出后,东京的贤士大夫并没有为疫病所吓倒,而是络绎不绝地前往东京城东部的汴阳坊,前去问候梅尧臣。由于来的人太多、车辆又多,导致东京城东部的集市无法正常运营,交通阻塞,不知道的人大惊失色地说:"哪位相公在此住呀?怎么有这么多

---

① (宋)欧阳修著,洪本健校笺:《欧阳修诗文集校笺》(上)卷七《书梅圣俞稿后》。

② (宋)欧阳修著,李逸安点校《欧阳修全集》卷一四六。

的客人!"可是,再多的朋友的问候也未能让梅尧臣转危为安,八天之后,梅尧臣还是告别了人世,享年五十八岁。

梅尧臣去世的消息传出之后,前来吊唁的人更多,关系亲密的朋友更是前来帮忙张罗后事,包括宰相在内的官员大多送来了赙金。七月,其后人用车载着他的灵柩南归故里。临走之前,欧阳修含着眼泪到梅尧臣灵柩前悼念,读了自己写的《祭梅圣俞文》。第二年正月,梅尧臣的灵柩葬于宣州阳城镇双归山。

梅尧臣去世后,由于其家境一直困穷,欧阳修联络家境不错的朋友,为其募集了一笔数目不菲的钱,买了义田,以抚恤他的后人,并利用恩荫的机会,为其长子梅增谋得了一个做官的机会。

梅尧臣父亲梅让的墓志铭①、叔父梅询的墓志铭②,都由欧阳修撰写。

---

① （宋）欧阳修著,洪本健校笺:《欧阳修诗文集校笺》(中)卷三十一《太子中舍梅君墓志铭》。
② （宋）欧阳修著,洪本健校笺:《欧阳修诗文集校笺》(中)卷二十七《翰林侍读学士给事中梅公墓志铭》。

第四节　唯欧阳修之命是从的蔡襄

蔡襄(1012—1067),字君谟,兴化仙游(今福建省仙游县)人,与欧阳修为同年进士。蔡襄、苏轼、黄庭坚、米芾,被称为北宋四大书法家。

蔡襄是当时的美髯公,留着很长的胡子。一日仁宗和他闲谈时看到他的胡子,漫不经心地问道:"卿的胡子又长又美,晚上睡觉时是放在被子里面还是外面呢?"仁宗这一问,倒把蔡襄问住了。晚上睡觉时想起仁宗的话,于是先把胡子放在被子外边,停了一会儿,感觉不妥当,又把胡子放到被子里面,停了一会儿,又感觉不妥当,于是又把胡子从被子里掏出来,来回折腾,整晚上都没有睡好。

欧阳修与蔡襄于仁宗天圣末年相识于东京,从此结下了深厚的友谊。欧阳修作为当时的文坛领袖,力推蔡襄为当时的书坛盟主。

景祐三年(1036)五月,范仲淹贬官饶州(今江西省鄱阳县),欧阳修炮轰谏官高若讷。时为馆阁校勘的蔡襄,以范仲淹、余靖、尹洙、欧阳修四人的事迹作为题材,作了一首《四贤一不肖诗》,其中关于欧阳修的诗中写道:"欧阳秘阁官职卑,欲雪忠良无路歧。累幅长书快幽愤,一责司谏心无疑。"[1]高度赞扬了欧阳修无所畏惧的正义行为。

---

① (宋)欧阳修著,洪本健校笺:《欧阳修资料汇编》。

庆历三年（1043）七月，由于宰相晏殊的推荐，欧阳修与王素、余靖都成为谏官。蔡襄知道后，立马写诗赞美，"御笔新除三谏官，喧然朝野竟相欢"①。他认为欧阳修等三人正直敢言的性格，最适合做谏官。

庆历四年（1044）八月，庆历新政失败前后，欧阳修被朝廷任命为河北都转运按察使。蔡襄随即两次上札子，反对这样的人事安排，他认为欧阳修的长处是做谏官，而不是做具体的经济事务。但是，仁宗及保守派为了将改革派的阵营彻底打散，还是强令欧阳修前去赴任②。

蔡襄给人写的各种书法作品不少，唯独不愿意给人写墓志铭或其他石刻上的文字，但是对欧阳修例外。欧阳修写的《陈文惠公神道碑铭》《薛将军碣》《真州东园记》《杭州有美堂记》《相州昼锦堂记》《集古录目序》以及《牡丹记跋尾》，都是由蔡襄写好后命人刻在石碑上。

《集古录目序》写好且刻石后，由于蔡襄知道收藏金石及考证是欧阳修一辈子的事业之一，所以书写时特别用功，当时即被人视为蔡襄书法的精品。欧阳修也深知这一点，于是给老友送了鼠须栗尾笔、铜绿笔格、大小龙茶、惠山泉水等作为润笔费③。蔡襄收到后，非常高兴，认为欧阳修送的礼物太高雅了。一个月后，有人送给欧阳修清泉产的香饼一筐。香饼是用精煤做的一种燃料，用来作香料，一块饼可以供烧一天的香。蔡襄知道后，哈哈大笑，说道："这个礼品来迟了，否则欧阳相公也要把它送给我作润笔费。"

《牡丹记跋尾》刻在石碑上后，蔡襄将石刻藏在家中，派人把拓片送到亳州给欧阳修。欧阳修写好感谢信后，送信人还没有回到蔡襄居住的福建老家，而蔡襄去世的消息却先传到了亳州，《牡丹记跋尾》也成为蔡襄的绝笔。欧阳修感叹将来再也得不到蔡襄的书法作品了，而自己因为老病兼至，也再也不能写文章了。

蔡襄是福建人，所以对荔枝非常熟悉，特意撰写了《荔枝谱》一书。欧阳修应蔡

---

① （宋）欧阳修著，洪本健校笺：《欧阳修资料汇编》。
② （宋）欧阳修著，洪本健校笺：《欧阳修资料汇编》。
③ 书画家卖字画所得到的报酬。

襄之邀,写了《书荔枝谱后》①一文。此外,欧阳修还为蔡襄的《永城县学记》②写了跋。

蔡襄非常孝顺母亲卢氏,卢氏于治平三年(1066)九十二岁时去世于杭州。次年,应蔡襄之邀,欧阳修为卢氏写了墓志铭③。

治平四年(1067)八月,蔡襄突然因病去世,年仅五十六岁。欧阳修含泪为其写了墓志铭。欧阳修在所写的墓志铭中,除了叙述蔡襄一生光辉的履历外,特别提到了两件事。

一是蔡襄与朋友聚会东京灵东园,酒后射箭助兴,有一客人失手误射伤人。被伤之人未及辨别,立马说伤人者是蔡襄。蔡襄也不作辩解,拿钱赔偿,并马上派人去找医生为伤者疗伤。第二天仁宗问起此事,蔡襄只是再拜愧谢,终不自辩。

二是仁宗非常喜欢蔡襄的书法,仁宗皇帝的舅舅去世后,仁宗写了《元舅陇西王碑文》,诏令蔡襄书写碑文,蔡襄欣然从命。但是,仁宗宠幸的张贵妃去世后,仁宗让学士撰写《温成皇后碑》④文后,又下诏让蔡襄写,蔡襄却不答应,他说这是翰林院待诏的职责。实际上是因为张贵妃去世后,一些宠臣因为仁宗宠幸张贵妃,在办丧礼时,大肆挥霍,破坏礼制,刘敞、韩维等官员强烈反对,蔡襄也配合他们维护礼制的正义行为。

---

① (宋)欧阳修著,洪本健校笺:《欧阳修诗文集校笺》(下),外集卷二十三。
② (宋)欧阳修著,洪本健校笺:《欧阳修诗文集校笺》(下),外集卷二十三。
③ (宋)欧阳修著,洪本健校笺:《欧阳修诗文集校笺》(下),居士集卷三十六。
④ (宋)欧阳修著,洪本健校笺:《欧阳修诗文集校笺》(下),居士集卷三十五。

第五节　兄弟之交尹洙

尹洙,字师鲁,河南府(今河南省洛阳市)人。仁宗天圣二年(1024)进士,比欧阳修大七岁。宋代著名的散文家。

尹洙早年跟随古文运动的重要人物穆修学习,特别喜欢《春秋》,后尹洙也成为北宋古文运动的先驱。欧阳修为西京留守推官时,尹洙为河南府户曹参军,双方逐渐形成了亦师亦友的关系。由于王曙的荐引,景祐元年(1034),尹洙任馆阁校勘,迁太子中允。

尹洙为文简略,钱惟演于洛阳附近建一驿馆,命僚属们各作一文相贺。谢绛和欧阳修的文章皆接近五百字,而尹洙的文章只有三百八十字,但“语简事备,典重有法”,众人佩服不已。欧阳修当晚即设宴邀请尹洙讲解作文的章法。尹洙说道:“文章最忌讳的就是格调不高、语句臃肿。您和谢绛等人的文章格调倒是不低,毛病就是语句臃肿。”欧阳修听完,感觉受益匪浅,当晚回家之后,连夜修改自己的文章,砍掉多余的语句,修改后的文章,比尹洙的文章还少二十个字,较之尹洙的文章,更胜一筹。尹洙看后说道:“进步真是一日千里。”

尹洙去世前,监均州(今湖北省丹江口市)酒税。此前十三年间,三次被贬官,家中凶事不断,父亲和兄长尹源先后去世;和妻子张氏生育的四个儿子,三个先后去世;一个女儿,婚配后也去世。底层杂官的俸禄又非常低,生活颠沛流离,一切的一切,叠加起来,即使铁打的男人,也经不起这样的打击了。

尹洙于庆历七年(1047)四月去世于南阳。按照范仲淹的安排,孙甫写行状,欧阳修写墓志铭,韩琦写墓表①。按照这个顺序书写,孙甫写好行状后,寄给欧阳修;欧阳修写好墓志铭后,寄给韩琦,这样三人所写的不同部分内容,能够基本上保持一致,不致出现相互矛盾的地方。三人所写的内容寄给范仲淹审阅,范仲淹将三人所写内容,寄给尹洙家人看,征求家人的意见,然后再做出修改。

四人都是尹洙生前的好友。尹洙与欧阳修则是兄弟之交。

由于尹洙于庆历八年(1048)才安葬,所以欧阳修于该年才写了墓志铭和祭文。去世一年之后才写,对于欧阳修而言,考虑的时间可以更长一些,内容可以写得更完备一些。

欧阳修为尹洙所写的墓志铭,不足一千字,这也是后来尹洙家属不满意的一个原因。其实,他们误解了欧阳修。欧阳修多次在文中写他和尹洙是兄弟之交,而尹洙生前最喜欢读欧阳修的文章,所以,欧阳修把给尹洙写墓志铭作为一次灵魂的对话。墓志铭的风格必须是尹洙喜欢的文风,"语简事备,典重有法",而"死者有知,必受此文",如果啰里啰唆写一篇很长的墓志铭,尹洙九泉之下都会骂欧阳修。

欧阳修在墓志铭中,首先介绍了常人眼中的尹洙,语言简炼,议论磅礴,有着多样的才华。他重点介绍了尹洙的古君子之风,那就是忠义的气节和面对穷达、祸福岿然不动的意志。在叙述了尹洙的为官履历和政绩后,欧阳修特别强调了尹洙在宋夏战场的贡献,通过对战场胜利和失败经验及教训的总结,尹洙的军事理论得以流传。对于仰文抑武的赵宋而言,这其实是一笔宝贵的财富。而尹洙这方面的能力和贡献,许多人却不知道。

墓志铭正文的最后一段,读后让人悲怆:"师鲁娶张氏某县君。有兄源,字子渐,亦以文学知名,前一岁卒。师鲁凡十年间三贬官,丧其父,又丧其兄。有子四人,连丧其三。女一适人,亦卒。而其身终以贬死。一子三岁,四女未嫁,家无余

_____
① 又叫墓碑,竖于墓前或墓道内,表彰死者,死者生前有无官职皆可用。

资,客其丧于南阳不能归。"①尹洙去世时才四十六岁。他为何这么早去世?不公正的贬官,导致尹洙的身心都遭到巨大的摧残,到均州之后,尹洙有时候吃饭都难以下咽。

欧阳修在给尹洙家属尹材的信中特别写道:"墓志铭刻石时,首尾都不要像其他人写的墓志铭那样写官衔、题目及撰写人、书丹人、刻字人的姓名,就按照我写的原文来做。这是因为晋朝以前,墓碑都是这样做。古人这样做,有很深的含义,久远之后,后人就明白这样做的含义了。这也是我这样做的原因。墓志铭的盖子上,只写师鲁墓。"②

欧阳修对这篇墓志铭非常满意。所以当尹洙家属提出修改意见后,欧阳修拒绝修改,且写了《论尹师鲁墓志》一文,从四方面进行辩解。

第一,墓志铭全面叙述了尹洙的才华与贡献,"简而有法"一词,只有孔子的《春秋》才配得上此评价。家属责备墓志铭文字太短,是他们不了解此用意。

第二,家属责备墓志铭没有写尹洙的道德高尚和含冤而死,墓志铭最后"藏之深,固之密。石可朽,铭不灭"十二字的含义即指尹洙的冤屈举世无所告。但不朽的墓志铭,会让后人知道事情的真相。

第三,家属要求加上尹洙是古文运动的先驱,不符合实际情况。穆修等前辈在尹洙之前做出的贡献不能否定。

第四,家属说墓志铭写到尹洙喜欢谈论兵事,而当时的背景下,这是文人的末事,不应该写。欧阳修辩解说喜是喜欢的意思,不是嬉戏的意思。君子都要有爱好,《论语》中记载颜回好学,难道是孔子看不起颜回吗?

欧阳修最后没有对墓志铭做出修改,家属虽然提出过让他人改写墓志铭的愿望,但范仲淹认为:"他人所写虽然能够让家属满意,但是在后世的影响,肯定不如

---

①　(宋)欧阳修著,洪本健校笺:《欧阳修诗文集校笺》(中),居士集卷二八。

②　李逸安点校《欧阳修全集》卷一五〇。欧阳修所写所有墓志铭中,题名只用《尹师鲁墓志铭》这种形式的为极少数,这种不写官职的题名,是对死者最大的尊重。

欧阳修所写,而且也不能写得太完美,那样会给尹洙的仇敌留下攻击的借口。"①

　　宋代墓志铭的写作,如果墓主是有较大社会影响的人物的话,墓志铭的内容必须考虑到朝廷、家属、仇敌多方面的意见。否则不但会给墓主后代、也会给墓志铭的作者,带来难以预料的负面影响。

　　① （宋）范仲淹著,薛正兴校点:《范仲淹全集》上册,凤凰出版社,2014 年版。欧阳修后来为范仲淹所写的墓志铭,也被范仲淹后代批评,欧阳修也拒绝修改,参看笔者所著《范仲淹十讲》一书。

第六节　第一高足苏轼

苏轼七八岁开始读书时，就听说欧阳修为人处事如战国时期的孟子和唐代的韩愈。到十几岁时，他已经很喜欢读欧阳修的诗和散文，渴望有朝一日能亲眼见到欧阳修，甚至晚上梦到了他。超凡脱俗的欧阳修，已经成了少年苏轼心目中的偶像。

苏轼第一次见到欧阳修，却是十五年以后的事了。

仁宗嘉祐二年（1057）正月，翰林学士欧阳修权知礼部贡举，当年的题目是《刑赏忠厚之至论》。担任试卷点检官的梅尧臣在读了无数份"太学体"的文章，感觉无聊透顶之际，一篇只有六百多字但文风决然不同于"太学体"的文章，让他一口气读完，边读边击节赞叹，读完之后立马递给欧阳修看。欧阳修读后，也为之惊喜，又让其他的考官看，众人也是赞不绝口。欧阳修看文章的风格，像是自己的弟子曾巩的文章。欧阳修又查看了该考生的其他试卷，写得也很好。考虑到如果是曾巩的卷子，曾巩又是自己的弟子，而且文章中有个词的出处，考官们谁也不知道，不能不说是瑕疵。欧阳修担心判为第一名之后，会被其他考生或他人挑毛病，于是将该考生定为第二名。考卷信息按照程序公开之后，才知道是苏轼的文章。

当时，苏轼在该文中写道："当尧之时，皋陶为士。将杀人，皋陶曰杀之三，尧曰宥之三。故天下畏皋陶执法之坚，而乐尧用刑之宽。"欧阳修问考官们这个典故的出处,谁也不知道,梅尧臣干脆答以"何须出处"。欧阳修听后说道:"此郎必有所据,只恨吾辈没有见到过。"金榜题名后,苏轼去欧阳修府上谢恩,欧阳修又问起这个典故的出处,苏轼也以"何须出处"作答。① 欧阳修听后,想起梅尧臣那个解释,哈哈大笑。

苏轼和苏辙,"长于草野,不学时文,词语甚朴,无所藻饰"②。这种清新自然的文风,正是欧阳修所热切希望见到的。

不久,欧阳修在给梅尧臣的信中写道:"读苏轼的文章,不知不觉中大汗淋漓,快哉快哉! 老夫我看来应该让路,给他出人头地的机会,可喜可喜。"③五十岁的欧阳修,已经准备把苏轼培养成一代文宗。后来苏轼及苏门弟子继承和发展了欧阳修所开创的一代文风。

苏轼在《六一居士集叙》中高度评价欧阳修的贡献。他指出孔子、孟子对华夏文明的开创性贡献。但是,孟子之后,商鞅、韩非之徒,"违道而趋利,残民以厚生。"他们的学说非常简陋,所带来的危害却很大。五百年后,韩愈脱颖而出,唐人把他比作孟子。二百年后,欧阳子诞生,他上承韩愈、孟子、孔子的学说,其学说合乎天道,被称为今世之韩愈,从此之后,"天下士人争先刻苦努力,以通经学古为高,以救时行道为贤,以犯颜纳说为忠。长育成就,至嘉祐末,号称多士。"④

熙宁五年(1072)闰七月,欧阳修病逝于颍州。苏轼知道后,含泪写了祭文和"哭欧公"诗。

苏轼对老师的知遇之恩,可谓终生难忘。欧阳修晚年自号"六一居士",熙宁三年(1070),欧阳修知蔡州(治今河南省汝南县),苏轼要去杭州作通判,行前专程去蔡州看望欧阳修。欧阳修对他说:"西湖僧人惠勤的文章很好,诗更好,他曾经在京

---

① (宋)陆游著,李剑雄、刘德权点校:《老学庵笔记》卷八,中华书局,1979 年版。皋陶是传说中的原始社会时期的部落首领。

② 见苏轼《梅龙图启》。

③ (宋)欧阳修著,李逸安点校:《欧阳修全集》卷一四九。

④ 苏轼:《六一居士集叙》。曾枣庄、刘琳主编:《全宋文》(第 44 册)卷一九三一。

师生活二十年,我与他交往比较频繁,庆历三年(1043),他决定回老家杭州生活,我写了四首诗送他。"①欧阳修一再嘱咐苏轼到杭州后,代他前去看望惠勤。苏轼上任后第三天,就于腊月初八前去西湖北边的孤山看望惠勤,此日恰好是释迦牟尼成佛之日,二人抵掌而谈,臧否人物。惠勤说道:"(欧阳)相公,天地间第一等人,余杭人深以他未能来此做官为恨。"次年闰七月,欧阳修去世,苏轼去告诉惠勤,在惠勤的僧舍,二人失声痛哭。

十八年后,苏轼知杭州,惠勤也早已去世,苏轼旧地重游,看到惠勤的僧舍挂着欧阳修和惠勤的画像。苏轼按照欧阳修生前的礼节行弟子礼。惠勤的弟子二仲,领着苏轼来到僧舍之后,指着一处泉水对苏轼说:"此处本来没有泉,相公您来之前数月,泉水突然冒出,水又清又甜,僧人们为之感叹,于是凿岩架石,作为纪念。"二仲又说道:"黄泉之下,惠勤师听说您要来,涌泉相迎,您不会没话说吧?"苏轼听后,想起惠勤对老师欧阳修的评价,于是将此泉命名为"六一泉"②。

苏轼没有辜负老师欧阳修的栽培和厚望。欧阳修去世后,作为新的文坛领袖,他继续欧阳修开创的文风,培植了秦观、黄庭坚等众多文学大才。南宋高宗朝状元、文学家王十朋在《读苏文》一文中写道:"唐、宋文章,无法比较孰优孰劣,但最著名者,唐之韩、柳,宋之欧、苏。"③此文作于高宗绍兴二十年(1150),可见在南宋初年,时人即已以欧、苏并称。

---

① (宋)欧阳修著,洪本健校笺:《欧阳修诗文集校笺》(上),居士集卷二。后三首见同书卷十五。
② 曾枣庄、刘琳主编:《全宋文》第四十五册,卷一九八五《六一泉铭并叙》。
③ 见王十朋:《王十朋全集·文集》卷十四,上海古籍出版社,1998年版。

第七节　研究金石学的同道刘敞

　　刘敞(1019—1068),北宋临江军新喻(今江西省新余市)人,字原父(或原甫),号公是。北宋杰出的文学家、史学家、金石学家。

　　庆历六年(1046)的科考,刘敞本应为状元,因编排官王尧臣是其表兄,为了避嫌,仁宗将其改为榜眼。时其父刘立之为荆湖北路转运使,与鄂州(治今湖北省武昌)知州王山民于黄鹤楼宴会,数日不散。他对王山民说道:"余在此等候科第发榜,犬子刘敞一定是今年的状元。到那时候,我再大宴三日,招待各位亲朋。"王山民看不惯他那天大的口气,于是说道:"泱泱大宋,人才济济,岂可预料公子一定是状元?"刘立之缓缓地说道:"即使出点小差错,也一定是榜眼。"①

　　刘敞"学问渊博,自佛老、卜筮、天文、方药、山经、地志,皆究知大略"②。

　　欧阳修与刘敞结识于皇祐元年(1049)。欧阳修时知颍州,刘敞在颍州丁忧,时年欧阳修四十二岁,刘敞三十岁,近乎忘年之交。欧阳修在送刘敞知永兴军的诗中写道:"文章惊世知名早,意气论交相得晚。"③大有相见恨晚的感受。对于刘敞渊博的学识,欧阳修非常欣赏。《宋史·刘敞传》记载,欧阳修每次看书碰到有疑问的地

---

① 　(宋)欧阳修著,洪本健校笺:《欧阳修诗文集校笺》(中),居士集卷三十五。
② 　(元)脱脱等:《宋史》卷三一九,《刘敞传》。
③ 　(宋)欧阳修著,洪本健校笺:《欧阳修诗文集校笺》(上),居士集卷八。

方,就写信来问。刘敞对着欧阳修派来的仆人,边问边写,没有丝毫停顿的时间,欧阳修非常佩服其渊博的学识。①

欧阳修在写作《新五代史》的过程中,向刘敞讨教的次数不少,写于皇祐二年(1050)的《答原父》一诗中写道:“闻见患孤寡,是非谁证验。尝欣同好恶,遂乞指暇玷。”②说的即是向刘敞请教五代史的问题。

在现存的欧阳修、刘敞文集中,二人唱和、寄怀的作品很多,刘敞在欧阳修诗中出现的频率排第二,排第一的是梅尧臣。

欧阳修与刘敞在性情、兴趣方面颇为相投。二人交往中,欧阳修屡次与刘敞讨论赏玩与戏游的乐趣与感慨。

至和二年(1055),刘敞得到了一轴澄心堂的纸,非常高兴,也非常珍惜,于是邀请欧阳修、梅尧臣等老友来家,每个人在一张纸上作诗一首,作为友谊的见证。欧阳修在诗中写道:“君家虽有澄心纸,有敢下笔知水哉? ……奈何不寄反示我,如弃正论求诽诼。”③

嘉祐元年(1056)春天,刘敞出使辽国回国后,请求赴外做官,得以出知扬州,离京之前,欧阳修邀请几个好友为刘敞送别,此后二人不断书信往来。可欧阳修老觉得刘敞的信写得太少,来得太迟,所以在嘉祐二年(1057)回复刘敞的信中写道:“君来一何迟,我请亦有素。何当两还分,尚冀一相遇。把手或未能,尺书幸时寓。”④既然暂时没有把酒言欢的机会,那就按照离别前的约定,双方都按时写信吧。

嘉祐五年(1060)九月,刘敞因为反对为仁宗废掉的郭皇后加礼,又因小错而被已受重罚的官员吕溱辩护,被谏官弹劾,于是主动要求出知永兴军。出京之前,欧阳修写了一首酣畅淋漓的诗为刘敞送行,全诗如下:

---

① 　(元)脱脱等:《宋史》卷三一九,《刘敞传》。
② 　(宋)欧阳修著,洪本健校笺:《欧阳修诗文集校笺》(上),居士集卷五。
③ 　(宋)欧阳修著,洪本健校笺:《欧阳修诗文集校笺》(上),居士集卷五。
④ 　(宋)欧阳修著,洪本健校笺:《欧阳修诗文集校笺》(上),居士集卷七。

酌君以荆州鱼枕之蕉,赠君以宣城鼠须之管。

酒如长虹饮沧海,笔若骏马驰平坂。

爱君尚少力方豪,嗟我久衰欢渐鲜。

文章惊世知名早,意气论交相得晚。

鱼枕蕉,一举十分当覆盏。

鼠须管,为物虽微情不浅。

新诗醉墨时一挥,别后寄我无辞远。①

　　鱼枕蕉和鼠须管代指欧阳修送给刘敞的酒杯和毛笔两件礼物。鱼枕蕉是用南海生长的大鱼头做成的酒杯,传言如果酒中有毒,酒杯马上爆裂。鼠须管是三国时代书法家锺繇等用老鼠胡须做成的毛笔,笔锋劲强且有锋芒。

　　欧阳修希望刘敞到永兴军之后,工作之暇,趁着酒兴,饱蘸浓墨,不时寄新诗给欧阳修。

　　嘉祐五年(1060)前后,《新五代史》和《新唐书》两部史书的编纂都已经接近尾声,欧阳修也有长出一口气的感觉。此前欧阳修早有告老还田的计划,又感到在修史的过程中,有些东西既不能写入官修的《新唐书》,也不能写入私撰的《新五代史》,但对于后世而言,又很重要,可以作为论述当代人物事功、当朝政治得失的重要参考。于是欧阳修有了写《归田录》的设想,便邀请刘敞和梅尧臣来家喝酒闲聊,请他先看看已经写的几条内容,免得传出去后惹出笔墨官司。刘、梅二人酒足饭饱离开之后,欧阳修睡了一觉醒来,已经是后半夜,睡意全无,索性起床翻看梅尧臣席上留下的诗,又写一首诗作答刘敞和梅尧臣:"简编记遗逸,议论相可否。欲知所书人,其骨多已朽。"

　　治平三年(1066),刘敞突发脑血栓。熙宁元年(1068)四月八日去世,年仅五十岁。

---

　　①　(宋)欧阳修著,洪本健校笺:《欧阳修诗文集校笺》(上),居士集卷八。

获悉刘敞去世的消息后,欧阳修悲痛不已。应其家属的请求,欧阳修为其写了墓志铭。①

庆历八年(1048)十一月七日,刘敞父亲刘立之去世后,欧阳修即应刘敞兄弟的请求,为其父亲写了墓志铭。②

---

① (宋)欧阳修著,洪本健校笺:《欧阳修诗文集校笺》(中),居士集卷三十五。
② (宋)欧阳修著,洪本健校笺:《欧阳修诗文集校笺》(中),居士集卷二十九。

第八节 君子和而不同

王安石(1021—1086),字介甫,号半山,北宋抚州临川(今江西省抚州市)人,仁宗庆历二年(1042)进士(第四名),北宋杰出的政治家、文学家、思想家。

一、欧阳修慧眼识珠

欧阳修结识王安石,应该是通过欧阳修的学生曾巩,因为曾巩和王安石有亲戚关系。

庆历三年(1043),欧阳修见到王安石之前,首先看到了王安石的诗,一下子被他的诗所打动。在给朋友沈遘的信中,欧阳修写道:"介甫诗甚佳,和韵尤精。"①欧阳修甚至把该诗寄给沈遘欣赏。

庆历四年(1044),曾巩在给欧阳修的一封信中写到王安石说过的一句话,"非

---

① (宋)欧阳修著,李逸安点校:《欧阳修全集》卷一四八。

先生无足知我也"①。可见在心高气傲的青年才子王安石的心目中,欧阳修占有何等重要的地位。

庆历七年(1047)八月,曾巩陪父亲在前往东京的途中,到滁州拜谒欧阳修,并向欧阳修出示王安石新写的《唐论》一文。欧阳修看后非常感叹:"此人文字可惊,时所无有,……假如他的文章不能光耀于世,我们都会感到可耻。"②当时欧阳修正在编写一部时人的文集,便将王安石的《唐论》及其他几篇文章都编选进去。

当然,作为已经很有成就的文坛领袖,欧阳修也指出了王安石文章中的缺陷。他认为王安石的文章视野还不够开阔,喜欢造一些生硬的词语和句子,喜欢模仿前代一些著名文人的文章,这虽然表现了王安石渴求创新的欲望,但不可过度。模仿前人的笔法是成功的必由之路,但要把握好度,要顺其自然。欧阳修的指点,对王安石的成长非常有益。

当时王安石在扬州,做扬州知州韩琦的幕僚官,韩琦又是欧阳修的好友,扬州离滁州也不远,所以,欧阳修又托曾巩代邀王安石来滁相聚。但是,这次聚会却未能成行。

至和元年(1054),王安石舒州(治今安徽省潜山市)通判任职期满,回到东京,朝廷改授他集贤校理的官职。这个官职与欧阳修曾经任职的馆阁校勘一样,都是将来能够升迁的重要台阶。王安石却以家里贫困、东京生活费用太高为由,四次提出辞呈,请求赴外地做官。朝廷于当年秋天,改任他为群牧判官,负责检查全国各地的养马场和养马监。一天到晚和马打交道,王安石更不愿意,又以此前提出的理由辞呈,坚决请求赴京外做官。当然,这是王安石真实的愿望,也是确切的理由。刚刚升为翰林学士的欧阳修听说后,意识到王安石这样做的后果会很严重,又怜惜王安石的才华,于是趁着王安石到家拜访的机会(也是二人第一次见面),对其晓以利害,王安石方才上任。王安石此次拜访欧阳修,因为有其他客人在场,有些话题

---

① （宋）曾巩著,陈杏珍、晁继周点校:《曾巩集》卷十六,《与王介甫第一书》,中华书局,1984年版。
② 蔡上翔:《王荆公年谱考略》,上海人民出版社,1959年版。

也不便谈。后来给欧阳修写了一封信,解释了一下自己目前的困境,也透露出他缺少知音的孤独感。①

至和年间,欧阳修见谏院尚缺两名谏官,鉴于王安石的才华和桀骜不驯的性格,认为他很适合做谏官,于是上札子向仁宗推荐王安石,札子中写道:"德行文学,为众所推,守道安贫,刚而不屈。"②但是,朝廷没有接受欧阳修的主张。王安石则于群牧判官任职期满后,于嘉祐二年(1057),出任常州知州。

王安石列于欧门后,对欧阳修充满了感激之情,"蒙恩不弃,知遇特深,违离未久,感恋殊甚"。

嘉祐元年(1056)欧阳修作诗赠王安石,对王安石的前程充满了期待,全诗如下:

> 翰林风月三千首,吏部文章二百年。
>
> 老去自怜心尚在,后来谁与子争先。
>
> 朱门歌舞争新态,绿绮尘埃试拂弦。
>
> 常恨闻名不相识,相逢樽酒盍留连。③

第一句指李白,唐玄宗时期,李白曾经供职翰林院,欧阳修幼年时期读过唐末著名诗人郑谷的诗,其中有一句就是赞颂李白的,"高吟大醉三千首"。第二句指韩愈,韩愈曾经做过吏部侍郎。欧阳修于诗最佩服李白,于文章则最佩服韩愈。宋人也多将欧阳修比作宋代的韩愈。

这首诗隐含着期望,期盼王安石将来能够继承欧阳修文坛盟主的位置。毕竟欧阳修在宋代历史上的贡献首先是文学家,他自己对此也有清醒的认识,他真心希望有人能继承、发扬古文革新运动。

---

① (宋)王安石著:《王文公文集》卷第三《上欧阳永叔书》(上),中华书局,1959年版。

② (宋)欧阳修著,李逸安点校:《欧阳修全集》卷一○九。

③ (宋)欧阳修著,李逸安点校:《欧阳修全集》卷一二八。

王安石随后做了一首和诗，题目是《奉酬永叔见赠》，全诗如下：

> 欲传道义心犹在，强学文章力已穷。
>
> 他日若能窥孟子，终身何敢望韩公。
>
> 抠衣最出诸生后，倒履尝倾广座中。
>
> 只恐虚名因此得，嘉篇为赆岂宜蒙。①

王安石此诗除了感谢和虚心的表达外，并没有直接回应欧阳修的热望，对欧阳修的厚望似乎"只是表示了礼节性的敬意，采取的是不即不离的态度"②。王安石后来给自己制定的主要人生目标是"立功"，让赵宋政权从危机中走出来，所以王安石在宋代历史上的地位首先是一个政治家，而不是文学家。

后来，随着二人之间的分歧逐渐明显，欧阳修遂将欧门新一代掌门人选的目标放在了苏轼身上，此是后话。

嘉祐二年（1057），欧阳修在给好友刘敞的信中写道："得介甫新诗数十篇，皆奇绝，喜此道不寂寞。"③

二、欧阳修反对青苗法

青苗法是王安石变法的重要策令之一，颁布于熙宁二年（1069）九月，也即政府和农民之间的借贷法。政府每年于夏、秋两季青黄不接之时，借钱或者贷谷物给农民，农民收获后连本带利偿还，故称青苗法。青苗法是对汉代以来政府所实行的常

---

① （宋）王安石：《王安石全集》，第五册，复旦大学出版社，2016 年版。

② ［日］吉川幸次郎著，李庆等译：《宋元明诗概说》，中州古籍出版社，1987 年版。

③ （宋）欧阳修著，李逸安点校：《欧阳修全集》卷一四八。

平仓法的改革,又称常平新法。青苗法刚推出时,还带有试验性质,只在河北路、京东路、淮南路三路施行,证实效果不错。次年正月,开始向全国各地推广,年息百分之四十,听民自愿,不得强制贷款。

汉代以来,历代政府出于调节粮价和备荒救济的目的,在各地设立粮仓,丰收之年以高于市价的价格购进粮食,歉收之年则以低于市价的价格出售仓中的粮食,使丰收时不致伤农,歉收时又不致出现生活困难的民众活不下去的情况。

北宋淳化三年(992),东京附近大丰收,于是朝廷下诏在东京周围开始设立常平仓,作为制度颁行。景德三年(1006),由于连年的丰收,朝廷诏令在全国各地普遍建立常平仓。

宋朝初期于常平仓外,另外设立了用于社会救济的粮仓"广惠仓"。政府将各地的"户绝田"出租,以其收入,作为对老幼贫弱不能独立生活之人的救济。由于二者的功能都很单一,管理仓库的官员并不认真履行职责,政府又没有持之以恒的监管措施,导致有的粮仓空虚;有的粮仓不及时更换新粮,粮食霉烂严重,已经不能食用;有的则挪作他用。

庆历七年(1047),二十六岁的王安石知鄞县(今浙江省宁波市鄞州区)期间,看到农民青黄不接时期,为了度日,被迫向高利贷者借钱或借粮,利息很高。驴打滚、利滚利的盘剥,常常使民众倾家荡产。他于是开始思索解决问题的长久之计。晚上读《周礼》,他看到了一段很有启发意义的话,就是周代政府于困难时期,发放贷款给民众,帮助民众脱离困难。王安石也是一个很有创新精神的人,第二天一大早他即去县衙旁边的常平仓考察,看到常平仓里面的粮食还比较多,质量也比较好,于是发出告示,将常平仓的谷物以较低的利息贷给民众,收获之后偿还。这个措施推出去之后,收到了良好的社会效果,民众顺利地度过了青黄不接的岁月,常平仓的粮食也得以及时更新。收到的利息首先用于常平仓的改造及管理人员待遇的提高,使他们有了工作的积极性,结果可谓多赢。

其实,欧阳修在景祐三年(1036)所写的《原弊》一文中,已经尖锐地指出了高利贷对农民的严重伤害。穷困潦倒的农民,为了生活,只好借高利贷,利息达两三倍之多,等到收获的时候,常常是倾尽所有收获也不够偿还。①

王安石在鄞县推出这个创新性的举措之时,在陕西和京东地区,也有官员推出类似的措施,取得了很好的社会效益。这也是王安石推行青苗法的重要原因。

青苗法在具体的实施过程中,遇到了许多问题,毕竟是牵涉千家万户的利益,从效果来看,各地很不一致。熙宁三年(1070)四月,前秀州军事判官李定到京师,拜谒反对青苗法的著名人物李常。李常问道:"南方民众如何看待青苗法?"李定回答道:"大家都认为方便了民众,没有不好的地方。"李常听后说道:"官家和大臣们围绕青苗法目前正在激烈争论,你见了人千万不要这样说。"②陈舜俞、毕仲游等官员的记录中也有类似的记载。

九月推出之时,欧阳修知青州,当韩琦、司马光等激烈反对青苗法时,欧阳修也参与到反对之列,而且反对颇为激烈。他一方面向朝廷上札子表示反对,一方面不待朝廷同意,擅作主张,下令青州所属州县停止执行青苗法。神宗鉴于欧阳修三朝老臣的面子,没有论罪,只是批评了事。

欧阳修之所以反对青苗法,和二人的为政风格大不相同有关系。欧阳修一贯主张宽简政治,而王安石的为政风格则是雷厉风行。下级官员在中央集权体制之下,很容易迎合上级,层层加码。变法过程中,也出现了此种现象,导致变法措施的原初目的严重扭曲。在有些地方反而加重了民众的负担,无形中为改革、也为王安石添加了骂名。欧阳修因为反对青苗法,已经被神宗温和地批评,再加上身体状况愈益糟糕,干脆再次提出致仕的请求。当然,欧阳修反对青苗法,并非反对所有的变法举措。

欧阳修、司马光、韩琦等反对青苗法,也和他们所坚守的儒家思想中的理想主义信仰有很大关系。他们一方面不断鼓吹尧舜禹时代路不拾遗、夜不闭户的太平盛世,另一方面又不断批评现实政治中的种种不合理现象。这种做法,有其值得肯

① (宋)欧阳修著,洪本健校笺:《欧阳修诗文集校笺》(下),外集卷九《原弊》。
② (宋)李焘:《续资治通鉴长编》卷二百一十。

定的地方,可以促使封建帝王时时做出反省,不要夜郎自大;另一方面,具体到"义"与"利"的矛盾上,他们一味夸大"义"的作用。其实,赵宋从真宗后期开始,"冗官""冗兵""冗费"问题,已经使国家财政日益紧张。王安石变法的一个重要目的就是解决"三冗"问题,由传统的重视节流,转向开源,运用国家政权的力量,通过做大蛋糕,增加国家的收入来解决问题,也可以减轻民众的负担,增加国家的国力。这种新的发展路径,有其合理性的一面。

欧阳修在熙宁三年(1070)五月上朝廷的札子中指出:"即使取二分利息,也是朝廷与民争利,应该只收取本钱。否则的话,和高利贷者比较起来,只是五十步笑百步。"[1]当然,欧阳修对青苗法的批评,绝非像有些人传言的骂王安石为奸邪,"在一国乱一国,在天下则乱天下"[2]。十二月王安石担任平章事,次年春天,欧阳修还写了贺词。

且不说宋代以前政府"与民争利"的例子屡见不鲜,单说当时为了解决"三冗"问题,仅靠税收远远不够。而青苗法颁布之后,政府的收入明显增加,改革的效益逐步显现。

欧阳修虽然反对青苗法,但他和王安石的关系,始终是正常的亦师亦友的关系,正所谓君子"和而不同"。

---

[1] (宋)赵汝愚:《宋朝诸臣奏议》(下)卷一一四。
[2] (清)蔡上翔:《王荆公年谱考略》。

千秋功罪　任人评说

　　欧阳修晚年曾经给苏轼说过，自己少年时期遇到一个僧人，僧人打量了一下欧阳修后说："耳白于面，名动天下。唇不着齿，无事得谤。"① 唇不着齿，应该指的是嘴唇盖不住牙齿，俗称"龅牙"。

　　这话颇为应验。名动天下，自不待言；无事得谤，欧阳修一生做官，屡屡被政敌诬陷，甚至陷入了两起没有底线的大冤案，给欧阳修及家人的身心带来巨大的伤害。

---

① 苏轼：《文忠公相》。曾枣庄、刘琳主编：《全宋文》（第 45 册）卷一九七七。

第一节　宋人的评价

由于欧阳修疾恶如仇的个性,遇到大事、难事、得罪人的事,从不回避,勇于直言,所以得罪的人不少。但仁宗还是比较喜欢欧阳修。仁宗曾经说道:"像欧阳修这样的人,再多几个,就更好了。"①

当然,仁宗的这句评价必须和赵宋的祖宗家法放到一起来分析。从太祖赵匡胤开始,经过太宗、真宗时期的发展,为了维护专制统治,逐渐确立了几项祖宗家法,除了众所周知的严密防范武将之外,还有一条就是严密防范朝臣结党。为了对付朝臣的结党行为,皇帝在用人方面必须"异论相搅",实际上还是先秦法家权术之学的运用。

所谓"异论相搅",就是同时起用派系不同、政见不同的大臣,其意图在于使士大夫之间产生不同的政见,从而互相制约,强化君权。虽然一定程度上使皇帝对中央和地方的控制能力得到增强,客观上也促进了"言论自由",但也是一把双刃剑,一旦使用不当,把握不好尺度,就会使中央的政令难以得到贯彻执行,这是后来王安石变法失败的原因之一,也是两宋亡国的重要原因之一。

治平二年(1065)八月十四日,英宗等欧阳修奏事完毕,见无别人,语重心长地

---

① （宋）欧阳修著,李逸安点校:《欧阳修全集》附录卷二。

对欧阳修说道:"参政性直,不避众怨。每见奏事时候,与韩琦、富弼二位相公有不同意见,便互相争吵。尽管是好友,也无所回避。听说与台谏官论事,常常当面即指出对方的短处,还像自己做谏官时候一样。人家当然不喜欢,今后应该稍微注意一下,克制一点。"①英宗的话充满了关怀和保护之意,可见在新继位的英宗心目中,五十九岁的欧阳修尽管忠心耿耿,却不是一个成熟的政治家,不能妥善处理和臣僚之间的关系,这样无论对国家、对他个人、对同僚都不是好事。

由于特殊的历史环境,关于宋神宗的实录竟然有三种,第一种编于哲宗元祐年间(1086—1093),由范祖禹等主编,他是范镇的重孙,范镇又是欧阳修的好友。该实录《欧阳修本传》部分对欧阳修政治方面的表现作如下评传:"欧阳修结发立朝,遇到说正直之语之时,从不回避,因此常常招致众怨,一直到致仕,毁谤之语不绝,却始终做到清清白白,可谓有君子之风。"②南宋理宗端平二年(1235)正月,欧阳修和司马光、苏轼等十人一起,从祀孔子庙庭,享受中国古代士大夫去世后的最高待遇③,评价没有任何负面的言论。

第二种编于哲宗绍圣年间(1094—1097),由曾布、安涛等人主编,关于欧阳修政治方面的作为评价如下:"欧阳修个性刚直,善恶较量之时,黑白分明,面对有权有势的当权者,虽然知道他们设下了陷阱,也全然不顾,奋勇直前。经历多次贬官之后,即使做到参知政事,做人做事的风格也没有改变。"④较之上一部实录,仍然是没有任何负面评价,且所使用的语句更具有感染力。

苏轼于《贺欧阳少师致仕启》文中评价道:"全德难名,巨材不器。事业三朝之望,文章百世之师。功存社稷,而人不知。躬履艰难,而节乃见。"⑤

司马光:"声名足以服天下,文章足以传天下。"⑥

---

① (宋)欧阳修著,李逸安点校:《欧阳修全集》卷一一九。
② (宋)欧阳修著,李逸安点校:《欧阳修全集》附录卷二。
③ (元)脱脱等:《宋史》卷四十二,《本纪》四十二,《理宗二》。
④ (宋)欧阳修著,李逸安点校:《欧阳修全集》附录卷二。
⑤ 曾枣庄、刘琳主编:《全宋文》(第43册)卷一八八七。
⑥ (宋)欧阳修著,洪本健校笺:《欧阳修资料汇编》(上)。

王安石:"器质之深厚,智识之高远,而辅以学术之精微,充于文章,见于议论,豪健俊伟,怪巧瑰琦。其积于胸中者,浩如江河之停蓄。其发于外者,烂如日月之光辉。其清音幽韵,凄如飘风急雨之骤至。其雄辞闳辩,快如轻车骏马之奔驰。"①

宋理宗宝祐三年(1255),十七岁的文天祥看见学宫里有乡贤欧阳修等的塑像,且谥号中都有"忠"字,不由肃然起敬,说道:"死了之后不能这样,不是伟丈夫。"②欧阳修光辉的形象,在青年文天祥心中,种下了忠心报国的种子。

①　(宋)欧阳修著,洪本健校笺:《欧阳修资料汇编》(上)。

②　(元)脱脱等:《宋史》卷四一八,《列传》一七七,《文天祥传》。

第二节　辽金元人的评价

一、辽人的评价

　　景祐三年(1036)五月,范仲淹和吕夷简斗争的最后结果,是范仲淹、余靖、尹洙、欧阳修先后被贬官。馆阁校勘蔡襄以四人的事迹作为题材,写了一首《四贤一不肖诗》,四贤指范仲淹、余靖、尹洙、欧阳修,"不肖"指高若讷,诗写得很长很形象,写的是当时街谈巷议的朝廷的热点问题,有经商头脑的卖书人知道后,赶快将诗刻印,东京人争先恐后购买,书商赚钱不少。辽国使节正好到东京,也买了一部分,回国后张贴于幽州(今北京市)的驿馆。由于辽国的情报人员不断通过各种途径收集大宋各方面的情报,欧阳修尽管不断被贬,但之后不断升迁、声誉日隆的情况辽国应该也很清楚。

　　嘉祐元年(1056年,辽道宗清宁元年),欧阳修率使团出使辽国。此时的欧阳修已经是翰林学士、文坛领袖、史学家。辽国认为欧阳修是大宋的重臣,所以押宴的贵臣包括陈留郡王耶律宗愿、惕隐大王耶律宗熙,二位都是新皇帝辽道宗的叔父,北宰相萧知足是百官之首,尚父中书令晋王萧孝友是太皇太后的兄弟。进入辽国境内后,一路陪伴欧阳修的送伴使耶律元宁大声说道:"这可是我伴送大宋使臣生涯中第一次见过这么隆重的场面呀!"

欧阳修编纂的《新五代史》付梓后,没有多久,即传到了辽国。辽道宗寿隆二年(1096),进士刘辉上书朝廷指出:"宋欧阳修编五代史,附我朝于四夷,妄加贬低。且宋人赖我朝宽大,许通和好,得尽兄弟之礼。今反令臣下妄意作史,恬不经意。臣请以赵氏初起事迹,详附国史。"①辽道宗认为言之有理,刘辉得以迁官礼部郎中。辽人对欧阳修不平等的国家交往观念、民族观念很不满意。

二、金人的评价

金军灭亡北宋的过程中,金军将领完颜斜烈率兵打到商州,一日于大竹林中搜寻到一群人,自称是欧阳修子孙,仔细盘问后,确信属实,于是"并其族属乡里三千余人皆纵遣之"②。可见欧阳修去世后五十多年,在新兴的女真人的心目中,欧阳修也是值得崇敬的形象。

金章宗明昌二年(1191)四月,翰林学士院新进唐宋著名文学家的文集二十六部,其中即包括欧阳修的文集。③

金章宗泰和七年(1207)十一月,新颁布的关于学校教育的诏令中,删除薛居正的《旧五代史》,只用欧阳修的《新五代史》。④ 之所以这样做,是因为随着女真族汉

---

① (元)脱脱等:《辽史》卷一〇四《文学下》,中华书局,点校本二十四史修订本,2016 年版。"夷"为中国古代传统中原王朝对周边少数民族的贬称。在强调各民族平等相处的今天,这种错误思潮必须摒弃。

② (元)脱脱等:《金史》卷一二三《忠义三》。

③ (元)脱脱等:《金史》卷九《本纪九》。

④ (元)脱脱等:《金史》卷一二《本纪一二》。

化的加速,逐渐认可欧阳修"惩恶扬善"的史观。

金代文学家赵秉文(1159—1232)认为,从赵宋建国到欧阳修去世的一百多年间,只有欧阳修的文章"不为尖新艰险的语句,却有从容悠闲的语态,丰而不余一言,约而不失一辞,使人读后从不会有厌倦的感觉"①。

元好问是金朝后期的文坛领袖,他一生都非常佩服、尊敬欧阳修,曾经在一首诗中写道:"九原如可作,吾欲起韩欧。"②九原是春秋时期晋国卿大夫的墓地,后成为文人诗词中墓地的代称,元好问这两句诗意为即使死了以后,也愿意追随韩愈和欧阳修,可见二人在他心目中的地位。

三、元人的评价

元代人对欧阳修的评价,集中于元末所修《宋史》,一见于《宋史·欧阳修传》后之赞语,二见于《宋史·忠义传》之前言,前者述欧阳修对宋代文学革新的成就,后者述欧阳修对培育宋代忠义之气的贡献。

夏、商、周及秦、汉以来,文章虽然随着时代的盛衰而有变化,但均有周公、孔子等先王的影响。从西晋、曹魏而下,弊端愈多,直到中唐,经过韩愈的艰苦努力,文风才开始振作,从晚唐到五代,又一次陷入低谷,到欧阳修,又开始了振作的历程。欧阳修"挽百川之颓波,息千古之邪说,使斯文之正气,可以羽翼大道,扶持人心,此两人之力也"③。韩愈未能得到重用,欧阳修则遇到圣明君主,得以有限地施展自己的才华。

"士大夫忠义之气,到五代时,已经到了奄奄一息状态。宋之初期,范质、王溥,

---

① (宋)欧阳修著,洪本健校笺:《欧阳修资料汇编》(中)。
② (宋)欧阳修著,洪本健校笺:《欧阳修资料汇编》(中)。
③ (元)脱脱等:《宋史》卷三一九。

犹有点余风。太祖即位后,首先褒扬韩通,然后表彰卫融,足以看出他对振兴忠义之气的渴望。此后西北疆场的文臣武将,往往勇于死敌。真宗、仁宗二代,范仲淹、欧阳修等诸位大贤,以直言谠论倡导于朝廷,士大夫们追求气节,五代的陋习几乎一扫而光。故靖康之变,志士投袂,起而勤王,临难不屈,所在有之。及宋之亡,忠节相望,班班可书。"①这种风尚,绝非一日之功铸就。

　　由宋入元的著名史学家马端临高度评价欧阳修于庆历四年(1044)提出的改革科举的主张——由先诗赋后策论改为先策论后诗赋。他认为诗赋"只是检验词语工正与否,只有策论,才是实学,才可以检验人的治国理民的本领"②。欧阳修的主张,可以先淘汰大部分不精通实学的考生。实学功底扎实的考生,不怕他不会提高吟诗作赋的能力,即使诗赋能力短期不能有提高,也不害其成为治国安邦的能臣。

---

①　(元)脱脱等:《宋史》卷四四六《忠义一》。

②　王瑞民:《马端临评传》,南京大学出版社,2001年版。

第三节　明清人的评价

一、明代人的评价

在比较范仲淹和欧阳修的母亲在儿子成长过程中的作用时，明代李东阳写道："她们都拿儿子生父的光辉事迹来教育幼年丧父的儿子，儿子们都得以成为名臣贤士。但是，做范仲淹的母亲容易，做欧阳修的母亲则很难。"①这种比较，自然还是源于欧阳修的母亲画荻教子的故事。其实，依笔者看来，欧阳修母子有欧阳晔的长期关照，而范仲淹母子当时没有这个条件。

孙绪则就欧阳修所著《新五代史·刘昫传》中只字不对刘昫参与《旧唐书》的编纂一事做出评论，他认为欧阳修"嫉妒刘昫的才华，并为欧阳修此举感到遗憾"②。笔者认为欧阳修之所以这样做，是因为刘昫监修时，书已经写成，由他奏上，实际上

---

① （宋）欧阳修著，洪本健校笺：《欧阳修资料汇编》（中）。
② （宋）欧阳修著，洪本健校笺：《欧阳修资料汇编》（中）。

他没有丝毫实质性贡献。欧阳修无私地提携了苏轼、王安石等许多有才华的人,不存在嫉妒刘昫才华的问题,更何况刘昫的才华委实有限。虽然他于后唐庄宗时期就是翰林学士,但正如《新五代史·刘昫传》所载"不习典故"①,经常闹笑话,常常被人耻笑。满腹才华的欧阳修自然看不起刘昫这样的翰林学士,并且讨厌不劳而获的文人。

二、清代人的评价

明末清初的启蒙思想家顾炎武评论了欧阳修在金石学研究方面对他的影响:"自余少时,即好访求古人金石之文,但是,对其作用的认识还较浮浅。后来读了欧阳公的《集古录》,才知道金石学可与传世史书互相验证,阐幽发微,补缺正误。"②

清代著名史学家赵翼对欧阳修编纂的《新五代史》一书评价颇高:"不唯文笔洁净,直追《史记》,而以春秋笔法寓褒贬于纪传之中,虽《史记》也不及也。"③但史学家章学诚却对该书颇有微词,他认为欧阳修该书受《春秋》《史记》二书的影响很大,但是,欧阳修所读的是"村荒学究之《春秋讲义》,不是左丘明等所作之《春秋》",而欧阳修所读之《史记》,也非司马迁《史记》之正本,而是"俗师小儒之《史记》评选"④,不知章学诚通过何材料得出如此偏颇的观点。

欧阳修对史学开始产生兴趣,始于洛阳生活时期钱惟演的指点,回到东京之后,又担任馆阁校勘。钱氏不仅是帝王之后,也是当时大宋藏书第一家。而大宋馆阁所藏图书更是汗牛充栋。二者所藏书中,谅不至于连正本的《春秋》和《史记》都

---

① （宋）欧阳修著:《新五代史》卷五十五。
② （宋）欧阳修著,洪本健校笺:《欧阳修资料汇编》(中)。
③ （宋）欧阳修著,洪本健校笺:《欧阳修资料汇编》(下)。
④ （宋）欧阳修著,洪本健校笺:《欧阳修资料汇编》(下)。

没有。

对汉文化非常精通的乾隆皇帝如此评价欧阳修的《醉翁亭记》一文："前人常常感叹此文为欧阳修的绝作,闲来朕也常常熟读、品味其文,感觉前人的评价没有道理,通篇都以'也'字断句,更何足称奇? ……何况欧阳修在滁州,乃是在被侮辱之后的谪官,常人所不能忍受的痛苦,他都能承受得起,即使君子也不能无动其心。而欧阳修在文中却能表现得如此萧然自远,说明他内心的强大已经无坚不摧。"①

看来乾隆对通篇都以"也"字断句的含义认识得很不到位。《古文观止》的作者吴楚材、吴调侯认为:"通篇共用二十个也字,起的是逐层脱却的作用,然后逐步频跌,句句是记山水,句句是记亭,句句是记太守,似散非散,似排非排,委实是高明的创造。"②

晚清国学大师王国维如此评价欧阳修所写的艳词:"词之雅郑,在神不在貌,永叔虽作艳语,终有品格。较之周邦彦,便有淑女与娼妓之别。"③雅指典雅。郑卫之声,在春秋时期即是淫词艳语的代称。笔者认为,王国维对欧阳修的艳词有回护之意,实际上欧阳修的一些艳词也过于露骨,与周邦彦比较起来,难分伯仲。

王国维认为宋词的成就要远远超过宋诗,即使诗词兼具的欧阳修,也是如此。④笔者不同意此观点,欧阳修诗的成就要超过词,可参看本书第七讲的分析。

① （宋）欧阳修著,洪本健校笺:《欧阳修资料汇编》(中)。
② （宋）欧阳修著,洪本健校笺:《欧阳修资料汇编》(中)。
③ （宋）欧阳修著,洪本健校笺:《欧阳修资料汇编》(中)。
④ （宋）欧阳修著,洪本健校笺:《欧阳修资料汇编》(下)。

欧阳修简谱

真宗景德四年（1007）

六月二十一日（公历 8 月 6 日）生于绵州（今四川省绵阳市）。

大中祥符三年（1010）　4 岁

三月，父亲欧阳观去世于泰州军事判官任所。家贫，母亲郑氏携欧阳修前往随州，投奔做推官的叔父欧阳晔。母以荻画地，教欧阳修识字。

大中祥符四年（1011）　5 岁

兄欧阳昞葬父欧阳观于吉州吉水县沙溪泷岗。

大中祥符九年（1016）　10 岁

在随州。家益贫，常借书抄诵。与州南大姓李氏子尧辅（字公佐）游，得《昌黎先生文集》（残本）六卷，乞以归。读之，见其言深厚雄博，然未能悉究其义，徒见其浩然无涯，若可爱。时天下学者杨刘之作，号为时文。能者取科第，擅名声，以夸荣当世，未尝有道韩文者。欧阳修自幼所作诗赋，下笔已如成人。欧阳晔视为"奇儿"，预言"他日必名重当世"。

仁宗天圣元年（1023）　17 岁

秋，在随州参加科考，试题为《左氏失之诬论》，因为所作赋有失韵的小差错而落第。而其所写警句，传遍随州城。

天圣四年（1026）　20 岁

秋,第二次参加随州的科考,过关后被荐名参加礼部组织的考试。冬,赴东京,准备参加考试。

天圣五年（1027）　21 岁

春,参加礼部组织的考试,落第。

天圣六年（1028）　22 岁

拜谒知汉阳军胥偃。胥偃慧眼识珠,将其留置府内。冬,胥偃带欧阳修到京师。

天圣七年（1029）　23 岁

春,参加国子监组织的考试,为第一。秋,赴国学解试,又第一。

天圣八年（1030）　24 岁

正月,参加礼部组织的考试,复为第一。三月,参加殿试,为甲科第十四名。

天圣九年（1031）　25 岁

三月,至西京。钱惟演为留守,幕府多名士。与尹洙、梅尧臣、杨愈、张汝士、王复、张太素结为七友,相与切磋道义,诗酒唱和,很快以文章名冠天下。迎娶胥偃女儿胥氏。

明道元年（1032）　26 岁

梅尧臣等戏立"八老"之名,欧阳修坚决不接受"逸老"的称呼,改为"达老"。

明道二年（1033）　27 岁

正月,赴京师出差,随后去随州看望叔父欧阳晔。三月回到洛阳,胥夫人去世,年方十七。

景祐元年（1034）　28 岁

二月,西京任期届满。五月,通过王曙推荐,担任馆阁校勘。七月,参与编纂《崇文总目》。冬,娶杨大雅女儿为妻。

景祐二年（1035）　29 岁

七月,妹夫张龟正去世,妹妹带张与前妻所生女儿前来投奔欧阳修。九月,杨氏夫人去世,年方十八。与尹洙合撰《十国志》。

景祐三年（1036）   **30 岁**

欧阳修作为"范党"成员,被贬官夷陵,带母亲郑氏等行水路五千里赴贬所。

景祐四年（1037）   **31 岁**

八月,往许州迎娶薛奎女儿,与同科考试状元王拱辰成为连襟兄弟,但政见每每不合。四月,叔父欧阳晔去世,赴随州奔丧。十二月,移光化军乾德令。

宝元元年（1038）   **32 岁**

三月,赴乾德(今湖北省老河口市)。是年,胥氏所生子夭折。

宝元二年（1039）   **33 岁**

六月,复旧官,权武成军节度判官厅公事。

康定元年（1040）   **34 岁**

春,至滑州(今河南省滑县)。

六月召还,复充馆阁校勘,修《崇文总目》。

是年,长子欧阳发出生。

庆历元年（1041）   **35 岁**

五月,权同知太常礼院,以正在修《崇文总目》为由推辞。

庆历二年（1042）   **36 岁**

九月,通判滑州。闰九月到任。

庆历三年（1043）   **37 岁**

三月,宰相晏殊推荐欧阳修知谏院。与王素、余靖、蔡襄并为谏官,欧阳修论事切直,被弹劾之官员视之如仇。

庆历四年（1044）   **38 岁**

八月,除龙图阁直学士、河北都转运按察使。

庆历五年（1045）   **39 岁**

政敌诬陷欧阳修,制造欧阳修以前与"外甥女"张氏关系暧昧,后虽然查明是陷害,仍于八月贬知滁州。

是年,次子欧阳奕生。夏,女儿欧阳师夭折。

庆历六年(1046)   40 岁

自号醉翁。常游琅玡山,继续编纂《新五代史》。

庆历七年(1047)   41 岁

在滁州行宽简政治,为政期间,初见成效。是年,三子欧阳棐生。

庆历八年(1048)   42 岁

二月,知扬州。

皇祐元年(1049)   43 岁

三月,以目疾为由,移知颍州。

是年,四子欧阳辩生。继续作《新五代史》。

皇祐二年(1050)   44 岁

七月,改知应天府兼南京留守司事。

皇祐三年(1051)   45 岁

欧阳修对在南京的贵臣权要,一律平等相待,于是有人又开始了诬陷欧阳修的活动,但没有酿成大事。

皇祐四年(1052)   46 岁

三月,母亲郑氏去世,享年七十二岁。欧阳修归颍州守制。

是年始作《集古录目》(后易名《集古录跋尾》)。

皇祐五年(1053)   47 岁

八月,护母丧南归江西老家,葬吉州吉水县沙溪泷冈,胥氏、杨氏二夫人附葬。冬,回到颍州。

是年,修改《新五代史》,成七十四卷。

至和元年(1054)   48 岁

八月,诏欧阳修主持编纂《唐书》。九月,拜翰林学士,兼史馆修撰。

至和二年(1055)   49 岁

十一月中旬,出使辽国。

嘉祐元年（1056）   50 岁

二月,出使归来。

嘉祐二年（1057）   51 岁

正月,权知礼部贡举,与同知韩绛、王珪、范镇、梅挚,参详官梅尧臣,锁院五十日,相与唱和,结集成《礼部唱和诗》,欧阳修作序。时士子们崇尚言之无物的"太学体",欧阳修将此类考生一律淘汰,考生们于是拦住欧阳修讨说法,欧阳修不为所动,终于改变了唐末五代以来堆砌辞藻的文风。

苏轼、苏辙、曾巩均为该科录取的考生。

嘉祐三年（1058）   52 岁

六月,兼龙图阁学士,权知开封府。

嘉祐四年（1059）   53 岁

二月,免权知开封府,转给事中,同提举在京诸司库务。移居城南。充御试进士详定官,与韩绛、江休复同列。

嘉祐五年（1060）   54 岁

七月,上新修《唐书》二百二十五卷。

十一月,官拜枢密副使,进入宰执行列。

嘉祐六年（1061）   55 岁

闰八月,转官户部侍郎、参知政事。

嘉祐七年（1062）   56 岁

八月,与韩琦等力谏立濮王子赵宗实为皇子,赐名曰曙。是年,编成《集古录》一千卷。

嘉祐八年（1063）   57 岁

四月,英宗即位。

是年,韩琦与欧阳修弥合英宗与曹太后之间的矛盾,出力甚多。

英宗治平元年（1064）   58 岁

是年五月,英宗病愈,太后撤帘还政。

治平二年（1065）　59 岁

英宗面谕欧阳修，要妥善处理与同僚之间的关系，说话要注意，不能一味求直。欧阳修回以"恩欲归己，怨使谁当"。

治平三年（1066）　60 岁

三月，欧阳修因为蒋之奇赞成"濮议"，推荐其为监察御史里行。

治平四年（1067）　61 岁

正月，神宗即位。

二月，三子欧阳棐登进士第。殿中侍御史里行蒋之奇、御史中丞彭思永诬陷欧阳修与儿媳有不正当关系，欧阳修七次上札子自辩。

三月，除观文殿学士，转刑部尚书，知亳州。九月，《归田录》初成。

神宗熙宁元年（1068）　62 岁

七月，进《濮议》四卷。八月，转兵部尚书，改知青州（治所在今属山东省），充京东东路安抚使。

是岁，在颍州的府邸建成。

熙宁二年（1069）　63 岁

二月，子欧阳棐按照欧阳修的口授编成《集古录目》十卷。冬，两次上札子乞知寿州，因为寿州离颍州近，便于照顾家人，朝廷不允。

熙宁三年（1070）　64 岁

九月，知蔡州（今河南省汝南县）。

是年，更号六一居士，且作传并刻石。

熙宁四年（1071）　65 岁

六月，以观文殿学士、太子少师致仕。

七月，归颍州，家居穿道士服装。编成诗歌评论著作《诗话》。

熙宁五年（1072）　66 岁

七月，与子欧阳发等编定《居士集》五十卷。闰七月二十三日去世，享年六十六岁。生前托韩琦为自己写墓志铭。子欧阳棐代作给神宗的遗表。八月，赠太子太师。朝廷诏欧阳修家属进《新五代史》手稿。

熙宁七年 (1074)

八月,谥文忠。

熙宁八年 (1075)

九月,葬郑州新郑县旌贤乡 (今新郑市)。

主要参考书目

唐圭璋编纂,王仲闻参订,孔凡礼补辑:《全宋词》,中华书局,1990年版。

曾枣庄、刘琳主编:《全宋文》,巴蜀书社,1994年版。

李国钧主编:《中国书院史》,湖南教育出版社,1994年版。

洪本健:《欧阳修资料汇编》,中华书局,1995年版。

朱瑞熙:《中国政治制度通史》(宋代卷),人民出版社,1996年版。

李锡厚、白滨主编:《中国政治制度通史》(辽金西夏卷),人民出版社,1996年版。

黄进德:《欧阳修评传》,南京大学出版社,1998年版。

方健:《范仲淹评传》,南京大学出版社,2001年版。

欧阳修著,李逸安点校:《欧阳修全集》,中华书局,2001年版。

张晶:《心灵的歌吟——宋代词人的情感世界》,河北大学出版社,2001年版。

李昌宪:《司马光评传》,南京大学出版社,2002年版。

陈振:《宋史》,上海人民出版社,2003年版。

刘海峰、李兵主编:《中国科举史》,中国出版集团,2004年版

王水照、朱刚主编:《苏轼评传》,南京大学出版社,2004年版。

吴天墀:《西夏史稿》,广西师范大学出版社,2006年版。

张祥浩、魏福明:《王安石评传》,南京大学出版社,2006 年版。

李蔚:《西夏史》,人民出版社,2009 年版。

欧阳修著,洪本健校笺:《欧阳修诗文集校笺》,上海古籍出版社,2009 年版。

李锡厚、白滨:《辽金西夏史》,上海人民出版社,2010 年版。

李华瑞:《宋夏关系史》,中国人民大学出版社,2010 年版。

王曾瑜:《宋朝军制初探》,中华书局,2011 年版。

程民生:《北宋开封气象编年史》,人民出版社,2012 年版。

陈峰:《生逢宋代》,生活·读书·新知三联书店,2013 年版。

赵敏俐主编:《中国诗歌史通论》,人民文学出版社,2013 年版。

［日］东英寿考校,洪本健笺注:《新见欧阳修九十六篇书简笺注》,上海古籍出版社,2014 年版。

王瑞来:《天地间气　范仲淹研究》,山西教育出版社,2015 年版。

龚延明:《宋代官制辞典》,中华书局,2017 年版。

程民生:《宋代地域文化史》,安徽文艺出版社,2017 年版。

［德］克劳塞维茨著,中国人民解放军军事科学院译:《战争论》,解放军出版社,2017 年版。

葛兆光:《古代中国文化讲义》,复旦大学出版社,2018 年版。

王善军:《宋代宗族和宗族制度研究》,人民出版社,2018 年版。

李存山:《家风十日谈》,广西人民出版社,2018 年版。

朱东润:《梅尧臣传》,华中科技大学出版社,2019 年版。

王水照、崔铭:《欧阳修传》,人民文学出版社,2019 年版。

符海朝:《范仲淹十讲》,河南文艺出版社,2021 年版。

后　记

　　上初中的时候,知道欧阳修,是通过《卖油翁》这篇短文。文章虽短,但印象深刻。高中时期,则学习了《秋声赋》和《醉翁亭记》,虽然当时语文学得不错,可没觉得这两篇文言文好在什么地方。

　　动笔的时间是 2021 年 8 月 23 日,可是动笔后有好几个月写作一直处于停顿状态。一来是连续写两本书后的惰性;二来安阳市新年前后的疫情,无法有一个写作必须有的安静心态;三来患阿尔兹海默症晚期且九十高龄的父亲和术后处于恢复期的妻子,也时刻让我牵挂。一直到 2022 年 3 月,终于觉得不能再这样磨磨蹭蹭了,否则难以按期给出版社交稿。

　　欧阳修值得写的东西很多。但是,真正开始写作之后,才发觉有些地方委实不好写,一个是金石部分,一个是族谱部分。写得太学术化了,社会大众如果没有较高的史学素养,就会看不懂。写得太通俗了,会被学界同行讥笑。考虑了好长时间,才突破了写作的"瓶颈"。再一个是"宦海沉浮"部分,内容太多,又无法舍弃,只好分成了两讲。鉴于本书面向大众的一面,欧阳修过于学术化的部分内容,只能舍弃。

　　在写《欧阳修十讲》的过程中,由于二十年来对宋代历史的了解和热爱,发觉自己好像一直在和一代伟人对话。欧阳修的创新能力特强,我则一直鼓吹过年过节发个微信也要原创,且原创的好多微信颇得朋友夸奖。欧阳修作为谏官,经常放胆直言,我作为农工民主党的党员,经常通过各种合法途径为民呐喊。欧阳修他喜欢金石学,我从高中时代开始,不管见了什么时代的石碑,都喜欢看看。欧阳修是宋代"小宗谱"的开创人,我作为新加坡华人组织"符氏社"的学术顾问,自 2006 年和符氏社结识后,得以接触许多古代和现代编的家谱,也应华侨之邀,赴新加坡、马来西亚给符氏社成员讲符氏家族的历史,亲身考察华侨们建的祠堂及传统的祭祖活动。这些经历,对本书的写作而言,受益匪浅。

河南大学的程民生教授、华中科技大学的罗家祥教授、西北大学的王善军教授,在仔细阅读了第三稿书稿后,又提出了一些修改建议并写了推介语。在此一并对他们表示诚挚的感谢。

书写完了,仍然附有我永久使用的电子邮件地址 Fuhaichao196618@126.com,渴望批评,特别是尖锐的批评。您的批评,才是我继续写下去的动力,谢谢。